国家出版基金项目
NATIONAL PUBLICATION FOUNDATION

辛亥著名人物传记丛书

刘强伦 著

孙 武

焦达峰

团结出版社
UNITY PRESS

图书在版编目（ＣＩＰ）数据

孙武　焦达峰 / 刘强伦著. -- 北京 ：团结出版社，
2011.6（2021.3重印）
（辛亥著名人物传记丛书）
ISBN 978-7-5126-0425-4

Ⅰ．①孙… Ⅱ．①刘… Ⅲ．①孙武（1880～1939）—
传记②焦达峰（1886～1911）－传记 Ⅳ．①K825.2

中国版本图书馆 CIP 数据核字 (2011) 第 073745 号

出　　版：团结出版社
　　　　　（北京市东城区东皇城根南街 84 号　邮编：100006）
电　　话：（010）65228880　65244790　（出版社）
　　　　　（010）65238766　85113874　65133603（发行部）
　　　　　（010）65133603（邮购）
网　　址：http://www.tjpress.com
E-mail：zb65244790@vip.163.com
　　　　　fx65133603@163.com（发行部邮购）
经　　销：全国新华书店
印　　装：三河市东方印刷有限公司

开　　本：170mm×240mm　　16 开
印　　张：17.75
字　　数：233 千字
版　　次：2011 年 6 月　第 1 版
印　　次：2021 年 3 月　第 2 次印刷

书　　号：978-7-5126-0425-4
定　　价：46.00 元

辛亥著名人物传记丛书
总序言

　　整整一百年前，在中国处于半殖民地半封建黑暗统治的时代，爆发了一场对中国历史发展进程产生巨大影响的革命，这就是以伟大的革命先行者孙中山为代表的革命党人发动的辛亥革命。这场革命，是中国近代历史上一次比较完全意义的反帝反封建的民族民主革命，它推翻了清朝政府，结束了中国几千年的封建君主专制制度，同时沉重打击了帝国主义在华侵略势力。中华民国的建立，标志着中国历史进步的新纪元。辛亥革命极大地推动了中华民族的思想解放，为中国先进分子探索救国救民的道路打开了新的视野，八年后，五四运动爆发；十年后，中国共产党诞生。辛亥革命开启的革新开放之门，对于推动中国社会的发展与进步具有不可估量的历史功绩和伟大意义。

　　以孙中山为代表的革命党人，在开启思想闸门、传播先进思想、点燃革命火种、推动历史进步的过程中发挥了重要作用。他们站在时代前列，为追求民族独立和民主自由而向反动势力宣战；他们不惜流血牺牲，站在斗争一线浴血奋战；他们具有坚定的信念和坚强的意志，愈挫愈奋，在失败中不断汲取和凝聚新的力量；他们适应历史发展的趋势，与时俱进，不断修正前进的方向和斗争的目标。正是因为有了这样一批革命先驱和仁人志士，才有了辛亥革命的爆发，也才有了以此为开端的中国民族民主革命的不断发展和最终胜利。当然，我们在分析评价历史人物时，既要看到他们有超越时代的进步性，又要看到他们不可避免地受到社会客观条件影响而具有的局限性与片面性，这是我们在看待历史人物时应当坚持的历史唯物主义态度，也就是既不文过饰非，也不苛求前人。

几十年来，关于辛亥革命及其重要人物的研究工作不断深入，也陆续出版了大量的图书、画册等，但仍然不十分系统和完整，有些出版物受到时代因素和其他客观条件的影响，难免有失偏颇和疏漏。在即将迎来辛亥革命100周年的时刻，团结出版社编辑出版了本套《辛亥著名人物传记丛书》，并得到国家出版基金的资助，这充分表明了国家对于辛亥革命历史研究的重视。这套丛书的出版，无疑是一件非常有意义的事，既可以对辛亥革命的研究工作起到重要的填补空白和补充资料的作用，同时也是对立下丰功伟绩的仁人志士的纪念与缅怀。

为了保证本套丛书的编辑质量，编辑委员会在民革中央的领导下，做了大量认真细致的组织工作，特别是邀请了著名专家金冲及先生、章开沅先生、李文海先生担任顾问，他们在百忙之中分别对本套丛书的编辑思想、人物范围、框架体例、写作要求等方面提出了重要的指导性意见，成为本套丛书能够高质量出版的重要保证。此外，参与本套丛书写作的，都是在近代历史和人物的研究方面卓有建树的专家学者，他们既有对辛亥革命历史进行深入研究的学术功底，又有较丰富的写作经验和较高的文字水平，因此，我们可以寄希望于本套丛书的出版，会对推动辛亥革命及其重要人物研究工作的不断深入起到重要作用，对弘扬爱国主义、提高民族凝聚力，实现中华民族的伟大复兴产生积极的影响。

周铁农

2011 年 3 月 16 日

目 录

焦达峰

引　言

　　孙武（1879—1939），同盟会会员，共进会军务部部长，武昌起义的主要领导人之一，全国第一个省级革命政权——湖北军政府的军务部部长。

　　焦达峰（1887—1911），同盟会联络部交通科科长，共进会主要创始人之一，共进会交通部部长、参议部部长，湖南光复的主要领导人，湖南都督，全国首位革命党人都督。

　　孙武、焦达峰都是并无赫赫声名的"小人物"，他们为什么能够创造领导武昌首义和湖南首应取得胜利的伟大历史功绩呢？

　　他们"少有大志"，长期"奔驰不倦，狂热勃发"地从事革命活动。孙武早在1900年，就"牺牲与谋"自立军起义，其后"东奔流西，家产荡然"。焦达峰16岁就开始联络会党，并写下这样的自勉联："达向九霄云路近，峰连五岳众山低。"

　　他们独立思考，敢于"立异"。在同盟会"诸公视（长江流域）为无可为者"的背景下，在"恢复中华、创立民国"的革命旗帜统一引领下，他们提出自己的革命主张，成立自己的革命组织，选择自己的革命方略，为辛亥革命首先在两湖地区取得胜利创造性地探索出了一条符合两湖实际的正确道路。

　　他们"奉以实心，行以实事"，埋头实干。以坚韧不拔的精神在会党和新军中进行艰苦的革命宣传和组织工作，团结了两湖地区广大会党群众，争取了两湖新军中的多数士兵，并在新军中建立起各级代表制等一整套严密的组织系统，为辛亥革命首先在两湖地区取得胜利建立了较为强大的武装力量。

他们"大同期共进，团结作中坚"，重视合作。孙武领导湖北共进会成功地实现了与文学社的联合，焦达峰争取到了湖南多数革命党人的支持，联合了湖南的多数会党，团结了湖南的立宪派。他们还建立起了两湖地区革命派长期合作的体制、机制，达成并履行了一方起义、另一方在 10 日之内响应的重大协议，为辛亥革命首先在两湖地区取得胜利奠定了组织基础，建立起了广泛的统一战线。

他们积极主动，具有高度的历史责任感与敢为人先、敢于担当的精神。孙中山、黄兴领导的"集各省革命党之精英，与彼虏为最后之一搏"的黄花岗起义失败后，他们不但没有泄气，反而认为："从今天开始，我们就要主动起来。"（孙武语）"中国革命现在要以两湖为主"，"就从我们两湖干起来，再也不要依赖别处了！"（焦达峰语）正是这样，他们没有因同盟会总部的犹豫和孙武炸弹失事等意外事故慌乱，而是不失时机地大体按原定计划举行了推动"乾坤一旋转"的武昌首义与湖南首应，进而英勇保卫首义之区，推动了全国革命高潮的到来。

"小人物"干大事业，难免有一些不足。再加上当时任何人都无法较好地驾驭革命大势，孙武、焦达峰又不可避免地成为悲剧人物。焦达峰任湖南都督仅 10 天，就被旧军官率兵杀害。孙武重视与旧军官合作，又于 1912 年 2 月底被部分革命派发动兵变推翻……

"生为革命，死为革命，旬日感沧桑，古今良史今何在？"

辛亥革命 110 周年之际，我们能否通过孙武、焦达峰这些"小人物"，更为具体、生动地了解辛亥革命的真相、真谛呢？更为广泛、深入地认识中国走向富强、民主、文明的规律、途径与方式呢？更为自觉、主动、富有创造性地承担起在中华民族伟大复兴历史进程中的责任呢？

孙

武

第一章

岳州司令

太平天国战将之后

与吴禄贞、傅慈祥友善

"牺牲与谋"自立军起义

孙武

一、太平天国战将之后

孙武，原名葆仁，字尧钦、尧卿，亦作摇清，又字遥仙，号梦飞，1879年11月8日（农历九月二十五日）诞生于汉阳柏泉孙湾（今属武汉市东西湖区），其地距武汉市中心17公里。孙武故居坐北朝南，分上、下两殿，两边为厢房，中为天井，1960年被拆除。

孙武的祖父名允忠，字干臣，是太平天国将领，有记载说，因屡立战功封为处州王或衢州王。《太平天国战史》（1904年日本东京祖国杂志社出版，孙中山作序）的作者刘成禺（1876—1952）在《世载堂杂忆》中说，因姻亲关系，他少儿时见过孙干臣，并从他的闲谈中，听过这样一些故事：

1856年，湘军罗泽南部与太平军在武昌大战。太平军攻打罗部十余日，无尺寸进步。太平军重金募兵，每兵卒日给青铜钱360枚。应募之数，男女万余人，绝大多数是湖北兴国人。其后，"兴国人打前敌，太平军为后劲"。一战而破罗军洪山帅营，再战、三战，湘军败绩，罗泽南战死于城壕吊桥之上。

1858年11月，太平军在安徽界河（今丰乐河）南岸的三河镇与湘军大战，取得著名的三河大捷。孙干臣就是在这次大捷中被封为干天延的。"干天延"的"干"，就是孙干臣的"干"，"延"为太平天国武官爵位之一，即福、安、寿、豫、延，相当于公、侯、伯、子、男。太平天国失败后，孙干臣隐居于柏泉乡中，种田终老。孙干臣收藏有封延赐刀一柄，有亲朋好友要求观赏，他就秘密地拿出来给他们看。

这些故事及其所反映的那种蔑视清朝、崇尚功名的思想，或多或少对少年孙武产生影响。人们说孙武"少有大志"，这个"大志"，有可能是继承太平天国的未竟事业，也有可能就是封侯拜爵，出人头地。

孙武的父亲名贤恭，曾任汉阳府游击、汉阳镇标襄河水师营管带，后也辞职回乡务农。孙武15岁时，其父病故，全家迁入武昌城内。孙武是家中独子，有姐妹各一人。姐姐后来与其丈夫刘燮卿长期照料孙武，妹妹的情况不详。

孙武从小尚武，喜爱射箭、骑马和技击，"读书但观大略"。父亲去世后，更加"肆力弓马技击"。当时有武举，考试内容主要是射箭、骑马和技击。孙武这样努力，主要应当是希望像他父亲那样，早日在军营求得一官半职。

孙武有唱京剧的特长，而且会拉胡琴，其水平达到了在汉口剧场登台演出与在街头混饭吃的程度。这种能力非一日所能练成，看戏、学戏、唱戏，显然是他青少年时代的重要生活内容之一。

有一则逸闻说，孙武曾经让李春萱怂恿李赐生去打汉口英租界一游乐园附近站岗的红头洋人。李赐生对趾高气扬横行汉口的洋人们早就义愤填膺，果然在一条小巷子里将那洋人痛揍了一顿，然后扬长而去。被打得鼻青脸肿的红毛洋人，稀里糊涂竟然不知道是被谁打的，只好自认倒霉。这则逸闻，可以从一个侧面体现孙武早年的生活，表明生活在大都市的孙武，会有很多方面与来自乡村和小城镇的革命党人不同。

二、与吴禄贞、傅慈祥友善

1896年，张之洞鉴于甲午之败，在湖北开办了一所以"储将才而作士气"为目标的武备学堂，于1897年农历正月开学。当时正值戊戌维新运动时期，练军自强的呼声很高。报名参加湖北武备学堂考试的人数多达四千多人，而招生名额只有120人。孙武武艺根底好，有一定文化基础，又是军官子弟，在十分激烈的竞争中，顺利地考入了这所学堂。

孙武就读时的湖北武备学堂，是一所很"洋气"的学堂。总办蔡锡勇（1847—1898）为著名洋务人物，曾出使美、日、秘鲁等国，先后主持创办了汉阳铁厂、湖北枪炮厂，直接参与创办了两湖书院、自强学堂、工艺学堂和武备学堂等10所新式学堂。总教官为清政府商同德国军方派来的法勒根汉（1861—1922），此人其时军衔不高，被张之洞称为"都司"，是一个中等偏下的军职，后来出任德国陆军大臣。法勒根汉的助手为根次、斯特劳。稍后，又聘用日本教习6人。为了协助外国教官教学，张之洞从天津、广东军事学堂出身并久任教习的人中选拔12人为领班学生，担任翻译和助教。湖北武备学堂的专业课程都是新式军事课程，主要有军械学、算学、测绘、地图学、各国战史、营垒桥道制造和营阵攻守转运等课，并进行枪队、炮队、马队、营垒工程队、行军队、行军炮台、行军铁路、行军电线、行军旱雷、演示测量、演习体操等。同时也开设中国传统课程，以"固中学之根底，端毕生之趋向"。

孙武就读的湖北武备学堂，前期思想相当活跃。戊戌变法后，张之洞对武备学堂的学生进行大清洗,首届学生仅留下60名,半数被"斥退"和"开除"。孙武在武备学堂学习刻苦,成绩优秀,没有被清洗,是当局认可的优等生。1900年,孙武被派往军中任职,任教官和武威营队官,驻湖南岳州。这是武备学堂第一批派往军中任职的毕业生,其中有后来官至新军第二十三混成协协统的艾忠琦。

在武备学堂学习期间,孙武结识了两名重要好友:吴禄贞、傅慈祥。吴禄贞有"湖北革命第一人"之称,傅慈祥是自立军重要领导人,与林奎同为中军——自立军本部统领,在1900年自立军起义中遇难。吴禄贞、傅慈祥都是张之洞选派赴日留学的武备学堂的优等生,表明他们在戊戌维新期间的公开场合,并无过激言论和行为。赴日后,二人参加孙中山领导的兴中会,成为中国最早的民主革命人士。

孙、吴、傅三人中,傅慈祥出生于1872年,比孙武年长7岁,比吴禄贞年长8岁,年龄最大,文化水平也最高,曾肄业两湖书院,著有《南斋诗文集》,其著名言论有:"中华一蹶不振,实由'鞑子'误国,非'排满'无以兴中华,非推翻专制无以拯斯民。要倾覆'满清',非广为联络有志汉人不可。"这种将反清与推翻专制、振兴中华结合起来的思想,在1900年以前是非常先进的。孙、吴、傅三人在武备学堂学习期间,经常以轻蔑的口气谈论清朝统治者,并给他们取了个绰号 ——"弄沙儿",意即无知无能、只会玩沙子的小孩,与革命派喜欢用的"胡儿"一词异曲同工,但远为含蓄,显示出了某种机警和睿智。他们对满族统治中国很不满,希望"出斯民于水火而复汉族之故物",并认为自己是"黄帝苗裔",有责任承担这一历史使命。孙武的反清情绪激烈,"素切痛国仇,誓为祖宗雪耻"。为了"广为联络有志汉人",他们还进行了某种形式的结盟,举行了某种宣誓。当然,这一切都是秘密进行的,没有引起官方对他们的整治,所留下的历史资料也不多。

吴、傅二人为 1898 年 10 月被张之洞选派前往日本留学的首批武备学堂学生,这批学生共有 20 人,是湖北第一批官费留学生,也是中国第一批官费留学日本士官学校的人员之一,而且是其中人数最多的一批,占总数 45 人的近一半。当时,留学之风初开,人们大多把出国留学视为畏途,对于前往日本留学,更由于甲午战争产生的敌意犹存,普遍心存疑虑与抵触。吴禄贞积极动员同学前往日本留学,反复劝告说,临阵用兵,必须知己知彼,方能百战百胜。欲雪甲午之耻,只有先了解和学习日本人的长处,方能有济,留学机会,决不可失。孙武曾入选去日本留学,因为他的母亲哭着反对,就放弃了。对孙武未能选择前往日本学习,吴禄贞深感遗憾,并认为这是孙武的一次"游疑自误"。

虽然未能赴日留学,但孙武在 1897 年至 1900 年就读于湖北武备学堂,毕业后又任教官、队官,在其后的共进会与主要由士兵、青年学生构成的湖北及两湖革命派中,其军事资历是相当高的。

三、"牺牲与谋"自立军起义

1900 年,义和团起事,八国联军入侵,北京沦陷,慈禧与光绪西逃,李鸿章、刘坤一、张之洞等组织"东南互保",孙中山发动惠州起义,唐才常组织自立军起义,中国大乱,长江中下游局势动荡。

8 月中旬,时任驻岳州武威营队官的孙武收到吴禄贞写来的一封信,全文如下:

尧卿学兄足下:湘水吴山,时切相思,惟祝别来无恙是幸。自弄沙儿窃居宝位,同胞宛转暴虐之下者久矣!今兹联军入京,帝后西奔,国本动摇,万机废理,正吾人收拾之日。若袖手放弃,则河山万里,沦为异姓，同胞四兆，变为牛马，神器既焚，俎肉且殽，每况愈下，奴籍更难脱。言念及此，能不溧惧悲痛哉！弟亦黄帝苗裔，何忍坐视阽危？特在东京组织富有票会，分布会员多人，回国联络义士，溉植同志，期图大举，俾出斯民于水火而复汉族之故物。兄素切痛国仇，誓为祖宗雪耻，际兹机会，料能同仇敌忾，牺牲与谋。因上一尺，希即至汉与唐才常、傅慈祥二君，商量大计，速兴义师，殄彼丑虏。时机不再，稍纵即逝，大仇棘心，前盟在耳，幸勿游疑自误以误苍生，并乞擘划秘密，将事慎重，不胜企望之至！临楮泣下，祇叩雄安！同学弟吴禄贞再拜。

八国联军于 1900 年 8 月 14 日攻陷北京，西太后和光绪皇帝于次日逃离北京。吴禄贞此时正在安徽大通领导自立军起义，孙武收到此信时，已经是自立军起义的最后阶段。

另据《湖北革命知之录》记载，傅慈祥在组织自立军起义时，也与孙武、钮永建、艾忠琦等"武备学堂同学而操兵柄者"数十人进行了联络。

接到吴禄贞的信或经傅慈祥联络后，孙武来到汉口，在宝顺里自立军机关与仅次于唐才常的自立军第二号人物林圭会面，被任命为自立军的岳州司令。随即回到岳州，派陈显国赴浏阳，余正义赴宝庆（今邵阳），王正祥赴长沙，各带会票千张，前往这些地方联络会党。

自立军起义原定于 1900 年 8 月 9 日（农历七月十五）发动，由于康、梁等人允诺的汇款迟迟未到，自立军粮饷无着，起义日期只得后延。只有秦力山、吴禄贞领导的安徽大通起义因没有接到延期通知和事机泄露而如期进行，大通起义不久后失败，但有部分队伍在九华山一带坚持战斗。

经过一段时期的观察后，张之洞决定镇压自立军起义。在取得英国领事签字同意后，于 8 月 22 日派兵包围设于汉口英租界与华界相接地段的李慎德堂（位于汉口上海路教堂之侧）的自立军总机关，以及另一秘密据点前花楼街宝顺里4号，共捕获自立军首领唐才常等三十余人，仓促审讯后，于次日将唐才常、林圭、傅慈祥等杀害于武昌紫阳湖畔，自立军起义失败。

自立军的主要领导人，几乎全是湖南人。除了唐才常、林圭外，还有前军（驻安徽大通）统领秦力山、后军（驻安徽安庆）统领田邦璿、左军（驻湖南常德）统领陈犹龙、右军（驻湖北新堤）统领沈荩，加上唐、林，自立军七军的主要领导人全部是湖南人。因此，湖南当局也大捕党人，先后捕戮者有汪镕、唐才中、蔡钟浩、方成祥、徐德、李英、谭蠚、何来保等百余人。面对如此凶险的形势，孙武急忙从岳州军营潜回汉阳老家。

孙武在自立军起义期间的活动并不多，但表明他是辛亥革命时期最早的革命派人士之一。人们论及自立军起义与辛亥革命的关系，常以孙武的参加为例。如章太炎在《稽勋意见书》中认为，唐才常"虽托名勤王，而志在革命。其后武昌倡义诸人，多其部下，孙武亦自此出"。孙武本人谈论武昌起义，通常也是从自立军起义谈起。

第二章

"孙文之弟"

一、参加科学补习所

自立军起义失败后，孙武化姓为金，流亡两广。

1903 年，孙武的母亲去世。其时，自立军风波在武汉地区已经完全平息。吴禄贞、艾忠琦等参加过自立军武备学堂的同学安然无恙，有的还得到了重用。如吴禄贞 1902 年从日本士官学校毕业归国后，出任武昌武普通学堂教习、会办。于是，孙武结束流亡生活，回到武汉，为母亲治丧、守丧。在此期间，他谋得了一个武职候补江宁。

1903 年，武汉地区爱国与革命风潮大起。是年，吴禄贞在武昌花园山孙森茂花园李廉方（步青）寓所，组织经常性聚会，宣传革命思想，讨论革命方略，组织革命活动，介绍青年学生参军，确定了"从运动军队入手，不轻率发难"这一基本方针。参加花园山聚会的人物有蓝天蔚、吕大森、朱和中、胡秉柯、曹亚伯、李书城、耿觐文、万声扬、时功璧、时功玖、刘道仁、徐祝平、陈问淦、张荣楣、黄立猷、范鸿泰等。在当局干涉下，花园山聚会于 1904 年春终止。

孙武结束流亡生活回到武汉后，应当与吴禄贞联系，但目前没有发现这方面的资料。看来，这一时期，孙武可能尚未从两广回到武汉，或者是在江宁谋职，从而错过了花园山聚会这一湖北革命派首次大聚集的盛事。

孙武在江宁谋职不成，回到武汉。其时，武汉地区的革命派，于 1904 年 7 月 3 日正式成立了科学补习所。所址初在武昌多宝寺街，后迁魏家巷 1 号。科学补习所对外是一个文化补习学校，实际上是一个革命团体，是湖北第一个具有较为完备组织形式的革命团体。由吕大森任所长，胡瑛任总干事，曹亚伯负责宣传，时功璧理财政，宋教仁掌文书，高建唐管庶务，朱元成、易本义驻所办事。并确定刘度成、陈应甲、刘静庵、朱元成、李胜美、欧阳瑞骅、刘复基等人分别为武高等学堂、武普通学堂、前锋营、工程营、文普通学堂代表。孙武参加了科学补习所的活动，负责联络军队和会党。

其时，黄兴在长沙成立华兴会，并计划于1904年农历十月慈禧太后生日期间举行起义。科学补习所参与了这次起义的谋划，并做了多种响应湖南起义的准备。1904年10月28日，即黄兴在长沙受到搜捕的第四天后，湖南当局电告张之洞，称科学补习所是华兴会长沙起义的"同谋"。因为没有证据，也不想闹出风波来，湖北当局对此事进行了低调处理，只是将宋教仁、欧阳瑞骅二人从文普通学堂开除了事。科学补习所由此停止了活动。

孙武参加科学补习所，开始与宋教仁、胡瑛、刘静庵、刘复基等一批重要的革命党人有了联系，在他的革命生涯中迈出了一大步。

二、留学日本，抗议《取缔规则》

1905年下半年，孙武来到日本留学。但他就读于哪所学校，学的是什么，不太清楚。

有记载说，孙武此次在日本是入成城学校学海军。成城学校是中国留学生入读日本陆军士官学校的预备学校，孙武为什么会在这里学海军？成城学校只招收官费生，孙武不是官费生，为什么会入读此校，这也是一个问题。但1905年是清政府派遣海军学生赴日留学的开始，虽然派出的是官费生，孙武也有可能通过某种方式来为学习海军做准备。

孙武此次留学日本之时，正值同盟会成立之际。他没有参加同盟会，这多少让人感到有些意外。因为同盟会早期会员中，两湖革命志士占了很大的比例。第一批同盟会员中，湖南人有20人，湖北人有19人，合计约占总数的一半。其中有不少是孙武认识或应当认识的，如黄兴、宋教仁、胡瑛、田桐、居正、曹亚伯、时功玖等。参加过科学补习所的孙武，为什么没有像科学补习所的同仁宋教仁、胡瑛、曹亚伯、时功玖等人那样参加同盟会？这是一个谜。这样，当中国的革命力量在日本大聚集时，孙武缺席，成了一个旁观者。

面对在留日学生中不断高涨的革命思潮，清政府不断地与日本政府交涉，要求制订对留日学生严加限制的各种规则。1905 年 11 月 2 日，日本文部省颁布了《关于清国人入学公私立学校之规程》，又称《留学生取缔规则》。这里的"取缔"，意为管束。《取缔规则》把留学权交给清政府，把留学生置于清政府控制之下。例如，第一条规定，各公私立学校接受清国人入学时，必须有清国公使馆介绍书；第十条规定，各公私立学校对清国人曾在他校以性行不良之故被命退学者，不得复令入学；等等。这样，自费留学生，特别是那些因参加革命活动而前往日本避难的留学生，面临着失去留学机会的危险。特别严重的是，这一规则使中国留日学生不同于其他国家的留日学生，被普遍认为是"有辱国体"。

《取缔规则》颁布后，激起中国留学生的强烈反对。1905 年 12 月 8 日，著名革命宣传家陈天华在日本东京愤而投海自杀，并留下《绝命辞》，号召同学们"去绝非行，共讲爱国，更卧薪尝胆，刻苦求学"。陈天华之死，在留日学生中产生巨大震撼，形成全体中国留学生总罢课的局面。12 月 13 日，有近三百名中国留日学生集体退学返国。其后陆续订票返国者，总计不下两千人。为了表示抗议，返国学生均不坐日本人的船。通过坚决激烈的斗争，"取缔规则，遂无形打消"。1906 年 1 月 15 日复课，反《取缔规则》运动胜利结束。

对于是否要以退学回国的形式进行抗争，同盟会领导层和骨干层产生了分歧。胡汉民、汪精卫等人坚决反对，宋教仁、胡瑛、秋瑾等人热情支持。留学生中的大多数人支持退学回国，并推选胡瑛为学生联合会会长，还以全体留学生俱乐部的名义宣布胡汉民与汪精卫的死罪。为此，同盟会召开党部会议，经过激烈争辩后，会议通过了胡汉民、汪精卫的提议。这一决议也许是理智的，但与当时留学生中激昂的爱国热情严重不协调。孙武迟迟不愿意参加同盟会，也或许是与他目睹了一些这类的事情有很大关系。

孙武积极参加了反《取缔规则》斗争，曾在总罢课时任学生联合会纠察长，与任会长的胡瑛、任外长的宋教仁和任宣传部长的秋瑾同为联合会主要负责人，他还选择了退学回国的抗议方式。这些活动，使他站到了当时爱国与革命潮流的最前列，学习到了演讲、辩论、组织群众活动等新的活动方式，但他的留学也由此而匆匆结束。

三、参加日知会

孙武从日本回鄂，适逢具有革命团体性质的日知会在武汉成立。

日知会原为基督教圣公会的一个宗教文化团体，1901 年在府街（武昌青龙巷小学所在地）创办。1903 年，科学补习所骨干刘静庵被圣公会会长胡兰亭聘为阅览室司理，日知会逐渐成为革命派秘密聚集的场所。1906 年 2 月，日知会迁址到武昌县华林高家巷圣约瑟礼拜堂（即现在崇福山街 41 号），制定了新的章程，成立了新的组织机构，刘静庵任总干事，日知会正式具有革命团体性质。

改建后的日知会召开了成立大会，共有百余人参加，孙武是与会者之一。

在这次会上，刘静庵激动地发表了演讲，其现场记录稿要点是：

中国醒！中国醒！我中华大国，外国人要瓜分了，我们同胞，又要做双重亡国奴了！"满清"那拉氏常言："宁将中国亡于外人，不可失于家奴。"此"满清"亦自认中国又要亡了！我汉人四万万同胞，被

"满清"压迫愚弄，多有不知的，现在祸在眉睫，应该醒来，应该觉悟，早想挽救之法，以免永为人之奴隶牛马。……以后一切责任，为开导民智，救中国危亡，成一新中国，使黄帝子孙不复为亡国奴，岂惟同志之幸，亦中国四万万同胞之幸！

孙武在成立会上也发表了"激烈之演说"，内容不详。与孙武同时发表演讲的，有何自新、朱子龙、冯一等人，这三人分别为日知会的干事与评议。孙武没有担任职务，能被安排发表演讲，应当与他刚刚从日本归来，亲身经历了声势浩大的反《取缔规则》斗争有关。参加日知会成立大会并发表演讲，是孙武在革命派大聚会时的首次重要露面。

日知会的公开活动仍以"开导民智，救中国危亡"为宗旨，重点是开导军人与鼓励青年学生从军，创作了由张纯一作词、余日章谱曲的《学生军军歌》。歌词有：

愿同胞，团结个，英雄气，唱军歌。

一腔热血儿，按剑摩。

怎能够，坐视国步蹉跎。

准备指日挥戈，好收拾旧山河。

从军乐，乐如何。……

齐昂昂，整顿了，好身手，讲兵韬。

救国千钧担，一肩挑。

新中国，能够造得坚牢。

便是绝代人豪，浩然气，薄云霄。

声价儿，比天高。……

这首歌，创作于1906年，由学生组织"十字军"（亦称"救世军"），举旗结队，吹号打鼓，走到黄鹤楼、阅马场等人多的地方进行演唱，继而通过日知会的活动在新军、学生中广泛流传开来，被认为是辛亥革命时期最有代表性的军歌。

日知会激昂的爱国主义精神，广泛吸引了青年学生与军人，会员人数有一百余人、二百余人、数百人、数千计和近万人等多种说法。其中，有姓名可考的，有182人。孙武在这182人的名单之中。在日知会，孙武的职责是"往来于日本东京和长江各埠，广通声气"，并在上海、武汉等地倡办"中国民信""江汉公学"及"师范传习所"等团体，从事革命活动。

1906年冬，萍、浏、醴起义爆发。日知会与萍、浏、醴起义联系的情况暴露，湖广总督张之洞将刘静庵、朱子龙、胡瑛、李亚东、梁钟汉、张难先、季雨霖、殷子衡、吴贡三共9名日知会领导人与骨干逮捕下狱。随后，巡警道冯启钧又派兵搜捕孙武等指名未获的13人。1907年农历正月十四日，孙武的家被军警抄查，其妻弟李星如被捕。孙武因匿居在存仁巷其姐夫刘燮卿家而获免。刘燮卿的父亲是汉口法、俄领事馆的职员，负责处理文牍，还为英国传教士做文字工作，刘家因此而成为孙武的主要保护者。其后，孙武在汉口德租界德华里8号设一秘密机关，名"同兴俱乐部"，其成员主要有：潘善伯、丁笏堂、邓玉麟、刘燮卿、钟雨庭、刘英、彭汉遗等。

逃亡、匿居和开展新活动期间，有人问他是不是孙武，他回答说："孙武是广东人孙文的弟弟，跟我有什么关系？"其后，由于误传、讹传、戏谑及为扩大影响而故意制造假象，孙武是"孙文之弟"的说法，逐渐传开。

四、延吉投吴、交马侠

1907年4月，在日知会案中被捕的季雨霖因病被协统黎元洪、标统曾广大保释就医。出狱后，他约孙武与他共同前往东北，同行者还有李德安、周复生。

吴禄贞 1904 年 5 月奉调入京后，先是在京任练兵处军学司训练科马队监督。1906 年赴新疆伊犁考察新军。1907 年随东三省首任总督徐世昌去奉天，任东三省军事参议。

孙、季等人到达奉天后，吴禄贞已经离开奉天，前往延吉任边务帮办。延吉位于吉林省东部，是今延边自治州首府，距长春 356 公里，东直距中俄边境 60 公里，南直距中朝边境十余公里。对孙武、季雨霖等人来说，是一个遥远的地方，季雨霖等就留在了奉天。

孙武继续前行，到达海城时，已经是一文莫名。他独自徘徊在大街上，发现有剧团在上演京剧。为了解决温饱问题，他就加入剧团，登台献艺。"行家一出手，就知有没有"。孙武的戏曲水平可能有限，但他的武术根底好，谈吐气质也与普通艺人大不一样，引起了当地绿林人士黄子扬的注意，并与其结为好友。在他的帮助下，孙武离开海城，经辽阳到达延吉，并与延吉的绿林首领杨三疤子、杨二虎等结为兄弟。

到达延吉后，孙武发现吴禄贞变得有些陌生起来，言谈举止和行为与学生时期和自立军时期大不一样。

当时，吴禄贞正在全力处理所谓"间岛问题"。所谓"间岛"，本来只是图们江中一块十余平方公里的滩地，在今延边龙井县开山屯附近，当地人称之为"江通滩""夹江"或"假江"。1903 年，朝鲜有人要求开垦这块滩地，在给中国的申请报告中将其称为"间岛"，这才有了"间岛"这个名称。日本为了分裂中国东北，制造了所谓"间岛问题"，把大片中国领土说成是"间岛"，试图以此侵占我国吉林省的延吉、汪清、和龙及珲春等地区。1907 年 8 月，曾任日军军参谋长的斋藤季治郎大佐，率领大批武装宪警强渡图们江，进入了我国延边地区，并在龙井村成立派出所，局势严峻。吴禄贞有理有节地与日本侵略者进行斗争，最终粉碎了日本瓜分中国领土的阴谋，保护了祖国边疆，赢得了清末罕见的重大外交胜利，被朝野共同视为民族英雄，也因此而奇特地成为官至清军镇统的著名革命家。

吴禄贞非常欢迎孙武的到来，而且非常需要朋友，特别是军界朋友的支持，辛亥革命时期曾任安徽都督的柏文蔚，就曾在吴部当过标统。但为了更好地处理"间岛问题"，他的行为举止与办事方式，都难免要比较地"官场化"，而且也要提高警惕，防止被人抓住"通匪"之类的把柄，这就让此时思想激进的孙武很不习惯。

由于有了这种疏离感，孙武在吴禄贞处待了几天后就告辞了，由延吉前往海参崴，考察东北的边务、民情。1860年中俄签订《北京条约》后，海参崴成了沙俄的领土，由于其时距分离的时间不长，海参崴还住着很多中国人。在海参崴，由于朋友赠送而有了些财物的孙武，被俄警洗劫一空，并被驱逐出境。其后，孙武流浪到珲春，得遇原籍为湖北黄陂的余寿昌、李贵等人相助，孙武才又重新正常生活。经余、李引见，孙武结识江湖首领刘弹子，得刘资助后，再次前往日本。

从自立军起义失败到此时，前后约8年，孙武始终没有正式的职业与身份，从家境富裕沦为需要靠人资助为生，真可谓"艰险备尝"。但他南下两广，北上延边、海参崴，东游日本，参加科学补习所和日知会，广交各界朋友，不到而立之年，就已经积累了丰富的人生经验和各种社会知识。其理想抱负也没有因挫折而消逝，而是随着知识经验的积累而增长。但长期独自"潜逃奔走"，使他与革命主体阵营交往不多，基本上还是一个没有明确定位的"自由人"。

第三章

主办共进会

一、出任共进会军务部部长

1908 年上半年孙武再度来到日本，发现东京有了一个新的革命组织——共进会。

共进会正式成立于 1907 年 8 月，由张百祥、邓文翚、刘公、焦达峰、吴玉章等人发起成立，参加者有川、鄂、湘、赣、皖、浙、粤、桂、滇等省人士百余人，其中有相当一部分人是同盟会会员。其领导人和骨干中，有相当一部分人是会党首领或与会党有联系。

共进会奉孙中山为领袖，基本上以同盟会的纲领为纲领，但将同盟会十六字纲领中的"平均地权"改为"平均人权"。共进会主张联络会党，把革命重点放在长江流域，这与主要在学界、军界活动，偏重于发动"边地革命"的同盟会有所不同。共进会认为同盟会"行动舒缓"，主张更多更快地采取直接行动，并自称为同盟会的"行动队"。

孙武把同盟会、共进会看成两个派别，他在晚年写的《武昌革命真相》中说："各革命党人均集东京，内有缓急纷争之派，彼时机关亦多，其大者尽（仅）同盟会与共进会两派，而共进较同盟为急进派，故孙武考查两派宗旨，同盟会是'平均地权，建立民国'，共进会是'平均人权，建立民国'，故孙武毅然加入共进会。"根据田桐的回忆，改"地"为"人"是孙武的主张。这一回忆有误，因为这一政纲提出、讨论和通过时，孙武不在日本东京。但孙武自己写的《武昌革命真相》表明，他就是因为赞成"平均人权"而不认同"平均地权"才加入共进会的。因此，论者经常认为，共进会改"平均地权"为"平均人权"，是因为张百祥、刘公、孙武等人的家庭都是地主。

共进会的领导人与主要骨干中，没有像孙武这样接受过正规系统军事教育并担任过军官的人，他们对孙武的加入，大表欢迎。在时任参谋部长的焦达峰的推荐下（孙武自述），孙武担任了共进会军务部长。

孙武十分珍惜共进会这个平台，积极履行军务部长的职责。他与刘揆一、李根源、焦达峰、赵伸、陶铸（冶公）、潘鼎新等人一道，利用大森体育会组织军事训练。这些人中，刘揆一时在同盟会东京本部主持日常工作，李根源为时在日本士官学校第六期步科学习的同盟会骨干，赵伸时任同盟会暗杀部副部长，陶铸（冶公）是同盟会评议部部长，光复会会员、光复会领导人陶成章的族叔（年龄比陶成章小8岁），孙武、焦达峰、潘鼎新则都是共进会的部长。他们共同主办大森体育会，而且应当是在刘揆一的主持下，表明此时的共进会，的确是同盟会的"行动队"。大森体育会后由黄兴亲自主持，刘揆一说，在黄兴主持之前，体育会的训练，"党军中已见其效力"。

正当孙武等人在东京组织军事训练时，黄兴前往云南领导河口起义，孙武响应同盟会的号召，从日本前往增援。

河口起义是孙中山在越南河内策划的一次起义，由黄明堂、关人甫、王和顺等人具体组织和指挥。1908年4月30日晚上发动，次日占领中越边境重镇河口。孙中山特委任黄兴为云南国民军总司令前往督师。河口起义的主力是会党和清军变兵，无法进行有效指挥，5月7日，黄兴率一军前往袭取蒙自。"未及一里，各兵群向天开枪一排，齐声呼疲倦不已。克强再三抚慰无效。更行半里，则兵士多鸟兽散，不得已折回河口。"黄兴只好返回河内，拟召集参加钦、廉、上思起义的人员组队再赴前敌，在老街被越南法国殖民当局扣押，随即被遣往新加坡。5月26日，清军攻陷河口，历时一月的河口起义失败。

河口起义坚持时间较长，并较长时期占据一个要地，极大地鼓舞了革命派。日本东京的革命党人于5月24日召开"中国留日学生全体大会"，号召大家前往河口增援或捐款相助。会后，共有百余名留学生乘船赴前线，孙武就是其中之一。到达香港时，他们在报纸上看到，"革命军已退出河口"。于是，孙武又和部分留学生返回了日本。

以会党为主力的河口起义军纪律涣散，让黄兴痛感培养军事人才的重要。1908年夏返回日本后，他亲自主持大森体育会，聘请日本教官，训练军事人才，参加培训的学员有170人。黄兴将学员分为两队，进行具有军事演习性质的对抗性训练。

孙武继续参加大森体育会的活动，主要是与焦达峰、喻培伦、黄复生、熊越山（聂荆）等人学习制造炸弹。这些人中，除了孙武、焦达峰外，熊越山也是共进会的领导骨干，为共进会内务部长与共进会推举的广东大都督。他们自己学习制造炸弹，进一步体现了共进会重视直接行动的特点。

二、"摇清四友"与其他亲友

1908年11月，光绪皇帝与慈禧太后先后死去，清朝统治更为脆弱。共进会认为革命时机到来，在东京的主要成员纷纷回国开展革命活动。孙武于1908年底回国，在上海及长江下游各口岸联络部署后，于1909年初回到汉口汉昌里家中。

回家第二天，孙武就召集亲友商讨革命事宜。他将从日本带回的共进会文件向与会者进行宣讲，其中包括国旗、约法、军制、印章、公告、檄文等。会后，孙武郑重地将这些文件交给其姐夫刘燮卿保存。刘燮卿小心翼翼地接过，"视之如抱婴儿"。刘燮卿夫妇长期为孙武处理内务，多时要亲自下厨操持数十人的饮食，家财耗尽，双手磨出了厚茧。

孙武发展的首批湖北共进会会员有刘玉堂、丁立中、汪性唐、钟雨亭、刘燮卿、李白贞、吴肖韩等。他们中，刘玉堂、汪性唐、李白贞、李赐生被人称之为"摇清四友"或"摇清四杰"，即孙武早期的四位主要助手，也是孙武最为稳定的基干队伍。

刘玉堂是洪门首领，青帮"大"字辈"大爷"，人称"刘大爷"，还担任基督教青年会及格非堂董事长等教职，在汉口河街开设新大方客栈。加入共进会后，被推为庶务，其所开客栈成为共进会主要机关之一，专门负责招待与联络。

汪性唐毕业于教会学校，对西文有研究，在汉口教西洋人汉语，是共进会的外交人才。他和孙武一样爱好戏曲，并因此和孙武成为朋友。汪性唐交游广泛，与一些军官是朋友，是孙武联系军官的重要助手之一。

李白贞也是个多才多艺的人物。少年时只身前往汉口大英医院做工，通过自学掌握了药物性能、化学知识及绘画技术，曾任中亚、华西两药房经理，后集资在汉口歆生路开办荣昌写真（照相）馆。有一天，孙武到汉昌照相馆去找丁立中，发现了共进会党务部长潘鼎新赠送给李白贞的一副对联："共和难，难统一；革命苦，苦无边。"孙武大惊，急忙向李打听潘的下落，随即与之深谈，并与李结为好朋友，李的照相馆成为共进会重要机关之一。

李赐生是汉口教会学校博学书院（今武汉四中）的首届毕业生，其父亲李汉卿是汉口英国伦敦会基督教的教师，曾出资1800串钱购买两百多亩土地帮助牛津牧师马辅仁创办博学书院。他力气大、胆子大、跑得快、机智活泼，还能熟练使用英语。他比孙武小8岁，少年时代就与孙武成为好友，被人称为孙武的"龙将"。遇有艰难危险任务，他总是说："还是我去吧。"

"摇清四友"有一个共同特点，就是都与洋人有点关系，汪性唐、李白贞、李赐生还分别就读或自学于教会学校，再加上孙武在国内就由洋教习教学训练，后又两次出国，这使得湖北共进会从一开始就有点"洋气"，刘公等人纷纷回国后，就更"洋"了。

在孙武发展的其他首批湖北共进会会员中，丁立中是江西新建县人，先后在南昌参加创办《南昌自治日报》和在汉口创办《江汉日报》，曾参加日知会，时在汉口开办大成印刷厂。丁是孙武的老朋友和重要资助者，湖北共进会机关总部宝善里 14 号（今楚善里 28 号）就是由他承租下来的。钟雨亭是孙武姐夫刘燮卿的朋友，长期与刘为孙武掌管机要，处理内务，负责联络，其寓所汉昌里 73 号为共进会的联络机关之一。为筹集经费，钟在汉昌里开办了一个烟馆。吴肖韩也是孙武的老朋友，其磨子石寓所在日知会和共进会时期，都是孙武的联络机关。吴与夫人汪玉长期照顾过往同志的生活，还为机关提供日常费用。

大体上说，孙武的这些亲友，主要是武汉三镇的市民。他们开店办厂跑江湖，都有一份自己的小家业，并多数与教会有一定联系。他们能够全身心地投入主张"铁血"革命的共进会，反映了辛亥革命时期人心思变并逐渐接受革命思想的社会环境，体现了共进会及孙武本人的平民根基。因此，孙武的这个基本队伍虽然势单力薄，但其代表的社会基础则是坚实和雄厚的，是"平民革命"的一种典型体现，还有较为明显的、在其他地区没有多少表现的"市民革命"特色。

三、壮大湖北共进会

随着活动范围与影响的不断扩大，孙武与黄申芗、邓玉麟等湖北军界的革命人士建立起了联系。

黄申芗（1883—1942），湖北大冶人，有诗词选《乔梓集》（武汉出版社 2004 年 7 月出版）存世。1905 年组织同心会等反清团体。次年投入湖北新军，后考入特别陆军小学堂。日知会被破坏后，他在湖北新军中最早发起组织种族研究会，以后又组织过军队同盟会、群治学社等革命团体。

孙武来到武汉活动后，武汉地区的革命派纷纷传说孙武是孙文的弟弟，大家精神为之一振。黄申芗听后，立即与同志郭抚辰专程前往汉口华景街拜会孙武。会谈时，孙武向他们介绍了共进会的章程，介绍了孙中山、黄兴的情况，"且极称孙、黄才识"。还对他们说，共进会本部资金雄厚，并向他们出示了电雷、炸弹各一枚。黄申芗、郭抚辰大受鼓舞，回营后便与同志联络、商量，集体加入了共进会。黄申芗联络的"军中同志，计各标、营充至 500 人"，他们的加入，令湖北共进会势力大增。

邓玉麟（1879—1951），祖父为地方上有名的秀才，少年时在宜昌府读书。读书期间，目睹了 1891 年的宜昌教案，大受刺激，开始不屑于章句之学。16 岁时开始闯荡江湖，一边经商，一边结识江湖好汉，试图"树边功以自雄"。19 岁时入伍当兵，所在宜防营管带李襄铭为留日新归之人，常在军中宣传反清反专制的革命思想。邓深受其影响，开始奔走鼓吹，联络同志，从事革命活动。后见宜昌偏远，便入武昌投军，成为新军三十一标正目。常在军中宣传"非革命不足以救国救种"的思想，演讲时"泪随声下，闻者心动"。与其联络的士兵，号称"不下数千人"。

在黄申芗、邓玉麟这类长期在军界进行革命活动的同志的具体组织下，湖北共进会的势力迅速壮大。据黄申芗说，在他代替孙武主持会务期间（1908 年 9 月—1909 年 4 月），曾做过一次调查，当时整理的名册，计有军界在营者 1150 余人，出差者 200 余人；非军界的其他各界人士 11400 余人，非所属者数百人。

四、筹建六军谋两湖

孙武回国之初，重点是联络会党。为了将会党有效地组织起来，孙武在焦达峰、刘玉堂等人的协助下，计划将湖北地区的会党按军队编制整编为五个镇（师）。以刘公为大都督，刘英为副都督，孙武为参谋长。各镇督统及其分布为：

第一镇：督统袁菊山，统领襄樊一带的会党；

第二镇：督统刘　英，统领安陆、德安一带的会党；

第三镇：督统刘玉堂，统领武汉及其周围一带会党；

第四镇：督统黄申芗，统领汉川、大冶一带的会党；

第五镇：督统彭汉遗，统领黄州一带的会党。

此外，焦达峰、潘鼎新及新近加入共进会的黄荣也在湖南联络会党，组建军队。其中，黄荣在岳州联络当地兰谱会首领焦甲申等人，把洞庭湖一带的会党编为一镇，推举李纯生统带。

在当时的历史条件下，没有人能够把会党改造为真正意义上并且达到五六个师规模的军队，但组织成具有一定规模和一定战斗力的起义武装，则是有可能的。例如：刘英在京山以试办地方自治为名组织武装，规模达到数千人，还派人打入驻永隆的清军之中展开活动，发展共进会组织。武昌起义爆发后，刘英在永隆河起兵响应，当晚就缴了永隆河清军防营的枪，随即先后攻克天门、潜江、监利、公安等县，并分兵由其弟刘铁率领增援汉阳。

黄申芗在大冶一带的活动也有成效。被其任命为右协统领的柯玉山，为鄂东会党首领，在大冶、鄂城、通山、崇阳一带设有会所六处，仅大冶、鄂城两地的会众就有三千人左右。会众多为矿工、游勇和无业游民，也有一些志士仁人。如时为普通会众的陈明山、张汉修，都是富家子弟，分别在武昌、大冶参加过群英会、同心会等革命小团体，陈明山还考入武汉陆军小学学堂，在步三十二标当兵。二人后来都成为中国工农红军指战员，陈明山曾任红五军军委委员，张汉修曾任红军团长、师政委。柯玉山在大冶的活动是公开的，而且很张扬。"出则四人大轿，前后拥卫，鸣金放炮，毫无顾忌。历任县令见其势盛，均不敢过问。"瑞澂出任湖广总督后，先后出兵三次缉拿柯玉山，第一次派卫队 60 人，第二次派辎重八营的一个中队，均被柯部击退。直到第三次出动新军一个步兵营，由标统曾广大亲自率领，才于 1910 年 7 月至 8 月间将柯部击溃，并抓住柯玉山。当时的两湖及全国各地，柯玉山式的人物很多，如能团结改造好，的确是一股强大的战斗力。

会党活动的突然频繁并与往常不一样，引起了官府的注意和查办，从而激发暴动。

1909 年 7 月，潘鼎新部华容县同盟会员、沱江书院学生焦逸仙在巴陵、华容交界处的墨山铺、贾家凉亭、许家碑一带组织群众数百人起义。不到一个月，刘英所属龚世英、刘伯奇部在襄河流域暴动，也被清吏消灭擒杀。接着，柯玉山部也因拒捕而发起大冶暴动，打死官差数名。为了避免进一步暴露，孙武下令取消两湖暴动计划，停止将会党改编为军队的活动，自己于同年 9 月前往广东，湖北共进会的事务，由黄申芗代理主持。

五、拟助两广，香港入盟

1909 年 9 月，正当湖北当局对会党起事高度关注并追查其幕后人物时，孙武接到共进会推举的广东大都督熊越山（化名聂荆）的来电，说广西机遇甚佳，共进会推举的广西大都督刘玉山计划在南宁起事，希望孙武能够前往相助。孙武立即偕潘善伯和吴肖韩夫妇于 9 月 15 日离开汉口，前往广东。一为避难，二为寻找新机遇。

当时广西的革命形势，主要有两大特点。

一个特点是一些革命党人正在联络会党。1909 年 6 月，同盟会员刘古香与甘乃纲等由香港回柳州联络防军长官陈晓峰、张铁成、卢笙白、黄岱等，拟先取柳州、继攻桂林，集结民军一千余人于柳城太平圩和四十八弄一带，伺机发难。清军右江镇总兵李国治发觉后，率大批清兵前来围攻，双方激战四昼夜，民军不敌被迫撤退至苗山，起义失败。其后，同盟会员刘震寰等革命党人继续在来宾、迁江、忻城、雒容、象县一带联络会党，同时开展对清军各级军官的策反工作。

另一个特点是一批革命党人进入广西军界，并基本控制了广西的军校。当时，有蔡锷、钮永建、李书城、王孝缜、耿毅、何遂、尹昌衡、冷御秋、吕公望、陈之骥、赵恒惕、刘建藩等五六十名军界革命人士在广西。其中，蔡锷先后担任广西新军总参谋官兼总教练官、广西测绘学堂堂长、陆军小学总办等职，钮永建任兵备处帮办兼筹办广西讲武堂及陆军小学总监，李书城先后担任陆军干部学堂及陆军小学堂的监督，广西由此而成为国内军界革命党人大聚集的中心地。

孙武再次走到一场革命派大聚会的门口，而且这次盛会中的主要角色有不少两湖人士，其中，钮永建还是孙武湖北武备学堂同期的同学。但他似乎不知道有这样一个盛会，或无意去赴会。孙武经广州来到梧州，在与温德臣会晤时，得知刘玉山准备组织的南宁起义事机已败，便返回广州。

其时，赵声、倪映典等人正在广州筹划新军起义。赵声先后在南京和广州任新军标统，任职期间，将冷御秋、柏文蔚、林之夏、倪映典、熊成基等革命精英招入军中任职。官府察觉后，赵声被解除兵权，改任广州新军督练公所提调。1909 年 7 月，赵声召集新军中革命党人骨干数十人，在广州白云山能仁寺举行秘密会议，共商起义大计。赵声的活动再次引起官府怀疑，赵声只好辞职离开广州。1909 年 10 月，同盟会南方支部电告孙中山，决定发动起义，并电请赵声以及黄兴、谭人凤速来港主持。

孙武在广州了解到了这些信息，便前往香港拜访赵声。这是自 1907 年北上寻找吴禄贞和 1908 年计划前往云南支援黄兴后，孙武再次主动与同盟会领导人和重要骨干联络，是一种富有积极意义的行为。到达香港后，孙武没有找到赵声，但在《中国日报》社结识了胡汉民、洪承点、冯自由等人。孙武将湖北形势告诉他们，胡汉民等人听后大感兴趣。可能是由于他们的报告，黄兴在 1910 年 5 月 13 日《与孙中山先生书》中指出，"湖北之陆军虽腐败，然开通者亦不少，去岁有孙武者（湖北人）竭力运动，闻成绩亦好"。在香港，孙武经洪承点介绍，由冯自由主盟加入了同盟会。

多年来，孙武徘徊在同盟会大门前而不入，并对同盟会有"议论多，成事少，未立内地机关，终难成事"的成见。此次两广之行，孙武所到之处都是同盟会在积极组织革命活动，从而使他对同盟会的成见有所改变，并终于加入了同盟会。这对湖北的革命事业和孙武个人的革命生涯，都有重大意义。

一、重心转向新军

　　孙武逗留粤港期间，湖北共进会为了响应焦达峰试图利用长沙抢米风潮发动的起义，决定于 1910 年 4 月 24 日夜举义。准备期间，活动暴露，黄申芗走避上海，军队和军校中被开除与自动离职的人也很多。查光佛代为主持共进会事务，处理各种善后事宜。

　　1910 年 5 月至 6 月，孙武回到汉口，与查光佛、刘英、杨时杰、杨玉如等人取得联络，湖北共进会活动逐渐恢复。在此同时，东京共进会总部第三任会长刘公从日本回国治病。先是在汉口普爱医院治疗，继而回襄阳老家疗养。刘公交游广，联络多，财力足，他的回国，令湖北共进会"气为之一壮"。

　　辛亥正月，时在家乡湖北广济过春节的居正收到汉口广惠公司刘绍襄

中部同盟会分会会长居正

转交的一封黄兴所写的亲笔信，意为同盟会不久将在广州起事，希望居正"在武汉主持，结合新军，速起响应"。阅信后，居正立即来到武汉。居正是同盟会要人，又是东京共进会的创始人之一，共进会章程的起草人，曾任东京共进会总部参谋。他的到来，大大加强了湖北共进会与同盟会的联系。

由于刘公以养病为主，居正离乡已久，湖北共进会实际上的主要负责人仍然是孙武。胡祖舜说，他们"共谋两湖革命之积极进行，一切以孙武为中心"。

孙武从粤返汉后，认为应该把工作重点转到军队。他说："运动官吏，官吏利禄熏心；联络会党，会党又野性难驯；今后惟有运动士兵，借矛夺盾。"为此，孙武将已经调至两江总督卫队营的邓玉麟从南京召回武汉，专门负责联络军队。又在汉口、武昌广设联络机关，"同志刘、彭、杨、梅、谢、牟、邢、钟等均来机关任事"。

通过多方努力并随着革命形势的发展，湖北共进会"进行之速，一日千里"。到武昌起义前夕，在新军中发展的会员约有两千人，成为湖北新军中人数仅次于文学社的第二大革命团体。此外，学界约有两百人，其他社会阶层也约有两百人。

更为突出的是，共进会沿用湖北新军革命团体的体制，在各标、营、队、排、班均设立代表。其标、独立营队和学堂代表有：

步兵第二十九标　代表蔡济民　参议高尚志

步兵第三十标　代表杨洪胜　参议徐达明

步兵第三十一标　代表李绍白　参议吴之诚

步兵第三十二标　代表李成牧　参议刘雄亚

马队第八标　代表祁国钧

炮队第八标　代表徐万年　参议孟华臣

工程第八营　代表熊秉坤

宪　　兵　　营　代表彭楚藩

步兵第四十一标　代表邱世成　参议邓飞鹏

马队第十一营　代表陈孝芬

炮队第十一营　代表蔡鹏来

工程第十一队　代表黄恢亚

辎重第十一队　代表李树芬

此外，还有第二十一协炮工辎总代表钱芸生、副代表胡祖舜，陆军第三中学代表易正柏、副代表席正铭，陆军测绘学堂代表方兴、副代表李翊东，名誉退伍士兵代表陈芝新，两湖师范学堂代表牟鸿勋，湖北法官养成所代表陈洪元，湖北铁路学堂代表牛廷臣，湖北方言学堂代表郭寄生，高等巡警学校代表高元藩，湖北工艺学校代表赵学魁，湖北矿业学堂代表刘元等。

为了保密，湖北共进会还形成了一套自己的组织与联络方式。例如：在发展会员时，"需得两同志介绍，由各队队代表直接负责，决不令他人知晓，各司其事，分途进行"。运动会员以1人运动5人为限，再由5人中之1人，又出运动5人，不准第6人知道。此2人所联络的10人为一级，平级中不再扩大。对各标营入共进会者，将姓名登记于账簿上，用钱数记年龄等。前往机关联络，敲门有暗号，是自己人，以掌连续拍门三声，轻重如一；生人来会，见面答话有一套隐语，如答得不对，就不是革命党人。在行动上，也有暗号：始为双方相互拱手为礼，继而右手握拳，表示"坚守秘密"；左手抚胸，表示"抱定宗旨"；再正衣领扣，意为"恢复中华"，如此等等。

辛亥革命时期，革命团体普遍严重涣散。与这种普遍状态相比，既有可观规模又有严密组织的湖北共进会，与规模更大、组织同样严密的文学社一道，成了璀璨无比的双子星，在黎明前的黑暗，给人们带来了胜利的曙光。孙武对此作出的贡献，应当充分予以肯定。对孙武有很多意见并被孙武误会为倒孙者的陈孝芬说："孙武作事有毅力，有决心，有勇气，险阻艰难，在所不计，所以他在居正、刘公、杨时杰等帮助下，使共进会能够蓬勃发展，这是铁的事实，是不可磨灭的。"

二、武昌成为革命活动中心

1911 年 2 月 23 日，为了发动长江中下游各省响应即将举行的广州起义，受黄兴委托，谭人凤从香港经上海来到武汉，前后逗留 5 天。

后称之为黄花岗起义的广州起义按计划是一场巨大规模的起义。基本设想是：先在广州发动，成功后出师北伐。一路由黄兴率领进军两湖，占领武汉；一路由赵声率领从江西东进，占领南京。然后，再进军北京，推翻清朝。为此，同盟会筹划将近一年，筹集经费达 157000 多元，集中国内外精英 800 人充当"选锋"（敢死队）。用孙中山的话说："是役也，集各省革命党之精英，与彼虏为最后之一搏。"

谭人凤来武汉后，首先找到居正，并与之会谈。他说："余奉黄先生命，督率长江革命进行，并报告紧要消息。南京、九江已有联络，两湖尤关重要。因黄先生与胡展堂（汉民）、赵伯先（声）诸兄均在香港，各省同志毕集，决在广州起事。谋既定，款亦有着，最短期间，当能实现，两湖宜急起响应。"会谈完毕，谭人凤交给居正 600 银元为经费。

居正受命后，找到孙武等人共同去见谭人凤。谭人凤发现，"孙武前办共进会，武汉江湖士多在其团体中，于军界亦稍有接洽，势力远胜居正"。于是，他又交给孙武 200 元钱。这笔经费数额不多，但由于是实地考察后的临时决定，代表着同盟会对孙武的一种认可与期盼。孙武对此不满，还对谭人凤说居正"无所事事"。与此相比，谭人凤把拨给湖南的经费 700 银元全部交给曾杰，没有给焦达峰一分钱，焦达峰却毫无怨言。

同盟会中部总会总务干事谭人凤

谭人凤带来的消息深深鼓舞了孙武等人,那800银元对"受尽泉刀之厄"的孙武等人来说,也有如雪中送炭。如胭脂巷11号,月租16串文(1000文为一串),当时没有几个人租得起这样的房子。有了800银元(此时武汉地区1银元相当于铜钱960文左右,略低于1串文)做经费,事情就好办了。正是在这种激励和支持下,共进会在武昌广设机关,从而把组织工作的重心从汉口转移到了武昌。

武昌为两湖地区的军事、政治中心,湖北新军大多数驻扎在武昌。武昌、汉口虽然只有一江之隔,但在两地跑一次并不容易。陈孝芬回忆说,他星期天在南湖、汉口之间跑一趟,回到南湖时往往在深夜一二点。普通士兵请假出营很难得到批准,要到汉口跑一趟,更为困难。胡祖舜是个兼当记者的新军士兵,早就想到汉口去拜访孙武,但直到以眼病为借口请到长假后,才渡江到汉口首次见到孙武。因此,要有效地联络组织新军,只有在武昌设立机关。孙武早就有了这种想法,只是由于没钱,迟迟无法把武昌的机关建立起来。有了那 800 银元，孙武等人立即着手在武昌建立机关。

武昌有一个地方叫黄土坡（今首义路），邻近步兵第二十九、三十、三十一、四十一标和工程第八营的驻地，那里还有陆军测绘学堂，是一个联络新军的好地方。孙武交给邓玉麟 100 元，委托他在军营附近选择一处地方开酒馆，以作为联络机关。邓玉麟委托郭寄生等人选址，通过一个星期的考察，选择了黄土坡 20 号，就在这里开了一个同兴酒楼。筹办时发现经费不足，又由张育万、费矩、向炯等人合筹了七八十元，还在方言学堂别墅姚家花园借了桌椅板凳，省了一些钱。除了同兴酒楼外，刘公在黄土坡的鄂园隔壁有一处公馆，孙武在黄土坡附近的分水岭（今紫阳路首义路口）有一处寓所。时人回忆说，经常有士兵到孙武的分水岭寓所，和孙武一起拉琴唱戏。有时是掩护正在召开的会议，有时是边拉边唱边谈事，有时也就是娱乐。

共进会在武昌的另一个活动中心是胭脂巷。胭脂巷在湖北巡抚衙门附近，周边是著名的教会区、医院区、学校区与高档住宅区。美国圣公会、英国伦敦会、瑞典行道会、意大利圣方济各会等宗教组织，都在附近的昙华林修建教堂，有的还办有医院。湖北当局也在这一带办有湖北军医学堂、湖北工业中学堂、湖北法政学堂等学校。这也是一个进行革命活动的好地方。吴禄贞领导的花园山聚会，刘静庵领导的日知会，地址都在这一带。胭脂巷附近的昙华林 32 号，当时是刘公在正卫街的公馆。就在这幢房子里，刘公领导赵师梅等湖北工业中学堂的三名青年学生，制作了在武昌起义中使用的十八星旗。

孙武决定在武昌设立机关后，负责选址的杨玉如找到了胭脂巷 11 号。这处房屋在胭脂山前坡下，较为僻静，单门独户，院墙高大，有五间正房，前可经小巷出三道街，后可翻过胭脂山通粮道街，来往时不太引人注目，有事时好转移。经邓玉麟、李作栋、胡祖舜集体考察后，大家就决定以此为机关，由胡祖舜携带家人在此常住。后来，胭脂巷 11 号成了共进会与文学社召开联合大会的会址，还在小朝街 85 号机关暴露后成为武昌起义的临时指挥所，同时还是一处制造与储存炸弹的场所。

除了以上所述外，共进会在武昌的活动地点，据李白贞"未及全记"的回忆，还有刘公、杨玉如的雄楚楼住处，蔡济民的雄楚楼住处，吴醒汉的分水岭 7 号（亦为孙武住处），马骥云的昙华林奇英学社，李春萱的三道街数学馆，杨洪胜的中和门杂货店，潘善伯、吴肖韩的磨子街寓所，陈子龙、徐万年的巡司河住处，如此等等。

共进会将活动重心移至武昌后，组织发展很快。当时在同兴酒楼管账的郭寄生回忆说，农历四月下旬的一个下午，孙武在同兴酒楼附近的姚家花园召开了一个会议，有二十多人参加。大家分别报告各自的情况，报告完毕后一统计，发现军队中已经有共进会员一千六七百人。大家对此都感到很吃惊，郭寄生说，他登记的会员只有三百多人，怎么会有这么多人呢？孙武说，你这里登记的，只是来过这里的新会员，还有很多老会员和其他新会员。

三、"武汉发动，其利有三"

1911 年 4 月 27 日（农历三月二十九日），惊天地、泣鬼神的黄花岗起义爆发，血战一晚，壮烈失败，参加起义的 130 余位勇士，至少牺牲 86 人。

消息传到武汉，孙武、刘公、居正、刘英、杨时杰、杨玉如、邓玉麟、李作栋、焦达峰、杨任、阎鸿飞等两湖志士于 5 月 3 日聚集在武昌雄楚楼 10 号刘公寓所。在这次会议上，孙武首先提出，原来是广东发难，我们两湖响应。现在广州革命既无望，我们两湖就要主动起来。焦达峰马上接着说：当然是这样。原来我们就主张由两湖首先发动，他们一直不接受。现在，就从我们两湖干起来,再也不要依赖别处了!刘英说:我们要立即自己干起来,不要再游移……

孙武早就有首先在武汉发动的设想,黄花岗起义的失败与湖北新军中革命力量的增长,坚定了孙武首先在武汉发动的信心,并形成了一套系统的看法。他认为"武汉发动,其利有三":

其一,在武汉发动有"地利"。孙武认为,武汉经张之洞长期建工厂,制军械,二十余年来器精械足,可以为起义提供充足的武器弹药。而且武汉为南北枢纽,与湘赣毗连,一旦发动,能形成鄂、湘、赣相互响应的格局。

其二,在武汉发动有"时利"。孙武认为,时任湖广总督的瑞澂,为人狂悖,侮慢缙绅,主张铁路国有,扬言对倡议争路者"格杀勿论",与载振表里为奸,湖北人不论贤愚,对他都心怀怨恨。

其三,在武汉发动有"人利"。孙武认为,鄂军战斗力强于他省,以往他省动乱,都由鄂军出兵平定。如果鄂军起义,不但湖北可以迅速占领,他省也将迅速响应。而且军队起义,土匪不致滋扰,租界可无顾虑,便于外交。

孙武的分析,立足武汉本土,兼顾周边省份,重视敌我力量的对比、人心向背、物质基础,还重视地方主官个人的品行、名声,现实性、可操作性强。有些分析,是同盟会领导起义时较少考虑的。如地方主官,同盟会领导的历次起义似乎都没有把这作为一个重要问题来考虑,而孙武却把这作为三大要素之一。任何一个地区,起义者首先面对的都是当地的军政长官,知己知彼,不能不高度重视敌军的主帅、主将。武昌起义的成功,与瑞澂的颟顸密切相关。例如,他上折参办"在籍绅士挟私酿乱",这几乎是自挖墙脚,把一些顽固派士绅都得罪了。再如,瑞澂与载振的特殊关系,也是一个引起人们对他不满因而特别有利于起义的因素。载振是皇族内阁总理庆亲王奕劻的长子,与瑞澂为儿女亲家,先后任农工商部尚书等职。曾收下段芝贵以一万二千金买下的天津名妓杨翠喜，并帮助段任署黑龙江巡抚，被揭发后引起一场轰动全国的大风波。还有，会党首领柯玉山，在大冶公开活动了 15 年之久，连张之洞对他都不闻不问，表明他与官府达成了某种默契。瑞澂兴师动众，连续三次出兵镇压，虽然将柯镇压下去，但实际意义不大，还要留下一个连的正规军来驻守大冶，可以说是得不偿失。

谭人凤曾经认为武汉四面受敌，不宜首先发动，并为此与孙武等人多次发生争论。听了孙武等人的解释，看了孙武等人的组织工作后，成为武昌起义的积极支持者，并大为感动地说："焦达峰、孙武由同盟会分出者也。长江流域为主要，诸公视为无可为者也。一旦稍事提携，分者终得复合，无可为者，竟大有可为。益信爱国之心，尽人同具，豪杰之士，随地有之，岂限于人与地哉！"

四、刘公献款，张振武理财

随着共进会势力的发展，经费问题越来越突出。

同兴酒楼所拨经费仅 100 银元，经营 3 个月，却用去了 800 多银元。其后再无经费来源，只好关闭。胭脂巷 11 号机关，只有第一个月由共进会付租金，其后就由胡祖舜自己承担，把胡家弄得很苦。在这种背景下，同志及其亲友中略有钱财者，都渐渐地把钱包挖空，孙武、焦达峰、邓玉麟，穷得三人共同使用一件长褂子，谁有要事谁穿。换洗衬衫也没有，每晚由孙武夫人李云卿洗好，第二天早晨起床时再穿。饮食非常简单，经常喝粥，有时来的人多，机关内碗筷不够，大家就用脸盆、茶杯代替，菜是有什么吃什么。不论吃什么和怎么吃，大家都"大嚼大喜"。

革命不能赤手空拳，也不能没有饭吃，没有衣穿，没有地方住，没有药品疗伤治病。为了解决经费问题，这些后来成为显赫人物的革命党人想尽了办法，留下了不少趣谈，最终让共进会财政大为改善的，是会长刘公。

刘公家庭富裕，但他不是当家人。在与亲友和同志安排了一些活动后，他从父亲刘子敬手中骗到了银子五千两，折合银币七千元。他将汇票交给在共进会负责理财的李作栋，李与彭楚藩当天就到汉口山西票号中兑出，留下五千银元作公款，存入华俄道胜银行，另外两千银元由刘公个人支配。李作栋说，那五千银元，到 10 月 8 日，即孙武失事、宝善里机关被破坏前，共进会在华俄道胜银行的账号上还剩余两千余元。

另有资料显示，刘公还从时在度支部办事的叔父刘子麟及另外两位叔父那里获得资助，连同父亲所赠，共获银子一万二千两。

再据刘公表弟、与刘公共同设局从刘家骗钱的陶德琨说，刘公假捐道台之名，骗得家族二万两白银，与共进会各自负责一万两。专家认为，五千两银子捐不到一个道台，陶德琨的说法是可信的。陶德琨是著名货币专家，从"袁大头"到 1955 年的第二版人民币，主持、提议、参与了中国多种货币的定制与设计，他的职业习惯及其与刘公家（当为刘母陶氏的侄子）的关系，有可能使他比刘公本人还清楚到底从刘氏家族搞到了多少钱。李作栋等当事人的回忆，只限于他们所知道的那部分钱。

为了筹得更多的款项并使用好这些经费，李作栋邀请他的同学张振武前来协助。这样，共进会又产生了一位后来大名鼎鼎的人物。

张振武，湖北竹山县人，1900 年考取湖北省立师范学校，1904 年自费就读于日本早稻田大学，主攻政法，兼学军事理论。在日本期间，由湖南人刘彦介绍加入了同盟会。回国后在武昌黄鹤楼道小学任教员。1909 年加入共进会。协助李作栋理财期间，张振武回到老家，变卖田产，并把自己的孩子托付给崇阳县一鲁姓人家寄养，以全心全意从事革命。此外，他还从襄河一带的富翁刘云会、盛炳甲、梅实秋等人手中筹得一些经费。

张振武勇于任事，共进会的事务，不论是否与他的职责相关，也不论有多么危险，他都乐于担任，并总是争取多做，曾冒险将十几箱炸药运进武昌城内。为人也很慷慨，有人求助，他总是尽力而为。这样，他很快就从李作栋请来的临时会计，成长为湖北革命团体中的一个重要领导人。

一、分途并进，还是联合大举？

湖北革命团体众多，贺觉非、冯天瑜所著的《辛亥武昌首义史》（湖北人民出版社 1985 年 9 月版）在"其他革命小团体"这一节介绍的，就有群学社等 30 个。

革命团体众多，有一个重要原因，就是分途进行便于联络，不易暴露，出事后损失也比较小。由于先后有科学补习所、日知会、群治学社、振武学社遭到破坏，这种理念在一些革命者中比较牢固。随着共进会、文学社的发展，众多小团体逐渐消失，但也还继续存在一些小团体，或在两大团体之内，仍存在着一些派系。

共进会、文学社都以新军士兵为主要运动对象，势必产生一些冲突。例如，共进会、文学社有时在同一时间同一地点发展组织，那些同时接到这两个组织通知的士兵，对此就感到很为难。有些士兵原来属于同一个革命小团体，现在一部分加入共进会，一部分参加文学社，相互见面时，难免有几分尴尬。有些人出于友谊，同时参加共进会和文学社。如蔡济民，先是加入共进会，后又加入文学社，此外还加入了同盟会。如果遇上这两个组织同时开会，到底去哪里开呢？如果两个组织的决议有冲突，又执行哪个组织的决定呢？更为普遍的是，多数革命士兵对参加哪个组织并不介意，谁先与他联络，他就参加哪个组织，这就引起了共进会和文学社争夺会员的问题。

面对诸如此类的矛盾，一些革命党人从辛亥年正月，也就是从文学社一成立，就开始三三两两地商讨起合作问题来。马队发生的一次冲突，让这一话题正式提到了议事日程。

大约是在 1911 年 4 月的一天，马队第八标一批革命士兵同时接到共进会和文学社的开会通知，他们就派章裕昆、黄维汉二人为代表，分别前往两地考察。

章、黄二人先来到共进会，孙武、杨玉如、杨时杰三人都坐在那里，都穿着白布长褂。看到章、黄二人进来，孙武"略为起身，神情冷淡"（章裕昆语）。坐了一会，孙武取出共进会的愿书，要二人填写。章裕昆是文学社专门派到马队发展组织的联络员，不愿意由他所联络的马队同志加入共进会，又看到"孙武的倨傲态度，更不喜欢"，示意黄维汉与他一起告辞。黄没有注意到章的提示，就按孙武的要求填写了加入共进会的愿书。

随后，他们又去文学社。文学社社长蒋翊武为人谦和，"经常笑嘻嘻的，会团结人"（李六如语）。文学社其他人看到他们到来，也很热情，二人就留下开了会。共进会的各种客观条件都远远胜于文学社，而文学社能比共进会发展更多的会员，蒋翊武等主要领导人"会团结人"，更能得到士兵们的信任，是重要原因之一。当然，更为根本的是，文学社虽然在组织上一时没有与同盟会结合，但其纲领与同盟会完全一致，自己没有另外提出纲领，思想感情上，蒋翊武等更是与黄兴、宋教仁等人亲密无间，而且从华兴会时期开始，就是黄、宋的忠实追随者。

回营后，章裕昆向马队的二十多位同志介绍了有关情况，他们决定加入文学社，还批评黄维汉没有经过大家同意就加入共进会，并决定由黄去函申明退出共进会。这一信函到达马队共进会代表陈孝芬手中后，陈向孙武报告了此事。孙武听后很不高兴，责备陈在帮文学社的忙，要陈去找主持文学社日常工作的刘复基商量处理此事。

刘复基，字尧徵，湖南常德人。先后加入华兴会、日知会、同盟会、群治学社、振武学社，还加入过会党。1910 年春率群治学社同仁百余人在湖南会馆开会，要与主张铁路国有政策的杨度辩论。杨度拒绝，刘复基扭住杨度的辫子，拽出大门。因杨度是大名人，此事让刘复基名声大振。文学社成立后，刘被推为评议部长，请假专门从事社务。先是匿居武昌阅马厂文昌阁，后在小朝街85号文学社总机关常驻办公。黄申芗代理共进会事务时，共进会与群治学社基本上融为一体，因此，刘复基和很多共进会员都是好朋友，并早就与陈孝芬和其他共进会的朋友讨论过联合的事情。马队风波让他觉得事不宜迟，便更为积极地与陈为联合之事奔走，先后找人谈话十余次，动情时，二人"声泪俱下"。

杨玉如、蔡济民、查光佛、龚霞初、梅宝玑、牟鸿勋、陈磊等人，都有与刘、陈类似的经历与感受，他们也为联合之事积极奔走。

在众多人士的积极奔走下，马队风波后仅几天，共进会和文学社的绝大多数成员都冰释前嫌，普遍认为"合则力量聚而大，分则力量散而小"，从而为联合打下了坚实的基础。

二、分水岭会议

孙武较早前考虑过与文学社联合的事，曾派邓玉麟专门调查过文学社。了解到文学社有一批知识分子，即有六七十名当兵的学生，在驻守汉阳兵工厂的四十二标等部队有较大的势力，兵工厂内也有二十余名社员。孙武知道人才难得，对汉阳兵工厂更是特别重视。了解到这些情况后，就已经准备寻找机会与文学社合作。看到联合呼声甚高，就于5月初在胭脂巷机关召开会议，正式决定与文学社联合，并安排杨时杰、查光佛、杨玉如代表共进会与文学社联络。

蒋翊武对孙武这些"出了洋的人"心存戒意，广泛听取意见后，决定从革命大局出发，与共进会联合，并安排刘复基、王守愚、蔡大辅代表文学社与共进会联络。5月10日文学社召开大会，蒋翊武正式提出与共进会合作的议题。议题获得通过后，他立即与刘复基前往共进会洽谈。

5月11日，共进会和文学社举行第一次最高领导人的会晤。参加者共进会为孙武、邓玉麟、高尚志、杨玉如，文学社为蒋翊武、刘复基，地点在孙武的分水岭寓所。

蒋翊武，湖南常德人，毕业于澧县高等小学堂，1903年考入设于常德的湖南西路公立师范学堂。与林伯渠是同学，并与林伯渠等创办"新知学社"。1904年参与黄兴领导的华兴会长沙起义，事败后被西路师范开除学籍。1906年在上海入中国公学学习，加入了同盟会，是同盟会上海机关部的干事之一。还任革命团体竞业学会机关报《竞业旬报》的编辑，曾以"大武"的笔名在《竞业旬报》发表文章，号召"中国四万万人，成一个大团体"。1909年，与刘复基赴武汉，协助詹大悲办《商务报》。为了联络士兵，蒋翊武这个读过大学（中国公学）的报人，脱下长褂子，进入湖北陆军特别小学学习，肄业后在四十一标三营左队充正目（班长），加入群治学社、振武学社。振武学社受到破坏后，约集詹大悲、刘复基、杨载雄等商议创立文学社，"阳托重文之义，阴寓用武之意"，"一面伸张民权，一面组

蒋翊武

织会党，改造队伍"。1911 年 1 月 30 日（农历正月初一）文学社成立，蒋被推举为社长。

孙武对蒋翊武的到来热情欢迎，会谈中，双方都充分肯定联合的必要性与重要性，但在联合后以哪个组织为主的问题上则各有各的看法。蒋翊武认为，文学社在军队中的人数多，少数应该服从多数，联合后应以文学社为主。孙武认为，共进会属于同盟会系统，与各省都有联络，在湖北的人数也不少于文学社，联合后应以共进会为主。双方争执不下，将问题搁置，以后再议，暂时只就联合达成一致意见。

蒋、孙这次会晤，标志着共进会和文学社对联合在原则上达成了一致，在武昌起义历史上具有特别重要的意义。

三、"消极合作"，积极准备

共进会和文学社以谁为主，是一个没有正确答案的难题。如果以共进会为主，势必让那些对"穿长褂子的人"有看法的人不满；如果以文学社为主，那些"留过洋的人"也不会服从领导。勉强凑合，有可能导致新的分裂，连好不容易才形成的两强并立局面也会受到破坏。

问题无法解决，联合又势在必行，怎么办呢？

6 月 14 日，共进会和文学社在武昌长湖堤西街 8 号文学社社员龚霞初寓所举行协商会议。这一次，孙武、蒋翊武这两位主要领导人都没有参加，参加会议的代表，共进会方面是邓玉麟、杨时杰、杨玉如、李作栋，文学社方面是刘复基、王守愚。

这次协商，双方都友好而诚恳地表示，"只要双方在原则上同意合作，一切都可以从长计议"。"合则两美，离则两伤，譬如风雨同舟，大家都能和衷共济，就能达到目的。"

这次协商继续讨论了谁为主的问题，共进会方面"提议文学社改推孙武为领袖，其社费由共进会补助之"。文学社反对说，合作"首在情意交孚，改推领袖不便"。

以谁为主的问题无法讨论下去后，双方转而讨论具体问题，达成了"不可互争党员"的协议："拟令各标营两团体的代表极力避免摩擦，万不可互争党员，只要是受了运动的同志，都是革命党员，不必分某社某会的畛域。双方均表赞同，决定即日施行。"

这样，共进会和文学社就开始了刘复基所说的"消极合作"。也就是相互友好，相互承认，但没有统一的机构，没有统一的行动。

如何才能让"消极合作"转为积极合作呢？两团体决定由刘复基、邓玉麟二人负责研究联合事宜，同时，指定杨玉如、詹大悲负责在舆论宣传上促进联合；查光佛、梅宝玑、蔡大辅、陈磊、王守愚继续做干部群众的沟通工作，蔡济民、高尚志与王宪章、张廷辅分别代表共进会和文学社就联合问题保持经常性的联络，两团体都在为实质性的联合积极准备。

刘复基是个足智多谋的人，共进会骨干胡祖舜说："复基多谋略，文学社视为重心，共进、文学两团体之合并，复基有大力，殆革命党中之一智囊也。"另一共进会骨干李作栋也说："刘尧澂文化较高，极有计谋，内部都叫他诸葛亮。幸得刘尧澂从中奔走斡旋，两派才得联合。"他还说："邓玉麟等于是孙武的参谋长，刘尧澂又等于是邓玉麟的参谋长"，意即孙武的意见来自邓玉麟，而邓的意见，又来自刘复基，刘是孙武"军师的军师"。

通过反复思考，刘复基终于找到了一个解决谁为主难题的方法：以前双方团体名义如文学社、共进会等，一律暂时搁置不用，大家都以武昌革命党人的身份和清廷拼个死活。"事成则卿，不成则烹！"这条思路，以事为主，以起义大计为主，跳出了只考虑在文学社和共进会之间选择一个主导者的思维旋涡，从而让大家豁然开朗，把注意力集中到如何举行起义的问题上来，并根据起义的需要和各人的才能，分别承担责任。

刘复基的思路解决了久悬未决的以谁为主的问题，为文学社和共进会的联合提供了可操作方案。在刘复基的说明与沟通下，孙武、蒋翊武及共进会会长刘公、文学社副社长王宪章都表示，只要有利于革命力量的联合，他们可以放弃在团体中的领导职务。他们还分别召开各自团体的会议，双方决定各自摒弃团体名称，废置自定负责人名号及各自发动起义的指挥系统，全体以革命党人身份投入运动，建立统一指挥、统一行动的最高机构。

四、统一领导与指挥系统

1911 年 9 月，为了镇压转化为武装暴动的四川保路运动并加强对武汉及其周边地区的控制，当局对湖北新军进行大调动，其中，第四十一标将分别开往宜昌、沙市和岳州。第四十一标是群治学社、振武学社的主要基地与文学社的起源地，也是蒋翊武所在的部队。其他调离部队中，也有不少革命党人。他们的离开，分散了革命力量，打乱了文学社和共进会的领导体系，起义刻不容缓，联合也刻不容缓。

9 月 14 日，文学社和共进会在雄楚楼 10 号的刘公寓所召开联合会议。会议由刘公主持，除了已经随部队离开武汉的蒋翊武及其他文学社和共进会骨干外，在武汉地区的文学社和共进会领导人与骨干都参加了这次会议，与会者二十多人。

孙武代表共进会作主题发言，他说："湖北革命已有十余年历史，最近二三年间，由于文学社、共进会的和衷共济，业已获得相当成绩。现因形势发展，军队同志屡促发动，吾人以湖北地为要冲，是生路也是死路，必须计策万全，不能轻于一掷。目前准备工作大致完成，尤其仲文同志慷慨捐输多金，必需经费，获得解决。一旦起事，自当通力合作，如果一方动手，彼一方仍袖手；反之，如果彼一方动手，此一方袖手，都是不能成功的。今日之会，为革命紧急关头，希望大家切实讨论。"

刘复基代表文学社作主题发言，并提出了将文学社、共进会等名义暂时搁置不用，一律以革命党人身份参加起义的建议。

刘公以共进会会长身份表态，赞成化除现团体的名称，并宣布放弃共进会所推的由他担任湖北大都督的名义。

众人都赞成刘复基的提议，但在由谁来担任起义主帅的问题上，又遇到了难题。刘公、孙武、蒋翊武（由刘复基代表）、居正都表示自己才能有限，无法担此重任。居正建议，到上海去请黄兴、宋教仁或谭人凤前来主持大计，名义如何，以后再定。孙武首先表示赞成，刘公不但赞成，还提出要派代表赴上海促驾。众人同意后，当场委托居正、杨玉如为代表前往上海促驾，并携款 1000 元，在上海购买手枪，以备起义时使用。还派李擎甫赴岳州向蒋翊武通报这次会议的决定。

这次会议决定了联合的形式，取消原有名义，共同策划和组织起义，从而开始了共图大业的实质性合作。

根据雄楚楼会议的精神，刘复基、彭楚藩、熊秉坤等二三十人，在武昌抱冰堂召开会议，宣布取消各部队原文学社、共进会代表的名义，重新推定武汉革命党人在各部队的代表，并决定，只有各标与独立营（队、校）才能参加并转达干部会议的决议，其他营、队、排、班的代表，都没有这种权力。这种规定，对防止人们假托名义，轻率发难或制造事端很有必要。据熊秉坤回忆，抱冰堂会议确定的各标与独立营（队、校）的代表他记得姓名的共有 108 人，其中排名第一的是：步二十九标蔡济民，步三十标王宪章，步三十一标李建中，步三十二标孙昌复，马八标章裕昆，炮八标孟华臣，工八营熊秉坤，宪兵营彭楚藩，步四十一标李宗义，步四十二标祝

工程营发难的组织者和领导者熊秉坤

制六，马十一营江炳灵，炮十一营赵士龙，工十一队蔡鹏来，辎十一队李鹏升，前陆军特别学堂李乃斌，陆军测绘学堂李翊东，陆军第三中学谢复，两湖师范学堂蔡寄鸥。

从此，湖北新军中不再有文学社或共进会的代表，只有革命党人的代表，统一的领导与指挥体系首先在各部队及相关学堂建立起来。

居正、杨玉如赴沪促请黄兴、宋教仁或谭人凤来汉主持之事迟迟没有结果，武汉地区的革命党人决定不再等候。

9月23日，孙武、刘复基、邓玉麟、蔡济民、李作栋、彭楚藩等数人在雄楚楼10号刘公寓所召开工作会议，讨论成立统一的领导指挥机构。在长期酝酿的基础上，经过这次小型会议的充分讨论，他们决定成立由蒋翊武、孙武、刘公共同负责的领导体制，其中，蒋翊武为军事总指挥，管军令；孙武为参谋长和军务部长，管军政；刘公为总理，管民事；重大事务由三人会同大家共同处理。

这个决议，没有确定最高领导人，从而使武汉地区的革命党人"有将无帅"，留下了一个漏洞。但在没有公认最高领导的情况下，形成一个"三驾马车"的领导体制，也是一种选择。三人中如果有人真正具备领袖才能，就可以成为事实上的最高领导人。如果没有这种才能，勉强推举一人为最高领导，也成不了什么事。因此，这种决定，应该说是很聪明的，符合武汉地区革命党人的实际。从理论上说，这种体制也可以把起义领导好。英、法、美等成功的资产阶级革命，都不是在某一个人的号令下进行的，而是在国会、委员会、代表会这种领导体制下进行的。后来的中国共产党，也成立过三人军事领导小组。武汉地区革命党人采用这种体制组织起义，事实上是一种很有革命意义的探索。

这样，通过两次雄楚楼会议和抱冰堂会议，文学社、共进会终于实现了联合，并建立起了统一的领导机构和指挥系统，为武昌起义做好了组织准备。

五、胭脂巷联合大会

9月24日，武汉地区革命党人在胭脂巷11号举行联合大会。

按联合后的规定，标和独立营（队、校）的代表，可以参加并转达干部会议的决议。据熊秉坤在回忆录中记下的名单，这种代表共有108人，加上其他干部，这次会议的应到者有一百好几十人。但有的部队已经调离武汉，有的代表无法参加，实到者比应到者会少得比较多。由于各代表是陆续到达，有的中途外出，有的既是代表，又是保卫人员、服务人员，进进出出，与会者的准确人数难以统计，一说六七十人，一说一百余人。

综合有关资料，这次会议的到会者留下姓名的有44人。其中，领导人与机关干部有：孙武、王宪章、刘复基、邓玉麟、李作栋、潘善伯、查光佛、胡祖舜、蔡大辅、李济臣、杨宏胜、马骥云、钱芸生。各标、独立营（队、校）代表有：步二十九标蔡济民、杜武库、张喆夫、张鹏程，步三十标方维，步三十一标赵士龙、黄元吉，步三十二标单道康、孙长福，马八标陈孝芬、祁国钧，炮八标徐万年、蔡汉卿，工八营熊秉坤、马荣，宪兵营彭楚藩，步四十一标阙龙、廖湘芸，步四十二标胡玉珍，炮十一营蔡鹏来、晏柏青，工十一队张斌、黄世杰，辎十一队李鹏升、余凤斋、李树芬、罗一安，陆军测绘学堂方兴，陆军第三中学雷洪、席正铭，湖南代表阎鸿飞。

大会以孙武为主席，并由孙武作主题报告。孙武报告了9月14日雄楚楼会议以来文学社与共进会联合的经过及关于起义的基本设想，并当众提议，由蒋翊武任起义总指挥，他愿担任参谋长。接着，刘复基作了"人事草案"和"起义计划"的专题报告。

刘复基报告完毕，与会代表进行了热烈的讨论。午饭时间已过，讨论仍在继续，下午1时许，讨论基本结束，主要通过了以下决议：

成立军事筹备处。以蒋翊武、刘复基、邓玉麟、蔡济民、彭楚藩、徐达明、杨宏胜、张廷辅、杜武库、黄驾白、蔡大辅、吴醒汉、王守愚、王宪章、李济臣、祝制六、张喆夫、黄元吉、胡祖舜、王文锦、罗良骏、陈磊、阎鸿飞、马骥云、陈孝芬、王华国、钱芸生、杨载雄、胡培才、萧国宝等为军事筹备员。刘复基、邓玉麟常驻武昌小朝街85号办公。军事筹备处的主要任务是制订武装起义计划。起义时输送武器弹药等事，由邓玉麟、杨宏胜负责。

成立政治筹备处。以刘公、孙武、居正、李亚东（狱中）、胡瑛（狱中）、李长龄、詹大悲（狱中）、刘复基、邢伯谦、牟鸿勋、查光佛、梅宝玑、何海鸣（狱中）、杨时杰、杨玉如、李作栋、蔡大辅、龚霞初、陈宏浩等人为政治筹备员。刘公、孙武、李作栋、潘善伯常驻驻汉口长清里98号办公。政治筹备处的主要任务是制作起义时用的旗帜、印玺、文告等。

汉口长清里 98 号，共进会秘密总部

预设湖北军政府，其组成人员是：

总　理：刘公

总指挥：蒋翊武

参谋长：孙武

军务部：孙　武（正长）蒋翊武（副长）

参谋部：蔡济民（正长）高尚志（副长）徐达明（副长）

内务部：杨时杰（正长）杨玉如（副长）

外交部：宋教仁（正长）居　正（副长）

理财部：李作栋（正长）张振武（副长）

调查部：邓玉麟（正长）彭楚藩（副长）刘复基（副长）

交通部：丁立中（正长）王炳楚（副长）

参　谋：张廷辅、徐万年、杜武库、王宪章、吴醒汉、唐牺支、李济臣、黄元吉、王文锦、杨载雄、张斗枢、宋镇华等

秘　书：谢石钦、邢伯谦、苏成章、蔡大辅、费槼等

军　　械：熊秉坤

司　　刑：潘善伯

司　　勋：牟鸿勋

司　　书：黄元斌、袁汉南、罗秉襄等

会　　计：梅宝玑、赵学诗等

庶　　务：刘玉堂、钟雨庭、李白贞、刘燮卿等

确定起义计划（为了保密，当时没有系统成文，可能是分头布置），各部队的职责及相关负责人，主要有（据胡祖舜整理）：

1. 混成协工程、辎重两队总代表李鹏升，负责首先纵火为号，纵火地点在草湖门外塘角旧恺字营，此处地临江岸，火起时南北两岸及城内皆可看见。混成协炮队总代表蔡鹏来率队响应，以一队由草湖门占领凤凰山炮台，一队占领青山，迎击海军，由工辎两队分别派队掩护之。

位于武昌城内紫阳湖东岸的陆军第八镇工程营旧址

58

2．八镇工程营总代表熊秉坤，负责占领中和门内楚望台军械所。八镇步队第二十九标、三十标总代表蔡济民、杨宏胜等，测绘学堂总代表方兴等，率队响应，与工程营会合于楚望台，协同进攻总督署。

3．南湖八镇炮队第八标代表徐万年、蔡汉卿，率炮队由中和门进城，攻击总督署。由附近八镇步队第三十二标掩护之。

4．南湖八镇马队第八标代表沙金海及混成协马队代表陈孝芬，负责城外警戒。

5．八镇步队第三十一标代表江亚兰及第四十一标留守步队代表廖湘芸，会同占领蛇山，掩护炮队。

6．汉口驻军混成协步队第四十二标之一部，由代表林翼支等，率队响应，进占武胜关。

7．汉阳兵工厂驻军混成协步队第四十二标之一部，由代表宋锡全、祝制六、胡玉珍等率队响应，占领龟山炮台。

8．宪兵队代表彭楚藩，担任侦察官方，及各军队情况，随时报告于临时总司令部。

9．邓玉麟、杨宏胜，担任各部队之联络交通事宜。

起义日期，初步决定在中秋节。

国旗与军旗：九角十八星旗。

各主要决议通过后，孙武总结说：我们大家所通过军政府组成人员，是要在占领武昌、成立军政府后才就职的。军事筹备员和政治筹备员，目前就要积极展开工作。发动日期，大家希望在富有革命意义的八月十五日这一天，如决定可以动手，我们临时一定会有通知，请大家目前务必谨守秘密。

大家听后，欣欣鼓舞，有的安然散去，多数人仍依依不舍地留在会场，三五成群，继续热情地讨论着、议论着，反复核实自己的职责，并向迟到的同志介绍情况。

胭脂巷会议，设立了统一的领导与指挥机构，标志着文学社与共进会联合的最终完成。对武昌起义做了周密部署，并当场落实到人，从而使武昌起义在一系列突发事件发生和孙武、蒋翊武、刘公三位主要领导人都不在现场的情况下仍能有序进行。与会者都是从事实际工作并有一定资格限制的负责干部，没有革命党人会议常见的那种随意喊人参加的现象，会议组织程度之高，基础之扎实，落实之到位，在辛亥革命历史上的众多会议中是独一无二的。

胭脂巷会议是武昌起义准备时期最重要的会议，对保证武昌起义的胜利起了关键性的作用。湖北革命党人长期扎实不懈的工作，刘复基集革命党人智慧之大成，孙武、蒋翊武、刘公果断决策，为这次会议的胜利召开与圆满结束作出了杰出的贡献。这次会议没有解决最高领导人的人选问题，没有突出并全面宣传同盟会的纲领，在人事安排上过于偏重共进会，也有一些缺陷。

一、南湖炮队事件

9月24日下午2时许，胭脂巷会议的代表们余兴未尽，仍在热情地议论着。忽然，南湖炮队代表孟华臣匆匆跑来报告，南湖炮队出现了意外事件。

当天，驻扎在南湖的炮八标三营，有一批退役老兵准备第二天出营回家，孟华臣等设宴送行。席间，大家慷慨悲歌，引起排长刘步云的干涉。大家不理，刘就报告队官甯鸿钧和管带杨起凤。甯鸿钧赶来后，劝告大家马上出营回家，以免惹祸。杨起凤赶到后，怒责他们酗酒闹事，反抗长官，并命令他们跪下，高喊传令兵叫人来打他们的军棍。气愤之下，汪锡玖拔出枪来，率众反抗。他们举枪围着军官，把营部的玻璃门窗和什物捣毁，抢走军刀二十多把，走到操场上号召众人造反。霍殿臣、赵楚屏等人，还从军械库拉出三门大炮。见响应的人不多，他们急忙离去。孟华臣极力阻止，拉扯时把自己的手指都弄伤了。见无法制止，就匆匆忙忙地跑到胭脂巷来报告。

孙武得报后，急忙来到三道街数学研究会，约李作栋一同前往巡道街的同兴学社探问详情。同兴学社是同兴酒楼关闭后新设立的联络机构，继续由邓玉麟主持。孙武、李作栋、邓玉麟、李翊东、高尚志、孟华臣及随后也闻讯赶来的刘复基紧急磋商，研究对策。有人主张立即起义，有人主张按原计划办事。双方争论不下，孙武就叫孟华臣回营看看情形，如果全标皆已发动，就由孙武下令在当天起义；如果只限于一营一队，那只按原计划行事。

孟华臣回营一看，事件已经平息。原来，受命率队前来炮队镇压的马队标统喻化龙，看到炮队已经平静，就不想再追究，只是召集炮队第三营全体官兵训话，而且只是好言相劝，并未严厉批评。然后，喻化龙将事件轻描淡写地向张彪报告，事情就这样不了了之。

孙武等人听到这个消息后，大松了一口气，决定一切都按已经决定的部署进行。

离开同兴学社后，孙武回到汉口布置一切。此时，汪锡玖、王天保等南湖炮队闹事者也来到孙武的汉口长清里33号机关。孙武向他们了解情况后，决定加强南湖炮队的工作。

南湖炮队第二营管带姜明经在日本振武学校留学时加入过同盟会，回国后没有参与共进会或文学社的活动，但与孙武常有往来。三营出事后，姜明经在二营极力维持，对队官们说，"三营的举动，冒失糊涂，不能说是革命，大家各自责任攸关，各自好为防范"。

南湖炮队事件后，孙武设法找到姜明经，对他说："炮队关系紧要，起事时如果没有炮声，不足以发扬声威而丧敌胆。炮队与其他部队不同，特别需要协同行动。这次事件，让同志们担心炮队在起事时不能发动，或不能协同行动。"姜明经说，革命党人有一个大缺点，没有长官参加。一旦起事，就难以出动成建制的军队。这对炮队起事很不利，不但难以协同行动，在战场上稍有不利，还会有人弃炮逃走。要成功起事，对各级军官也要联络好。他向孙武保证，起事时炮队可以协同行动，代理标统卓占标届时也可以协助。

在南湖炮队第二营，孙武还通过汪性唐发展了右队队官张文鼎为同志，并通过汪告诉张，姜明经是同志。9月25日深夜，姜明经专门找到张文鼎，与他交流信息，讨论对策，要求张与队以下军官联络好。后来，张文鼎在武昌起义前联络好了第一营右队队官尚安邦、第二营左队队官蔡德懋。

这样，南湖炮队第八标除了徐万年、孟华臣等革命党人代表外，还有姜明经、张文鼎这条联络渠道，成了革命派掌握得最完整的部队之一。

二、难以确定的起义日期

胭脂巷会议和南湖炮队事件后，湖北当局十分紧张。湖广总督瑞澂每隔一晚就睡在楚同兵舰，下令军队各单位的弹药一律收藏起来，各码头严格检查行人，各学堂学生一律不准出校。还下令中秋节提前一天，农历八月十五日不许放假。一些官吏，纷纷把家眷送到汉口租界，一些有钱人也纷纷搬家外出。

看到中秋节这一天太敏感，孙武、刘复基等决定，推迟到农历八月十七日（10月8日）起义。这时，焦达峰送信给孙武，说湖南方面赶不上农历八月十五日（10月6日）起义，必须延迟到农历八月二十五日（10月16日）。孙武又和刘复基、邓玉麟等于八月初七（9月28日）举行会议，决定把起义的日期改在10月16日。

为了防止在原定的起义日出乱子，孙武在农历八月十七日清晨特来到小朝街85号机关，派联络员通知各部队代表千万不要在这一天起事。《辎重十一营革命略史》说，农历八月十七日早上8时，小朝街机关陈某来营，对李鹏升说："顷据孙尧卿面嘱，所有塘角同志，望君极力维持，切勿暴动。"李鹏升是混成协工程、辎重两队总代表，根据胭脂巷会议部署的起义计划，负责在草湖门外塘角纵火发出起义信号。

根据胭脂巷会议的决定，军事筹备工作由蒋翊武牵头负责。眼见起义临近，孙武特派人送信到岳州，叫蒋翊武回武昌指挥起义。同时打电报给在上海的居正，叫他与谭人凤、宋教仁尽快乘轮船同来武汉。

蒋翊武于10月9日凌晨到达武昌，上午到小朝街85号与刘复基会面。刘告诉他，杨玉如已经回来，居正尚在上海，黄兴主张至迟九月初旬（10月22日至10月31日）才发动起义，并说他计划于农历八月底（10月21

日前）来到武汉。

黄兴时在香港，对湖北革命党人准备在武昌发动起义的事情，到 9 月 24 日，即胭脂巷会议召开的那一天，他才知道，是由谭人凤、宋教仁用密电向他报告的。黄兴听后十分兴奋，于次日赋诗一首给谭人凤，内有"能争汉上为先著，此复神州第一功"之语。随后发生的事情给黄兴带来了疑虑。9 月 25 日及稍后，同盟会中部总部的代表吕志伊、刘芷芳，时在上海的居正的代表和时在狱中的胡瑛的代表，先后来到香港向黄兴汇报。由于胡瑛在给宋教仁的信中，"极言湖北之人不能发难"。他们的汇报，对武汉的形势估计较为悲观。在这种背景下，黄兴对武汉形势把握不准，对何时起义无法确定。

蒋翊武听了刘复基的介绍后，立即召集会议，讨论黄兴的意见。大家看法不一，讨论到 11 时半时，蒋翊武说："克强的心里很有把握。凡事从谨慎方面去做，自然百无一失。我们这里人数虽多，设若各省与俺反对，岂不是徒劳无功吗？克强既然叫我们推迟几天，我却也很赞成。"

这样，到武昌起义爆发前一天上午，革命党人对起义的日期都没有确定下来。孙武晚年写的《武昌革命真相》说，当时他们决定："急则八月内动手，缓则冬月，决不出年。"

由于军事筹备工作是由蒋翊武、刘复基、邓玉麟等人负责，孙武在 10 月 9 日这天没有参与起义日期的讨论，但他却以另一种方式结束了这场讨论。

三、宝善里爆炸事故

起义日期难以确定，"未敢轻举，异常焦灼"（李白贞语）的孙武，捣弄起他喜爱的炸弹来。

1909 年夏，汪精卫夫妇、喻培伦、黄复生、但懋辛等人来到汉口，准备刺杀清朝北洋大臣端方。由于端方声称取道汉口赴京，到了镇江后转回上海乘轮船北上，同盟会的这次行动落空，所带来的炸弹和炸药就留给了孙武。黄申芗首次与孙武在华景街见面时，孙武向他出示过电雷和炸弹，可能是其中的一部分。孙武后来还送给了居正一大包黄色炸药，并说这是汪精卫夫妇与黄复生谋炸端方未成后留下的。除了这些炸药外，孙武还派人买了一些。

在准备起义的过程中，孙武一直在组织制造炸弹。邵虎、高楚观等人曾因制造炸弹出过事。1911 年 9 月 26 日，也就是胭脂巷联合大会召开后的第三天，孙武、刘公在荣昌照相馆举行专题会议，讨论制造炸弹之事，并推李白贞负责此事。李说他没有制造过炸弹，孙武说，不必客气，你懂化学，在药房配药那么久，一定会制造炸弹的。通过一番试验，李白贞终于试制成功了一种容易制造、效果又比较好的炸弹。其外壳是香烟盒、罐头听这类普通铁盒，炸药和引爆物由盐酸、硝酸、硫磺、酒精、镪水等原料配制，当时这些材料还没有被控制，只要经费充足，很容易买到。试验时，这种简易炸弹在直径 3 米的范围内效果极好。制造难度也不大，李白贞说他一天可以造 50 颗，制好的炸弹逐日由杨宏胜送往各军营。当然，这种炸弹的安全性较差，李白贞说，"革命紧急时期也是莫可如何的事"。此外，胡祖舜的胭脂巷 11 号和小朝街的张廷辅寓所，也是制造炸弹的地点。胡祖舜说，他们曾经在一个晚上赶制了五六十颗炸弹，负责制造的人是潘善伯，另有李济臣调配药品，邓玉麟、赵士龙将铁锅砸成碎片。胡还说，他们制造的炸弹"其力不强，仅及四五尺幅而耳"。这种威力，其有效范围不到李白贞所制炸弹的一半，但邓玉麟说，还可以用。

10 月 9 日下午，孙武来到汉口俄租界宝善里 14 号（今楚善里 28 号）总机关。这是 10 月 6 日新租用的一处房屋，为砖木结构二层楼房，坐西朝东，硬山顶，红瓦，面宽 4.5 米，深 12.8 米。由于地处租界，又刚刚迁入而不太为人所知，就被孙武用作汉口总机关驻地，由孙武姐夫刘燮卿一家在此常住。因临近起义，革命党人夜以继日地制造炸弹，孙武本人也亲自参与。

这天下午，在宝善里总机关楼上后面小房的临窗处，孙武细心地制造着炸弹。他准备造3个各装五六磅炸药的大炸弹，并对同志们说，他要用这三个炸弹把瑞澂、张彪、铁忠这三个王八蛋炸死。还设想在起义之时，将这些炸弹从瑞澂的总督衙门的后围墙对面的"武昌帽店"楼上摔进去，以炸瑞澂的卧房。

在其他房间，有李作栋、丁立中、刘燮卿、王伯雨、谢石钦、梅宝玑、邢伯谦、赵楚屏、李赐生等人（各种说法不一，此名单仅供参考）在工作。这些人中，在预设的湖北军政府安排职务的有：理财部长李作栋，交通部长丁立中，庶务刘燮卿，秘书谢石钦、邢伯谦，会计梅宝玑。其他各人中，王伯雨为在日本东京入会的同盟会员、安徽法政讲习所教官，祖籍湖北咸丰县，与孙中山、孙武、徐锡麟等是好友。赵楚屏是原炮八标第三营共进会代表，南湖炮队事件中带头闹事的人物之一。他们有的在为起义后发行的钞票盖印，有的在誊写或整理起义时的公文、照会。邓玉麟被安排常住小朝街85号武昌总机关，当天下午也在宝善里机关，但出事时他在外面购买东西。

下午4时左右，刘公胞弟刘同来到机关。这是一个大小伙子，经常在汉口武昌各大小机关东奔西跑。有时送送信，有时就是随便逛逛，因为他是刘公的弟弟，大家就任他随便出入。刘同好奇地看着孙武做炸弹，不时还聊上几句。当时，房间里放着三个用来装炸药的铁桶，有可能是装香烟的铁盒。刘同边看边吸烟，一根烟吸完，随手把烟蒂扔进一个桶里。一股烟顿时冲起，继而"轰"的一声巨响，把正在聚精会神做炸药的孙武炸得一身焦黑，面部和右手都被灼伤，坐在附近桌子前整理文件的王伯雨的右眼也被飞溅的炸药灼伤。房间里顿时浓烟滚滚，火光冲天。

刘同慌忙向刘公住处跑去，时在机关的同志急忙跑来救人灭火。李作栋从屋角的衣架上取下一件长衫，一下子蒙在了孙武的头上，将孙武身上的火焰扑灭。丁立中急忙找来一块布，将孙武脸上的伤处简单地包扎起来，李赐生跑来，背着孙武下楼往外跑。赵楚屏将王伯雨的伤口简单地处理了一下，扶着他下了楼。李作栋等人下楼后，立刻喊了两辆人力车，把孙武和王伯雨架上车去，往同仁医院飞驰而去。其他同志一边灭火，一边试图取走保险柜里的文件，但他们都没有保险柜的钥匙，一时打不开。有人主张放火烧屋，以销毁所有证据，有人不同意，说不一定有事，如果没有事而把房子烧掉，会连累租房与担保的同志。争论中，俄巡捕来了，大家急忙撤退。刘燮卿因为安排同志们撤退而来不及离开，被俄巡捕当场抓走。随后，俄巡捕查获来不及转移和销毁的炸弹、旗帜、印章、文告、名册等重要物品，武昌起义的秘密暴露，武昌起义的导火线，因此而被点燃。

四、孙武急催，翘武发起义令

孙武负伤后，被紧急送往日本人河野办的同仁医院治疗，医院中有革命党人同志徐凤梧在当医生。孙武见到徐后，叫一声"凤梧"，便昏了过去。

孙武疼痛不堪，但他更担忧起义大计，苏醒后，派李作栋立即去与刘公联络，并务必把邓玉麟找到，让他立即前来同仁医院面谈。另派丁立中去通知李白贞转移，因为宝善里14号是由李担保租下来的，出事后很快就会查到李白贞。

李作栋在长清里找到刘公，不久，邓玉麟来到这里。李对邓说，你赶快去同仁医院，孙武有要事急着与你商量。

邓玉麟迅速赶到同仁医院，孙武说："我们的起义计划和人员可能已经全部暴露，只有立即起义，还可以死里逃生。你迅速赶到武昌小朝街去找蒋翊武和刘复基，汇报这里的情况，并说明我的意见，立即组织起义，越快越好。"邓玉麟还想问问伤情，孙武推着他说："什么话也别说了，快去吧，快去吧！越快越好，越快越好！"

蒋翊武、刘复基等人此时已经知道宝善里失事，正在为要不要当晚起义争论。因为当天中午刚刚通知各标营暂缓行动，下达新的命令可能会产生混乱。在下午5点多钟，邓玉麟与在船上偶遇的谢石钦、梅宝玑、邢伯谦匆匆赶来，向蒋、刘报告了宝善里失事的详细情况，并转告了孙武的意见。一番讨论后，蒋翊武根据刘复基整理的经过反复讨论后形成的作战计划，以总司令的名义，拟定了武昌起义的第一道作战命令（原件无存），其主要内容据1912年6月出版的由龚霞初撰写，黄兴题书名，宋教仁、蒋翊武作序的《武昌两日记》，共有十款十条：

（一）本军于今夜十二时举义，光复汉族，驱除"满虏"。

（二）本军无论战守，均宜恪遵纪律，不准扰害同胞及外侨。

（三）凡属步、马、炮、工、辎等军，闻中和门外炮声，即各由原驻地拔队，依左列之命令进攻：

甲、工程第八营，以占领楚望台军械库为目的。

乙、第二十九标二营，由保安门向伪督署分前后进攻：一营前队，出中和门迎接炮队；左队守中和门；右队防守通湘门；后队助工程营占领楚望台（三营出防郧阳，故不列）。

丙、第三十标扑灭旗兵后，即向各要地分兵驻守。

丁、第三十一标留守兵，分进驻各城门防守。

戊、第四十一标留守兵，进攻伪藩署及保护官钱、善后、电报各局。

己、马队八标一营进城后，即分配各处搜索；二营向各城门外搜索，以四十里为止（三营及混成协马队第十一营因出防襄阳故略）。

庚、塘角辎重第十一营，于本夜 11 时在原驻地放火助威，藉寒敌胆。

辛、塘角工程第十一营，掩护炮队。第十二营由武胜门进城，占领凤凰山。

壬、卫生队于天明时，往各处收殓阵亡尸首。

……

（四）炮队第八标，于 11 点半钟即拔队由中和门进城。以一营占领楚望台，向伪督署及第八镇司令部猛烈射击；以二营左右队占领蛇山，向伪藩署猛烈射击，中队留守原驻地；三营占领黄鹤楼及青山一带，防守江中兵舰（我军占领时，均即停射）。

（五）第四十二标一营左队，进攻汉阳城；前、右、后三队，占领大别山及兵工厂；以后队为援队。

（六）第四十二标二营，占领汉口大智门一带。

（七）第四十二标三营右、后两队，堵塞武胜关；前、左两队防守花园、祁家湾一带。

（八）武昌弹药枪支，暂由楚望台军械库接济。阳夏暂由兵工厂接济。

（九）凡各军于十九日上午 7 点钟皆至咨议局前集合，但须留少数军队，防守已占领地点（阳夏驻军不在此例）。

（十）予于 12 时前，在机关部。12 时后在咨议局。

（注意）本军均以白布系左膀为标志。

时任武昌总部交通员的刘心田回忆说，命令拟定后，蒋翊武对传送命令的人说："上午主张缓进是谨慎，下午主张急进是时机紧迫，不得不动手，命令到达，期在必行。彼此是同志，是朋友，但军事命令是要重威信的。"嘱向各营代表口头传达。

其后，蒋翊武等外出，刘复基和刘心田留守指挥部。天黑时，刘复基也出去找龚霞初。回机关时，刘发现有人盯梢，就打开留声机放唱片。不久，彭楚藩、邢伯谦、蒋翊武、陈洪浩、王宪章等陆续进来。

晚上9时许，蒋翊武对大家说："一切都布置好了，只听炮声行事。"这时，大家都是一副严肃、坚定的神情，谁也没有吭声。

五、孙武转移，彭、刘、杨牺牲

当蒋翊武等人在武昌小朝街苦苦等待时，孙武等人也在汉口公和里苦苦等待。

在邓玉麟告别孙武前往武昌总机关后，刘公匆匆赶到同仁医院，说他的夫人李淑卿与弟弟刘同被捕。刘同年轻，经不起严刑拷打，可能会供出所知道的所有秘密，立即前来与孙武商量对策，并安排孙武于当晚12时从同仁医院转移到德租界公和里19号黄玉山家中。

公和里19号也是革命党人的一处机关，1911年10月3日由黄玉山奉孙武命租下，并由黄率母亲、妻子儿女在此居住。黄玉山担任过铁路稽查，砂船帮总董，曾参与自立军起义。孙武到达后，各同志纷纷前来，黄宅"门不停枢"。据黄玉山1912年4月7日递交的自述说，10月9日在他那里的有李作栋（黄写成李春轩）、汪性唐（黄写成汪星堂）、李次生、潘善伯（黄写成藩山伯）等人。另据汪锡玖1912年10月3日递交的自述说，其时，"玖随同志救孙君，迁避公和里11号，请医调治，玖与王天保侍药汤，未离左右。是夜，孙君命玖往武昌，秘密合城军界联络一气"。

潘善伯当晚由孙武派赴武昌小朝街85号总机关，并安排他在那里常住一周左右。潘于晚上9时到达后，刘复基让他回去，说多一人就多一分危险，并将其强行推下楼。潘转而赴巡道岭同兴学社等候当晚的起义，躲过一劫，次日下午返回汉口孙武处。

孙武、蒋翊武都在苦苦等候南湖炮队的炮声，但这种炮声 10 月 9 日晚上没有响起。

蒋翊武下令起义后，由邓玉麟负责向工程第八营与炮队第八标传达起义命令。工八营主要负责占领楚望台军械库，炮八标负责炮轰总督府和第八镇司令部，并以此发出起义信号。这些行动，对起义全局都至关紧要，因而这两处都是由邓玉麟这位军事筹备处的第三号领导人亲自传达命令。

根据熊秉坤的回忆，10 月 9 日下午 5 时，邓玉麟与杨宏胜匆匆来到工八营前队徐少斌处，向他面传命令："汉口总机关炸弹失慎，孙武受伤住院医治。清吏大事搜捕，局势紧急。我们决定今夜起事，炮队先行发动（邓玉麟的自述没有这一内容）。你们一听到炮声（同前），不论如何困难，都必须立刻占领军械局。发难后各营能得到所需要的子弹，此点甚为重要。你们开始起事时所用的弹药，由杨宏胜随后送来。"随后，邓、熊、杨、徐等人共同讨论了起事时的行动要点，并确定采用"同心协力"作为各起义部队的共同口令，由邓、杨负责向各标营传达。

离开工八营后，邓、杨先到胭脂巷 11 号，向胡祖舜通报汉口失事与决定当晚起义的情况，并在那里取炸弹。邓玉麟首先帮杨宏胜将炸弹 15 颗送到十五协附近的杨宏胜家中，然后通知武昌城内各起义部队。

晚上 10 时左右，邓与炮八标革命党前总代表徐万年（武昌起义前 20 天左右被开除出营）、炮八标正兵艾良臣出城前往南湖炮八标传达命令，三人身上各带有炸弹 1 颗，子弹五六十发。由于沿途处处有卡，出城更为困难，当邓、徐、艾到达南湖炮队时，已是晚 11 时许。其时，营门紧闭，邓等翻墙而入，遇到卫兵，幸而这名卫兵也是革命同志，邓等才有惊无险。在炮八标马房，邓玉麟向炮八标的革命党总代表孟华臣及蔡汉卿、王鹤年、杜鼎、王广聚、张抚国等人传达了当晚起义的命令。孟华臣等人为难地说，炮队要有马队和步兵的配合才能行动，这么晚了，大家都已经睡着了，事先又没有什么准备，今晚恐怕难以起事。邓玉麟极力督促，但又把工程营发难理解为起义开始的信号，因而在说服大家同意当晚起事后，就在炮八标营房与徐万年、孟华臣等静候城内的炮声，于是，大家苦苦等待的南湖炮队炮声没有按期响起，已经接到命令的部队不敢轻举妄动，起义在 10 月 9 日晚上没有发生。

对于上述情况，邓玉麟 1912 年 10 月 16 日递交的《邓玉麟革命小史》说："不幸时候仓促，消息不灵，城外各营，则俟工程营举事，然后响应；城内各营，又俟炮队举事，然后响应。两方面误会，遗（贻）误事机。"他在"革命文献丛刊"第七期《辛亥武昌起义经过》里也说："是夜城内候城外炮响，而南湖炮队候城内炮响。两方均未能发动。"

从当天的行迹看，邓玉麟最先是到工程营传达命令，然后到武昌城内各部队通知，最后才去炮队，并留在那里准备参加起义。这种次序，表明邓的确是以为先由工八营发动。为什么会出现这种误会？一种可能的解释是：邓玉麟离开小朝街 85 号机关之时，指挥部还只是决定当晚起义，蒋翊武尚未发出书面的命令。邓玉麟等人走后，可能是下午 5 点半钟左右，蒋翊武在与刘复基等人商量后，才发出书面命令，并把起义信号定为"中和门外炮声"。如果本文上引的这道命令已经是全文，这道命令也没有明确规定由炮八标负责鸣炮发出起义信号。当然可以这样理解，因为能够在中和门外开炮的就是炮八标，但这种至关紧要的细节，是必须明明白白规定的。如果只向炮八标传达上引命令中有关炮八标任务的命令，炮八标就不知道自己承担着发出起义信号的重任。

这种失误也不一定是贻误时机，很有可能是歪打正着。因为一接到命令就马上起事，多数部队都会很困难，不一定执行得好。

由于宝善里机关被破获与刘同被捕后很快就供出他所知道的全部秘

密，包括小朝街 85 号武昌总机关在内的各主要机关都遭到清军搜捕，刘复基、彭楚藩等被捕，杨宏胜在前往工程营送炸弹时被捕。当晚先后被捕的，除了彭、刘、杨及刘同、李淑卿外，还有龚霞初、梅宝玑、陈宏诰、牟鸿勋、王可伯、谢坤山、陈文山、巡警学校的若干学生、张廷辅的太太和岳父，等等，共有二十余人。蒋翊武乘乱逃走，幸免于难。

10 月 10 日凌晨 5 时，彭、刘、杨三人壮烈牺牲。

彭楚藩，共进会与联合后的武汉地区革命党人在宪兵营中的总代表，时为清政府武汉宪兵营正目和密探。在武昌起义准备时期，对收集情报、掩护同志，作出了独特而杰出的贡献，是最为革命党人熟悉并让很多革命党人感激不已的卓越人物。

刘复基是武昌起义的具体策划者，是文学社与共进会联合的具体策划者与组织者，是 1911 年 9 月 12 日至 10 月 9 日代表蒋翊武领导文学社和武昌起义军事筹备处的主要负责人，是蒋翊武与孙武及湖南与湖北革命派联络沟通的主要桥梁。他的牺牲，让武汉地区的革命派损失了一位足智多谋的实际上的总参谋长，损失了一个能够团结各方的关键人物，对武昌起义特别是其后局势演变所产生的不利影响无可估量也无法弥补。

杨宏胜，军事筹备员，与邓玉麟共同负责运送武器弹药，由于邓的其他事务多，运送武器弹药的主要责任是由杨担负。他不但向各部队运送革命党自制的炸弹，还送出了不少他设法从楚望台军械库购买的子弹，是革命党人中从事最危险工作并最为劳苦功高的人物之一。

彭、刘、杨三烈士在革命党人中声名赫赫，他们的死，有如天崩地裂，在革命党人中产生了巨大震撼。如由孙武介绍、由刘炳（刘燮卿）在 1913 年 1 月 30 日递交的《刘炳事略》中说："闻刘、彭、杨三君就义，心为裔胡，恨不能即从其地下，以苟塞责。"《辎重十一营革命略史》写道："呜呼！是日黯兮惨悴，风悲日薰，更生一番凄凉矣。于是仆（佚名）与代表李鹏升、蔡蓬莱（鹏来）、黄恢亚等再三会议，决而判曰：'斯时起义亡，不起义亦亡。与其亡于不起义，不若乘机发难，以尽汉类分责，而表仆等雄气。'"

这样，彭、刘、杨三烈士，以自己充满希望的年轻生命，再次发出起义的动员令，将孙武失事开始点燃的导火线，又急促地向前燃烧，最终引发了武昌起义的爆发。

一、委托邓玉麟指挥各军

10 月 10 日早晨，刘公约集一批骨干，在公和里孙武疗伤处举行了一次会议。对于这次会议，张文鼎转述汪性唐在 10 月 10 日上午 11 时所说的话说，汪性唐来找张之前，孙武召开了一次紧急会议，决定当天晚上再次发动起义。时在孙武身边的钟雨亭说，当天早晨，孙武"更其战略"，口授了 13 条命令。《武昌革命真相》对此说"交各代表过江照命令实行不得违误"。

10 时左右，邓玉麟来到孙武处。当天黎明，先后在炮队等待起义的邓玉麟与徐万年离开南湖，向武昌城里走。途中听说中和门已经关闭，不能进城，便留下徐万年等候开城，和徐约好，在小朝街 85 号会面。其时，邓还不知道小朝街机关已经被破获。随后，邓玉麟一人渡江来到汉口，先在文艺俱乐部找到李作栋、李赐生、邵焕章、汪鍪等人。此时，邓才知道小朝街的机关已被破坏，彭、刘、杨三人被杀。再后，邓来到公和里孙武疗伤处，相对痛哭。当时在孙武处的有李作栋、蔡鹏来、方兴、徐兆宾、钱芸生等人，孙武再次向他们口授了那 13 条命令，要求他们分头行动，于当晚再次大举。商定后，孙武委托邓玉麟为他的总代表前往武昌指挥。

孙武此次口授的 13 条命令内容不详，据在邓玉麟后来到孙武处的潘善伯说，孙武告诉他，邓玉麟已经衔命往武昌各处通知，今晚 12 时改由工程第八营首先发难，各标、营响应，炮队第八标则整队拖炮由中和门入城，合攻瑞澂、张彪（即总督府与第八镇司令部），并已专派汪性唐前往炮队与姜明经或张文鼎接洽，李作栋也已经与邓同往武昌。孙武还说："（彭、刘、杨）三位同志虽已被杀，他们革命的责任已尽了，惜未能见革命成功，大是恨事！今晚一举，当可向三烈士告慰，你我今晚可静听好消息耳。"看来，这13条命令主要是重申胭脂巷会议的起义部署。这是一种最好的选择，因为新的命令很难全面传达到位，任何大的更改都是不合适的。

首义之日孙武最为重要的部署，就是委托邓玉麟指挥各军，前往武昌组织当晚的起义。《武昌革命真相》对此说：“以邓代孙总司令指挥各军。”孙并非总司令，而是参谋长，但在蒋翊武出逃后，孙武的确也是起义军的最高指挥官。

根据胭脂巷会议的决定，邓玉麟是军事筹备处仅次于蒋翊武、刘复基的第三号负责人，并与刘复基二人常住小朝街武昌总机关主持日常工作。在刘复基牺牲、蒋翊武出逃后，邓就成了军事筹备处的最高负责人。此外，邓玉麟还是预设的湖北军政府的调查部部长。孙武重伤在身，委托邓玉麟前往武昌组织起义，并面授机宜，尽到了领导责任。

逃亡中的蒋翊武也派胡培才到各处去传令，同样没有放弃总指挥的责任。

此外，首义之日在场并起着重要作用的军事筹备员，还有蔡济民、杜武库、吴醒汉、王宪章、胡祖舜、王文锦等人，领导打响首义第一枪的熊秉坤，不但是独立营革命党总代表，也是预设的湖北军政府组成人员，负责军械。李作栋、张振武、徐万年等人也是预设的湖北军政府正、副部长和其他组成人员。

这样，武昌起义虽然是在总指挥部被破坏的背景下举行的，但总指挥蒋翊武，参谋长孙武，众多军事、政治筹备员与预设的湖北军政府组成人员，各标、营、队、排、班革命党代表，都在积极主动地发挥自己的领导与指挥作用，并共同执行着胭脂巷联合大会通过的起义计划。因此，武昌起义不能说是群龙无首，其“总龙头”就是胭脂巷会议集体讨论通过的起义计划，也包括蒋翊武、孙武基本上依据这个计划下达的命令，共同舞起这个龙头的，就是共同推定的各级各类领导与干部，包括孙武委任的总代表邓玉麟。

这种通过某种体制来共同遵守某一决议的行为，具有非常革命的意义，使武昌起义在运作方式上根本不同于那种由某个人物登高一呼的造反，是起义胜利后建立民主政权的基础，只是当时的人们还不太习惯这种领导方式，从而影响了这种意义的发挥。

二、遣将组织炮队全标起义

首义之日，汪性唐受孙武委派，上午就到达了南湖炮队。由于无法进入营房，就到千家街汪桓春药店，请他的表弟、药店少老板汪秉权去炮队找姜明经或张文鼎。

11时左右，张文鼎与汪性唐在药店见了面。汪向张介绍了相关情况，并说，各代表已经在孙武处开了紧急会议，确定在今晚起事。炮队关系特别重要，尧卿和大家特要我来找你们接洽。难以见到姜管带，只能烦张队官转告了。务望炮队做好准备，今晚听到城内枪声，就拖炮进城，共图大事。张文鼎满口答应道："我营随时都在准备着，今晚一定按时起义，请你回去转告各标营的同志们，要他们放心。"汪与张是好朋友，听后就放心地返回汉口复命去了。

姜明经在南湖炮队事件后不久受到监控，下午4时，监视姜明经的两个人似乎觉察到了军营的异常现象，提前离开了军营。张文鼎立即前往营部与姜联系，报告了汪性唐转达的孙武的命令，并与姜分析了本标的形势。认为全标有三个队，即蔡德懋任队官的第二营左队、尚安邦任队官的第一营右队和张任队官的第二营右队是完全可靠的，可以成建制地拉出去。

邓玉麟受命后，与李作栋来到汉口江边，准备从码头过江。在码头上，他们遇到从武昌渡江而来的南湖炮队正目陈子龙。因警探林立，三人不敢在码头上交谈，就示意前往一品香茶楼。其时，陈子龙负责的机关也被查获，其妻王耀英与在机关的另外四位同志被捕，陈当时正好从外面回家，亲眼看见了这一情景。得到陈子龙提供的情报后，他们决定不从码头过江，而是自雇一条小船，绕道鹦鹉洲渡到对岸的白沙洲。这样一番折腾，邓玉麟到达南湖炮队时，已经是下午 3 时左右。

邓玉麟到达后，一时也进不了营，急得泪如雨下，幸而遇到孟华臣。他们首先将李作栋安排在孟家，然后一同进了炮队军营。进营后，邓与孟立即召集徐万年、蔡汉卿、艾良臣、柯少山、王广聚、杜鼎、张抚国、王鹤年等同志商议并部署了起义之事。期间，革命党人、张文鼎的护兵史宗堂前来打听消息，与他们互通了情报。在炮标准备的同时，邓玉麟等派出金明山去联络驻南湖的马八标第一营与步三十二标第二营左、右队。

晚上 8 时左右，邓玉麟看到草湖门（武胜门）外塘角混成协炮队、辎重工程各队驻地火起，就在炮队南营门开枪宣告起义开始。第二营中队革命党人代表蔡汉卿首先响应，从营中拖出一门炮，召集同志二十多人集合宣布起事。队官柳柏顺前来阻止，被蔡汉卿一脚踢出二三米远。在 9 月 24 日炮队事件中作恶的排长刘步云试图阻止起义，被孟华臣一枪击毙。孟华臣还率三四名士兵追杀曾在 9 月 24 日事件中下令棍打士兵的第三营管带杨起凤，在姜明经和张文鼎劝说下，同意让杨自行离开军营。代理标统、第一营管带卓占标保持沉默，被姜明经送出军营。这样，南湖炮队在邓玉麟、孟华臣、徐万年与姜明经、张文鼎等人的共同努力下，成功地实现了全标起义。

晚上 9 时左右，炮八标八百余人全体集合。邓玉麟率众誓师："今日之举，有进死，无退生，尽力进攻，占据武昌。"誓毕，炮八标主力在邓玉麟、孟华臣、徐万年等人的率领下向中和门出发，共出动大炮 16 门。

"城内同志盼炮队进城，如大旱之望云霓。"先后派出三批部队前来接应，首批接应部队为金兆龙所率的工八营一个排，第二批接应部队为方维、马明熙等所率的步三十标的一批人，第三批接应部队为张鹏程所率的以步三十标为主的混合部队共一百多人。途中，又有祁国钧所率的马八标起义士兵和单道康、夏斗寅等所率的步三十二标起义士兵加入。

晚上 10 时左右，炮八标及沿途加入部队浩浩荡荡、整齐有序、威武雄壮地来到中和门。熊秉坤率众列队，吹号欢迎。随后，炮八标列阵蛇山，与工八营、步二十九标（一部）、步三十标（一部）等兄弟部队共同攻打总督衙门和第八镇司令部。

吴兆麟于晚上 10 时 30 分下达了第一次总攻的命令。其时，天微雨，全城断电，武昌城"黑云密罩，全城无光"，炮兵无法瞄准和击中目标。革命军决定在城中放火为炮兵照明，就派出三个纵火队在总督衙门周边纵火。住户不但不阻止，反而帮助燃放，"且面有喜色"。各处大火熊熊燃烧，炮兵排炮猛烈轰击。湖广总督瑞澂在签押房中了一颗炮弹后，自行拆毁督署的后墙一段，走出望山门，登上楚豫兵舰跑了。第八镇统制张彪见到督署起了大火，也慌慌忙忙地率兵逃跑。10 月 11 日黎明，革命军胜利地占领了总督衙门和第八镇司令部。

孙武在公和里静候佳音，刘公、潘善伯、钟雨亭等相约同在汉口江边观战。看到武昌城内枪炮声大起，火光熊熊，"喜跃不能禁"，奔跑着回去告诉孙武，孙武终于松了一大口气。

汉口革命军炮兵阵地

炮兵是技术兵种，非一时能够造就。孙武在邓玉麟、徐万年、孟华臣等人的具体组织和汪性唐等人的协助下，对炮八标的成功运动，是他在辛亥革命时期最为杰出的代表性成果。其同时运动军官和士兵，并在两个方面都取得显著成效，为辛亥革命时期各地运动军队时所罕见。

三、派兵打出首义第一旗

首义之日，孙武还派出了与他情同兄弟的李赐生去武昌。李赐生当时24岁，不太为人所知，是革命党人中的一个小兵。

武昌起义前夕，李赐生在汉口歆生路开办文艺俱乐部，并以此为秘密据点，负责传达命令和处理革命党人的其他事务。首义之日，李赐生渡江来到武昌，事发前潜伏在蛇山脚下由英国基督教循道公会创办的博文书院（今武汉市第十五中学）。首义枪声打响后，李赐生赶到楚望台临时指挥所，加入到二十九标二营也就是蔡济民率领的起义队伍。

10月11日拂晓，革命军胜利在望。人们突然发现，旗帜和文告尚没有准备好。这时，李赐生挥舞着十八星旗出现在众人面前，并向人们交上他从汉口带来的文告。人们大喜，就叫李赐生将旗帜插上蛇山之巅。

当时，战斗仍在进行，李赐生一手持旗，一手持枪，带领二三十名精明强干的手枪队员向蛇山顶上冲去。到达黄鹤楼时，李赐生一路小跑，将十八星旗插上黄鹤楼。这面旗帜，后来就被人们称之为武昌起义第一旗。由于李赐生是随同蔡济民部作战，又有人说，十八星旗是在10月11日黎明被蔡济民、孙鸿斌等同志，升在黄鹤楼。

当天，有人为此作了一幅写真画，画的是高大魁梧、年轻英俊、身着学生装、留着小分头、精神抖擞的李赐生，挥舞着一面十八星旗。画上题有"开国先锋""独树一帜""一挥而定"等词，并附有一个以"同盟首义"

起义军攻占蛇山

为题的简单说明。由章开源任首席顾问、严昌洪任总编审的辛亥革命网于2010年9月24日以《李赐生高举十八星旗》为题，发表了这幅画，并说明道："1911年10月10日晚武昌首义时，李赐生高举十八星旗，引导起义士兵攻打蛇山。占领蛇山后，即将十八星旗高悬于黄鹤楼之上。此图即是当日李赐生举旗攻打蛇山的真实写照。"

十八星旗是1906年冬同盟会在东京讨论国旗时预选方案之一，共进会成立后决定以此为中华民国国旗，孙武、刘公回国后都带有此旗的小样图案。武昌起义前夕，刘公在武昌正卫街公馆（旧址今在武昌昙华林32号），召见湖北中等工业学堂（遗址今在昙华林的武汉市第十四中学内）的三位加入了共进会的学生：电机系的赵师梅（后为教授，先后在湖南大学、武汉大学等校任教）和赵学诗（赵师梅弟）、机械系的陈磊（陈潭秋胞兄），要求他们按照十八星旗的图样，设计并制作20面旗帜，并向他们解释了十八星旗的各种寓意，要求他们在暑假期间完成。三人完成设计后，由邓玉麟介绍，送去草湖门外一个同情革命的赵姓裁缝处缝制，约定

10月7日取货。按约定期间前往取货时，赵裁缝只缝完了18面，另有两面的旗杆套尚未做好。他们就先取了18面，将其送往小朝街85号总指挥部。由于小朝街机关及各主要机关都受到破坏，这18面旗不知去向。起义胜利后发现没有旗帜，邓玉麟想到在赵裁缝处还有两面即将制好的旗帜，就令人前去催取，并于当天将其一面竖在武昌江边的汉阳门城楼上，另一面则竖在武昌司门口的蛇山鼓楼上。可见，李赐生挥舞的旗，并不是这两面旗。

李赐生挥舞的旗是从哪里来的呢？黄玉山说，他家，也就是孙武疗伤的公和里19号收藏有4面十八星旗。10月9日晚，他将这4面旗交给了李作栋等人，李赐生当时也在场。据邓玉麟说，他于首义之日上午在文艺俱乐部与李作栋、李赐生等人见面时，看到李作栋身上带有两面旗。他与李作栋共同渡江时，特地问过这两面旗的下落，李说裹在腰上。李作栋在1956年11月说，1911年10月11日早晨挂在黄鹤楼上的那面旗，是他从汉口带到南湖，又随炮兵入城，挂在黄鹤楼上的，这应当就是李赐生挥舞的那面旗的由来。

李赐生送来的文告，经在场诸位讨论修改后，以《中华民国军政府鄂军都督黎布告》的名义于10月11日13时贴出，成为武昌首义第一张布告，其全文是：

今奉军政府命	告我国民知之	凡我义军到处	尔等勿用猜疑
我为救民而起	并非贪功自私	救尔等于水火	拯尔等之疮痍
尔等前受此虐	甚于苦海沉迷	只因异族专制	故此弃尔如遗
须知今满政府	并非我汉家儿	纵有冲天义愤	报复竟无所施
我今为此不忍	赫然首举义旗	第一为民除害	与众勠力驱驰
所有汉奸民贼	不许残息久支	贼昔食我之肉	我今寝贼之皮
有人急于大义	宜速执鞭来兹	共图光复事业	汉家中兴立期

建立中华民国　同胞无所差池　士民工商尔众　定必同逐胡儿
　　　军行素有纪律　公平相待不欺　愿我亲爱同胞　一例敬听我词

　　布告打出中华民国的旗号，六字一句，通俗易懂，朗朗上口，每贴出一张，都立即有一大群人围来阅读和倾听，久久不愿离去。其时，"武昌街头巷尾，可谓万头攒动，群情兴奋，许多人流下热泪，感到扬眉吐气"。

　　旗帜、文告等准备工作由政治筹备处负责，李赐生带来旗帜、文告，让刘公、孙武在武昌大局初定的关键时刻，履行了政治筹备主要负责人的职责，为武昌起义作出了又一重大贡献。

　　孙武安排有可能向李赐生授旗的李作栋与邓玉麟同行，也大有深意。李作栋是两湖总师范教师，革命党人的财务负责人，负责掌管刘公捐赠的5000银元，并被推为预设的湖北军政府理财部部长。他还成立了一个数学研究会，调查湖北的财政状况，研究革命后的财政问题。据后人整理的资料，武昌起义时，湖北省藩署的财库里有存银120余万两；铜币局存现洋70余万，银80余万两，铜元40万；官钱局有铜元200万，财政存款总计有4000余万银元。孙武在起义前夕将李作栋派到前线，对由革命党人接管好这样一笔巨额财富具有重要的意义，是一招关键性的大棋。

四、赞同黎元洪为都督

　　10月11日下午1时许，武昌起义胜局初定，各路代表陆续赶到咨议局，举行联席会议，协商成立湖北军政府。与会的起义军代表有：蔡济民、张振武、李作栋、高尚志、陈宏诰、吴醒汉、徐达明、邢伯谦、苏成章、黄元吉、朱树烈、高震霄、王文锦、陈磊等。其他方面的代表有咨议局议长汤化龙、咨议局驻会议员胡瑞霖、咨议局黄陂籍议员刘赓藻等。没有经过什么争论，

1911 年 10 月 11 日，湖北革命党人在武昌成立的中华民国湖北军政府。

二十一混成协协统黎元洪就被推举为湖北军政府都督。

黎元洪不是革命派，而且在首义当晚残酷地处死了革命军临时总指挥部派来混成协司令部联络革命的代表周荣棠，他本人也坚决拒绝担任都督职务。革命党人非黎不可地强迫他当都督，这是一种奇怪的现象，但也事出有因。

辛亥春三月，文学社曾在洪山宝通寺召开过一个会议，会议决定推吴禄贞或黎元洪为湖北大都督。会后，文学社派刘九穗为代表去与吴联络。刘没有钱作路费，众人就凑了 32 串文，其中蒋翊武和蔡济民每人出了 10 串文。刘九穗后来找到了吴禄贞，但吴没有来，刘却留在吴处当了参军。文学社也知道吴禄贞不太可能马上来，所以又以黎元洪为第二人选。有人质疑说，黎元洪不是革命党人，怎么能让他当都督呢？提议者说，黎乃名将，可以慑服清廷；黎为鄂军将领，可以号召部属；黎爱护当兵的文人，可以与革命党人友好相处，如此等等。

共进会也有同样的决定。孙武说，辛亥年五月，他在长清里 91 号机关举行了一次干部会议，参加者有潘善伯、邓玉麟、丁立中、彭楚藩、李

黎元洪

作栋、谢石钦、梅宝玑、牟鸿勋、钟雨亭、马骥云、钱芸生、徐万年、孟华臣、徐北宾、方兴等，还有湖南的焦达峰、黎意达、杨晋康。会议决定在当年冬季保定秋操后起义，届时推举黎元洪为都督。

另据汪锡玖说，1911年10月9日晚上，孙武令他去武昌，"秘密合城军界联络一气，公推举黎君元洪为都督"。

由于黎元洪最初拒不履行都督职责，也由于很多革命党人只想借黎之名，首义初成后，革命党人沿用起义准备时期的那种集体领导体制，创造性地成立了一个谋略处。

谋略处以会议制形式讨论决定组建湖北军政府，指挥部队作战、处理内政外交等重大事务，在武昌起义初期担负起了实际的领导责任。其成员有蔡济民（新军第二十九标排长，共进会会员、文学社会员、同盟会会员）、邓玉麟（孙武的总代表）、吴醒汉（新军第三十标排长、同盟会会员、共进会会员）、高尚志（新军排长、共进会会员）、张廷辅（新军第三十标

湖北军政府全景

排长、文学社总务部长）、王宪章（新军第三十标正目、文学社副社长）、
徐达明（新军排长，文学社会员、共进会会员）、王文锦（新军标部司书、
文学社会员）、陈宏浩（共进会会员、工业学堂学生）、谢石钦（共进会
会员、两湖师范学生）、蔡大辅（新军士兵、文学社会员）、李作栋（共
进会会员、两湖师范教师）、黄元吉（新军士兵、共进会会员）、胡瑛、
杨开甲、吴兆麟16人。除了杨开甲、吴兆麟二人，其他人全部是革命党
人骨干，其中仅军事筹备员就有9人。

由于预设的湖北军政府组成人员大批缺席，谋略处决定在都督府内暂
设参谋、军务、政务、外交四部，其负责人分别是：

参谋部　杨开甲（正长）　　杨玺章（副长）　　吴兆麟（副长）

军务部　孙　武（正长）　　蒋翊武（副长）　　张振武（副长）

政务部　汤化龙（正长）　　张知本（副长）

外交部　胡　瑛（正长）　　王正廷（副长）

这个阵营，最令人瞩目的是出现了汤化龙这个人物。汤化龙是湖北咨
议局议长，湖北士绅的总代表。按原议，起义成功后由刘公以总理名义负

担任总参议后兼任政务部部长的汤化龙

责民事，但不知何故，这个最高行政领导职务，又落到了汤化龙手中。

孙武及湖北革命党人推举黎元洪为都督，还让汤化龙担任行政最高领导职务，不论有多么大的现实合理性，都是一个根本性的错误，势必造成很多悲剧。积极推举黎元洪为都督的蔡济民后来痛恨地写道："无量金钱无量血，可怜赢得假共和；早知今日如斯苦，反悔当年种恶因。"

另外，也应该看到，孙武、蒋翊武、刘公、蔡济民等革命者，以不争都督的实际行动，改变了沿袭几千年的那种"取而代之"的造反模式，具有重大历史意义。他们还规定，军政府从都督以至各机关录事、大小员司，一律月支津贴20元，士兵则有很大提高，班长12元、士兵10元（起义前为6元）。进一步表明，他们担任某一领导职务，不是为了发财。这种崇高的思想境界，令人景仰，并为后来的革命者所继承。他们在领导权和政权问题上的幼稚，给后人留下了深刻沉痛的教训。后来的革命者再也不依靠那些反革命的名吏、名将、名流、名士，而是自己掌握枪杆子、印把子，从而最终取得了胜利。

鄂府军务部长

一、发现问题，改订条例

正当革命党人为扩大武昌起义成果继续浴血奋战时，湖北政局悄悄地发生了巨大变化。

10月13日下午，眼见汉阳、汉口先后光复，北洋军和海军又没有什么大动静，一直不声不吭的"泥菩萨"黎元洪突然和看守的士兵聊起天来，并在士兵的鼓动下剪了辫子，然后第一次参加了军事会议。众人大惊，蔡济民打趣道："都督好像个罗汉。"黎元洪嘻嘻一笑说："像个弥勒佛。"吴兆麟急忙跑了出去，放了一挂鞭炮以示庆贺。黎元洪郑重地说："从现在开始，我就是军政府的人了。不管成败利钝，我都与诸君生死共之。"

黎元洪的突变让汤化龙等人大受鼓舞，10月13日，汤化龙、胡瑞霖、黄中恺、舒礼鉴四名原立宪派人士共同前往拜会黎元洪。次日，四人再次与黎会谈。根据这两次会谈的精神，10月14日，汤化龙、胡瑞霖、黄中恺等人制定了《中华民国军政府暂行条例》。

这一条例，规定由都督统揽军政大权，军政府所设军令、军务、参谋、政事四部，"均直辖于都督，受都督之指挥命令，执行主管事务"，"凡发布命令及任免文武各官，均属都督之大权"，"司令、军务、参谋部自下级军官以上，政事部自局长以上，均由都督亲任"。除了由都督统揽大权外，《暂行条例》还有一个很大的特点，就是由政事部统揽行政事务，并特别规定"政事部条例另定之"，以示"军民分治"。要而言之，就是试图在"军政府"外，另外成立一个独立的"民政府"。10月16日晚，各界人士数百人在教育会开会讨论《暂行条例》。讨论时，"党人不悦"，居正谎称这个条例是同盟会东京本部拟定的，于是，条例就通过了。10月17日，《暂行条例》由黎元洪下令颁布实施，成为中华民国第一个政府组织法。

根据《暂行条例》新组建的湖北军政府，军令部、军务部、参谋部、政事部的部长分别为杜锡钧（原步三十标第三营管带）、孙武、张景良（原步二十九标标统）和汤化龙。政事部七局的局长分别是黄中恺（外务）、舒礼鉴（内务）、胡瑞霖（财政）、陈登山（司法）、马刚侯（交通）、阮毓崧（文书）、张国溶（编制）。推举部长人选时，居正认为，"军务行政，关于武器粮秣，悉为革命军之命脉，非余同志不可"，就提名孙武。有人说，孙武在疗伤。居正说，可以由张振武代。又有人说，张振武不是军人。居正说，可以由邓玉麟、李翊东协助。这样，革命党人才勉强在四名部长中保住了一席。政事部七局，则没有一名革命党人。谋略处也随之被取消。

10 月 25 日，孙武上任就职。发现这种政治格局大惊。立即与刘公、张振武等人商量对策，提议修改《军政府暂行条例》，并于当天就由黎元洪颁布了《中华民国鄂军政府改订暂行条例》。

新的条例改变了集大权于都督一身的状况，决定成立由各部部长组成的军事参议会。规定除战争外，都督发布命令必须召集军事参议会议决施行。对都督的人事任免权，规定为各部部长和秘书、顾问，其他人员，由各部部长、副部长分别请用或委用。

新的条例调整了都督府的机构设置和组成成员，取消了包揽行政大权的政事部，改设内务、外交、理财、交通、司法、编辑六部，后又增设教育、实业二部，连同原有四部中的三部，共十一部。各部负责人的人选也发生了根本性的变化，其中：

军令部长　杜锡钧

参谋部长　杨开甲　　副部长　杨玺良

军务部长　孙　武　　副部长　张振武　蔡绍忠

内务部长　杨时杰　　副部长　周之瀚

外交部长　胡　瑛　副部长　王正廷

理财部长　李作栋　副部长　潘祖裕

司法部长　张知本　副部长　彭汉遗

交通部长　熊继贞　副部长　傅立相

编辑部长　汤化龙　副部长　张海若

教育部长　苏成章　副部长　查光佛

实业部长　李四光　副部长　牟鸿勋

11名部长中，革命党人占了8位，即孙武、杨时杰、胡瑛、李作栋、张知本、熊继贞、苏成章、李四光。由于最高决策机关军事参议会由部长组成，这种人数上的优势有决定性的意义。

新的条例规定都督府设稽查员，并特别指出："稽查员由起义人公推，请都督委用。"其职权为"稽查各部及各行政机关""稽查各军队"。其后，产生了8位稽查员：蔡济民、牟鸿勋、高振霄、谢石钦、苏成章、梅宝矶、陈宏诰、钱守范。他们赫赫有名，敢抓敢管，人称"八大金刚"。

秘书虽授权都督自行任用，但由于起义以来都督府的办事人员绝大多数都是革命党人或热心革命的青年学生，秘书队伍也主要是由革命人物组成，其中，首任都督府首席秘书（后改称秘书长）为花园山聚会的召集人与东道主李步青，继任秘书长为杨玉如。

此外，革命党人还成立了一个总监处，由刘公担任总监察。并规定，总监察向中华民国大总统（时尚未产生）负责，不受都督节制。总监处内设稽查、参议两部，由徐万年、刘斌一分任部长。

这样，一大批革命骨干又名正言顺地回到了湖北的政治舞台上，湖北军政府又成了一个由革命党人占优势的政权。这当然是革命党人酝酿已久的产物，但在孙武伤愈上任就职当天得到实现，也是孙武对辛亥革命的重大贡献之一。

二、军务部与新编鄂军

1912年2月底前始终由孙武任部长并始终掌握在革命党人手中的军务部，是湖北军政府最重要的一个部。

孙武治伤期间主持军务部的是副部长张振武。在武昌起义期间，他积极主动，主意多，起到了一定的领导作用。在黎元洪再三推辞都督时，张振武说："这次革命，虽将武昌全城占领，而清朝大吏潜逃一空，未杀一个以壮声威，未免太过宽容。如今黎元洪既然不肯赞成革命，又不受同志抬举，不如将黎斩首示众，以扬革命军声威，使一班忠于'异族'的清臣为之胆落，岂不是好？"在他代理主持期间，军务部成就显著，因而一跃与孙武、蒋翊武被人们并称为"三武"。另外一位副部长叫蔡绍忠，不是革命党人，孙武到任后，他就辞职了。

军务部决策层除了正、副部长外，另设参议数人，最初四人为邓玉麟、李翊东、聂豫、刘度成。李翊东，湖北陆军测绘学堂革命党总代表，首义当晚率众起义，后负责都督府警卫。10月11日中午，黎元洪拒绝在安民告示上签字，他持枪警告说："再不答应，我枪毙了你！"见黎仍犹豫，就拿起笔在布告写了个"黎"字，并说："我代你签了，你还能否认不成。"10月11日晚，步三十标一营（旗兵营）管带邹翔辰率部二百多人袭击都督府。当时，府内仅学生兵八十多人。李翊东率领他们英勇抵抗，坚持到援军六百余人赶来。10月13日晚，李翊东又发现都督府卫队司令方定国与张彪派来的旗兵联络，当场将其捕获，并审讯出其同谋蔡登高、张振标等奸细多人，清除了都督府内的巨大隐患。

军务部内设军事、总务、经理、军需、军械、军法、人事七科，首任七科科长分别为冯昌言（军事）、李作栋（总务）、邢伯谦（经理）、李华谟（军需）、纪光汉（军械）、陈汉卿（军法）、蔡鹏来（人事）。他们中，李作栋、邢伯谦、李华谟、蔡鹏来都是起义时期革命党人的重要骨干。

除了制订作战计划和指挥作战外，军务部统揽了包括组建军队、任免各级军官、调动军队在内的各项军政事务，在军政府内处于权力中心的地位，可以说是军政府中的"军政府"。黎元洪常说，"我这个都督是给尧卿当的"，确有几分依据。

武昌起义后，军务部抓紧时间整军备战，至11月中旬，共成立8个步兵协，各协、标、独立营（队）及其主官概况如下：

第一协　协统宋锡全（原四十二标第一营队官、日知会员），第一标标统黄振中（文学社会员），第二标标统梁邦福（文学社会员）；

第二协　协统何锡藩（原二十九标第一营管带），第三标标统姚金庸（原新军队官），第四标标统谢元恺（原新军队官）；

第三协　协统林翼之（原四十二标第一营排长、文学社会员），第五标标统刘廷璧（原新军队官），第六标标统胡廷翼（原新军队官）；

第四协　协统张廷辅（原三十标排长、文学社会员），第七标标统胡廷佐（原新军队官），第八标标统王维国（文学社会员）；

第五协　协统熊秉坤（原正目、共进会会员），第九标标统杜武库（共进会会员），第十标标统杨传连（文学社会员）；

第六协　协统杨载雄（文学社会员），第十一标标统杨选青（共进会会员），第十二标标统单道康（文学社会员）；

第七协　协统邓玉麟（共进会员），第十三标标统朱振汉（文学社会员），第十四标标统黄申芗（共进会会员）；

第八协　协统罗洪升（原四十一标第二营管带），第十五标标统刘佐龙（原新军队官），第十六标标统李树芝；

炮　队　协统姜明经（原炮八标管带、同盟会会员），第一标标统尚安邦（原新军队官），第二标标统蔡德懋（原新军队官），第三标标统柳柏顺（原新军队官）；

马　　队　第一标标统王祥发（原新军管带），第二标标统刘国佐（革命党人）；

工　　程　第一营管带李占魁（原新军队官），第二营管带杜世鑫（原新军队官）；

辎　　重　第一营管带孙鸿斌（原二十九标排长、共进会会员），第二营管带胡祖舜（共进会会员）；

宪　　兵　司令会王文锦（文学社会员）；

机关枪队　队长沙金海（共进会会员）；

输 送 兵　协统高尚志（共进会会员）；

先 锋 队　协统王国栋（文学社会员）。

上述概要表明，武昌起义后，大批革命党人成为中高级军官，军队基本上为革命党人所掌握。这充分表明，负责组建军队的军务部由革命党人掌握，意义极其重大。孙武等人对此作出的贡献，应当充分肯定。

三、视事伊始，内外交困

武汉三镇光复后，清军仍控制着刘家庙沿江一带，总兵力两千多人，主要部队为原第八镇辎重、教练、马队，前来增援的河南混成协与岳州巡防营。

刘家庙是武汉的北大门，北军南下的前沿基地，掌握在清军手中，对武汉是极大的威胁。10月18日凌晨3时，鄂军开始发起刘家庙战斗，最后于19日下午占领了刘家庙火车站，取得了令武汉地区及全国各地欢欣鼓舞的"刘家庙大捷"。

北洋军已经有部分军队到达刘家庙，但没有参战，而是主动退守滠口。前线总指挥何锡藩深知北洋军厉害，乘胜收兵。部分革命党人对此不满，出兵进攻滠口，敢死队队长徐兆滨在战斗中牺牲。何锡藩引咎辞职，前线总指挥一职改由标统谢元恺代理，继而由都督府任命军政府参谋长、原第二十九标统带张景良出任前线总指挥。

由于有京汉铁路，北洋军可以迅速南下，但在袁世凯的授意下，奉令南下的北洋军"慢慢走"，到达之后，也不主动出击。鄂军前来进攻，北洋军只是将其击退，既不追击，也不反攻。

10月26日，也就是孙武上任就职后的第二天，随着袁世凯与清廷的关系得到调整，北洋军开始大举进攻。当天一度占领刘家庙；27日，完全占领刘家庙；28日，占领汉口大智门火车站。鄂军26日伤亡约1500人；27日伤亡逾2000人；28日和29日伤亡2000余人。其中，何锡藩、张廷辅两名协统负伤，炮队标统蔡德懋、敢死队队长马荣、代总指挥谢元恺先后阵亡，另还有原炮八标革命党人总代表、炮兵营管带孟华臣，工程队长李忠孝等一批中下级军官牺牲。

敌情特别严重，汉口必失无疑，鄂军内部又出现了严重问题，而且是出在前敌总指挥张景良身上。

张景良，原第二十九标统带，10月15日还在都督府抱着黎元洪痛哭，说了一番朝廷恩重如山，黎不应该附和革命之类的话。居正、蔡济民等人怒斥都无法制止，只好强行把他拉走，并将其关押起来。后来，张景良不但没事，而且成了军政府参谋部长，接着又成了前线总指挥。居正说，对于张景良出任前线总指挥，李翊东曾强烈反对，后由蔡济民、吴醒汉、高尚志等人担保才得以任命。10月27日，在鄂军与北洋军激烈争夺刘家庙的关键时刻，张景良下令烧毁鄂军在刘家庙的军火，前线将士得知自己的军火库被焚，相率溃退，损失惨重，导致刘家庙完全由北洋军控制。

10月28日上午11时，前线将领与汉口军政分府在华洋宾馆召开会议，大家对张景良的行为极其愤慨，并对军械官罗家炎也产生了怀疑。汉口军政分府主任詹大悲下令逮捕张、罗二人，于下午3点多钟将二人抓获，同时被捕的还有原第八镇正参谋官刘锡祺。

张景良被捕后，孙武致信汉口军政分府，要求将张等押送到武昌来审问。詹大悲担心黎元洪、孙武包庇张景良，当天就以通敌罪，将张景良、刘锡祺、罗家炎三人处死。张景良是湖北军政府任命的前线总指挥，汉口军政分府未经批准就将他处决，的确是一种严重越权。但如果张一到武昌就被释放，然后又出任总指挥或其他某种要职，后果也不堪设想。没有掌握最高领导权的革命派，不能不经常面对此类难题。

孙武对詹大悲的行为极其不满，当詹大悲因汉口危急前往安徽、江西请求党人前来支援时，孙武要以弃职逃脱罪对詹进行军法处置，詹大悲只好转赴烟台进行革命。后来，詹大悲成为大革命时期著名的国民党左派，历任国民党中央执委暨国民政府临时联席会议成员、湖北省政府委员兼财

詹大悲

政厅厅长等职，1927 年 12 月牺牲。

张景良被处死的当天晚上，汉口军政分府及各协统领在华洋宾馆楼上开会。先推胡瑛为前线总指挥，胡以不熟悉军事为理由推辞。继推第六协统领罗洪升，罗也不就。再推炮队协统姜明经，姜说要有都督的任命才能就职。得到任命后，姜召集会议讨论汉口防守，会后又去了武昌。于是，众人又只好再推林翼之代为指挥。如此反复，汉口前线一时无主将，形势更为危急。

四、拥护黄兴为战时总司令

10 月 28 日下午 5 时许，正当汉口岌岌可危、前线无人主持时，黄兴来到了武昌。

黎元洪大喜，立即赶制了两面长 3.6 米的大旗，上书一个巨大的"黄"字，派人骑马持旗奔走武昌、汉口各处，高喊"黄兴到"。消息传开，万众欢呼，鞭炮声大作，人心振奋，有如盼到"天兵天将"到来。

黄兴的到来，不但鼓舞了人心，而且极大地增强了革命军的实力。

黄兴带来了大批军事人才，李书城、程潜、杨杰、程子楷、王孝缜、曾继梧、曾昭文、方鼎英、陈铭枢、蒋光鼐、李章达、陈果夫等。这些人，后来不少人成为高级将领，有的还是名将。如程潜为北伐第六军军长，杨杰为陆海空军总司令北平行营总参谋长、中央陆军大学校长，陈铭枢、蒋光鼐初为北伐第四军的正、副师长，继而为第十一军的正、副军长，曾继梧是北伐第三十三军副军长，如此等等。他们的到来，从根本上改变了鄂军军事人才缺乏的状况。

黄兴的到来，增强了湖北革命军的兵力。11 月 2 日，援鄂湘军第一协到来。全协兵力 1700 多人，基本上是原四十九标的人马，训练有素，体系完整，为武汉地区革命军中最有战斗力的一支部队。这支部队虽然是由湖南都督焦达峰派来，但由于焦达峰遇难，军心不稳，有黄兴在，这支部队才能更好地发挥作用。

黄兴的到来，还解决了一些现实问题。如黄兴得知武昌有断粮危机后，立即派程潜、胡瑛、刘揆一返湘，在洞庭湖十县中，征集大批米粮，组织船队，运往汉阳，支援军食。在汉阳龟山西南边一所小学中设立炊事房，开 20 个大灶，征用民工，为 5000 人做饭、送饭。

黄兴的到来，政治影响力也很大，对团结武昌地区各派力量，动员各地援鄂，推动各省独立，产生了不可忽视的作用。

让人感到纳闷的是，孙武对黄兴的到来，没有多少欣喜的表现，反而冷言冷语。熊秉坤、李作栋等人都亲耳听孙武说过，"黄不过是先声夺人，实不知兵"。更为关键的是，在孙武的支持下，一些人坚决反对蒋翊武等人提出的推举黄兴为两湖大都督，最终使黄兴出任由黎元洪任命的战时总司令。战时总司令这个听起来不错的职务，实际上就是何锡藩、谢恺之（代）、张景良、姜明经、林翼之（代）等人曾经担任过的职务，也就是当时没有人愿意担任的职务。把黄兴摆在这样的位置，蒋翊武等人极其不满，为了顾全大局，黄兴说服宋教仁、蒋翊武、胡瑛等人，并通过宋教仁去做杨王鹏等革命党人的工作，接受了孙武等人的意见。11 月 3 日，黎元洪在阅马厂举行拜将仪式，向黄兴授以战时总司令的委任状、印信和令箭。随后，黄兴成立战时总司令部。由李书城任参谋长，吴兆麟任副参谋长，姚金镛、金兆龙、高尚志、甘熙绩、耿丹、辜仁发、吴兆鲤、余鸿勋等为参谋，田桐为秘书长，王安澜为总粮台（兵站司令），蒋翊武为经理（后勤）部部长，王孝缜为副官长。各地军校学生组织学生军，共三百余人，由总司令部直接指挥。

黄兴不计较个人名利，接受了这种拜将，让频繁易将的前线有了一个稳定的、有威望的总指挥，这对保持团结、凝聚力量，共同对付北洋军非常有利。但这种拜将，颠倒了全国革命领袖与地方军政领导人的关系，助长了旧军官、旧官僚、旧名流的气势。更为重要的是，没有政治领导权、军事领导权和行政权力，只有单纯指挥权的战时总司令，其作用也相当有限。

例如，黄兴带来了那么多的军事人才，足以让鄂军面貌一新，战斗力大为加强。但由于黄兴没有用人权，这些人绝大多数只能当兵。如陈果夫是学生兵，戴季陶在连队当兵，朱家骅太文弱，连兵都当不上，就在医院干了3个月抢救伤病员的活。那些不愿意当兵的人，就愤愤不平地走了。孙武说他"只以人才为重"，黄兴带来这多优秀人才，他视而不见，见而不用，用也只让其当兵，真是很奇怪。

再如，湖北军政府授予黄兴的指挥权也相当有限。在陶炬等人编写的《鄂军炮兵旅日记》中，从11月3日（黄兴出任战时总司令之日）到28日（黄兴离开武汉之日），该旅共接到都督令（札）10件，没有接到黄兴的一个命令或电函。这种记载表明，黄兴只有"战时"才是"总司令"。该旅接到的都督令中，有一令是要求旅长姜明经"会同黄指挥官，商筹防御地点"。"会同""商筹"等字眼表明，"姜协统"与"黄指挥官"的关系是平等的。

黄兴是众望所归的革命领袖，很多毕业于日本士官学校的都督、军长、师长都十分尊重他，愿意听命于他。孙武不尊重黄兴，不但损害革命事业，而且让他的为人饱受批评，是他一生中最大的败笔。

另外，对于黄兴作为"战时总司令"，孙武还是拥护和支持的。

其一，由军务部明确宣告所有志愿军统由黄兴节制。

武昌起义后，包括湖北本省及海外在内的各地，有不少志愿者纷纷前来参战。《辛亥武昌首义史》一书对其进行简介的就有上海援鄂志愿决死团、广东决死队、江南敢死队、中央敢死队、中国学生决死队、横滨敢死团、河南奋勇军等22支。11月中旬，军务部正式发出布告，宣布将所有决死团、敢死队之类名目一律取消，"另由战时总司令黄兴编成游击队。其各团团员亦统归黄总司令节制"。后来，这些志愿者主要是被编成学生军，在战场上发挥着先锋队、机动部队的重要作用。

其二，默认曾继梧为汉阳炮团团长。

汉阳炮团是由炮队协统姜明经新组建的部队，初由姜亲自任团长，后由黄兴于11月3日委派曾继梧接替。这种任命，意味着汉阳炮团是由黄兴直接指挥并领导的部队。当时，"团"具有"民团"的含义，因此，汉阳炮团并非建制内的部队，就像各种"决死团"一样。但是，汉阳各主要炮兵阵地都由汉阳炮团负责，官兵也是以原炮八标的官兵为骨干，与其他的"决死团"有很大不同。这无疑是姜协统"会同黄指挥官，商筹防御地点"的结果，孙武没有干预，算得上是对黄兴的支持。在阳夏战争中，炮兵的地位特别重要，这种支持很有意义。

其三，调拨部分正规部队由黄兴经常性指挥。

除了志愿军和汉阳炮团外，孙武还安排了一支正规部队由黄兴直接指挥，这部队就是辎重二营。辎重二营由原共进会胭脂巷机关负责人胡祖舜任管带，原辎重十一营革命党总代表李鹏升任督队，分炮弹队、枪弹队、粮食队、器材队，共有辎重武装兵600人，是首义部队中建制保持最完整的部队之一。连同附属部队军务部派来的新建输送标和从湖南前来增援的兴汉营，辎重二营共有两千余人。自11月7日起，该营就奉令由黄兴指挥，黄兴又将其交由蒋翊武任部长的经理部主管。该营营部原在武胜门第二中学堂内，由黄兴指挥后，改设归元寺，与黄兴的总司令部在一起。

辎重二营革命基础好，其前身辎重十一营，有可能是比工程八营更早发难，或者是差不多同时发难的首义部队。管带胡祖舜"一惟黄之马首是瞻"（胡祖舜自述），不时陪黄兴在前线视察和督战。黄兴组织反攻汉口的前一天，该营每隔半里至一里设一分站，以类似接力赛的方式，一天内就将炮弹 200 箱、子弹 2000 箱与其他军需送上前线。撤退时，在汉口战场上仅丢失炮弹 2 箱、子弹 4 箱，又沿途收集士兵丢失的弹药，黄兴对此大加赞赏。该营还有较强的战斗力，11 月 25 日分兵一半上前线作战。11 月 26 日，因学生军全部派往前线，又调派部分兵力任黄兴总司令部的卫队。11 月 28 日凌晨 2 时，辎重二营的善后人员，用两尊山炮在归元寺侧面山上向敌军发炮二百多发，击退了敌军，保护了正在处理的军需，成为汉阳保卫战中战斗到最后的部队之一。将辎重二营这样一支优秀部队交由黄兴直辖，是孙武对黄兴的又一重大支持。

五、携手保卫汉口、汉阳

大敌当前，内部矛盾总会处于次要地位。黄兴精神振奋地接受了战时总司令职务，孙武也努力地履行了自己的职责，武汉地区的反清各方，共同奋起保卫首义之区。

汉口非作战之地，10 月 27 日刘家庙失守，汉口的大门已经被北洋军盘踞。大智门车站于 28 日失守后，汉口更是必失无疑。

10 月 28 日，黄兴到达汉口的当天，就在吴兆麟（参谋部长）、杨玺章（参谋部副部长）、蔡济民（都督府稽查）、徐达明（参谋部参议）的陪同下，视察了汉口前线。

10 月 29 日上午，黄兴设临时司令部于汉口满春茶园，开始指挥汉口战事。其时，黄兴尚未得到任命，但他的个人名声和杨玺章、蔡济民、熊秉坤等人及由原文学社成员主导的汉口军政分府的配合，让前线将士不由自主地接受起他的指挥来。黄兴首先命杨玺章、蔡济民等检点军队，统计共有 6000 余人。其中，第二协（因何锡藩受伤时缺协统）约 2000 人，第四协（因张廷辅受伤时缺协统）约 1000 人，第五协（协统熊秉坤）2000 余人，另有第一协残部数百人，损失严重但建制尚完整的马队一营、炮队一标、工程队一营、辎重队一营，敢死队若干。当天，北洋军到达汉口的人数已经达到 15000 余人。

黄兴不为强敌所惧，在 30 日拂晓组织主动进攻。战斗中，黄兴、杨玺章、熊秉坤等亲自上阵作战，官兵们受此鼓舞，"冲锋时异常勇猛"（黄兴 11 月 2 日晚在武昌军事会议上的介绍）。北洋军不知鄂军虚实，不敢贸然反攻，而且每遇到鄂军喊杀就后退（黄兴 11 月 2 日晚在武昌军事会议上的介绍）。

10 月 31 日双方处于对峙状态，无大战。

11 月 1 日，北洋军开始火烧汉口，以对付革命军的巷战。在这种野蛮残忍的战术打击下，黄兴继续指挥汉口守军节节抵抗，"巧妙地狙击官军"（汉口日本总领事馆 11 月 1 日晚上 8 时的情报），最后于 11 月 2 日退回武昌，汉口失守。

阳夏保卫战，是一场严重不对称的战争，革命军不可能取得一般军事意义的胜利，只能争取尽可能多的时间，通过全国形势的变化来夺取最后的胜利。在黄兴坚守汉口的 6 天中，全国先后有山西（10 月 29 日）、云南（10 月 30 日）、江西（10 月 31 日）宣布独立，独立省份由此而从 3 个（湖北、湖南、陕西）增加到 6 个，这就是一个很大的胜利。此外，北洋军火烧汉口，引起了全国民众的愤怒，各国驻汉口领事馆也向清政府提出抗议，摇摇欲坠的清政府更加不堪一击，这也是革命军所取得的一个重大胜利。

黄兴退回武昌并出任战时总司令后，立即部署加强汉阳、武昌的防守。

截至 11 月 10 日，担负保卫汉阳任务的革命军主要部队有：第一协蒋肇鉴 2 标，第四协张廷辅 2 标，第五协熊秉坤 2 标，第四标胡效骞 1 标，湖南援鄂军第一协王隆中，湖南援鄂军第二协甘兴典，炮队 1 团，工程、辎重各 1 营，总兵力 2 万人以上，士气旺盛。

在各部队中，最令北洋军恐惧的是炮兵。

11月9日，刚到武昌的程潜被黄兴召至汉阳昭忠寺总司令部，委托他前往炮兵团协助曾继梧。程潜立即前往，与曾继梧在龟山下选一古庙作为指挥部，接着上龟山顶察看炮台。龟山炮台东临长江，北带汉水，地形险峻，和武昌蛇山炮台夹江对峙，是保卫汉阳、武昌，攻击汉口最重要的要塞。程潜看到，炮台共有日本30年式七生野炮6门，汉阳仿造克鲁森五生七山炮18尊，炮位布置合理，炮兵是原炮八标的老兵，训练有素。只是山炮口径小，射程短，无法发挥多大的作用。野炮尚可用，但已经陈旧。武昌起义前，湖北炮兵共配置有野炮、山炮72尊。龟山炮台此时共配置24尊炮，显然是火力最强的炮台之一。此时与革命军对阵的北洋军第四镇的炮四标，额定配置为日制七生五陆路速射炮36尊，过山炮18尊。另还有不相上下的炮二标，在火力上占绝对优势。但革命军居高临下，占有明显的地利。除了龟山炮台外，曾继梧为团长的汉阳炮兵团还有十里铺、汤家山、梅子山、美良山、黑山、琴断口等炮兵阵地，炮数不详。由于汉阳兵工厂（1909年后因财政困难停止造炮）累计造各种炮986门，各种炮弹989484枚，37毫米格鲁森过山炮最高年产90余门，57毫米格鲁森过山炮最高年产80余门，革命军的炮兵，火力还是非常强大的。

革命军声势浩大，又有强大炮火，再加上龟山、汉水天险，北洋军一时不敢主动出击，从11月3日至11日，北洋军只是不时隔江与革命军进行炮战，没有发动进攻，革命军再次争取到了宝贵的8天时间。

黄兴决定反攻汉口，时任战时总司令部副参谋长的吴兆麟坚决反对。双方争论不下，吴便渡江前往都督府争取黎元洪、孙武的支持。看来，吴兆麟并不是普通的副参谋长，而是都督府的代表，没有他的同意，黄兴不能作出最后决策。没有想到，黎元洪、孙武此次却是模棱两可，没有明确的意见。吴得不到支持，无可奈何。

在 11 月 16 日黄兴组织的反攻汉口战斗中，程潜指挥龟山炮台在拂晓前 2 个小时，轰击汉口大智门，与敌军进行了 1 小时左右的前哨战，摧毁了汉口敌军的前沿阵地。随即，程潜又下令猛轰大智门，与敌军进行了 3 个多小时的激烈炮战。同一天，黑山、梅子山、萧家祠各阵地炮兵，也用炮火猛击汉口粉面公司一带敌军，伤敌军数百人。这些阵地原来只有五生七的山炮，打不到汉口，曾继梧团长前往汉阳兵工厂领来七生五山炮 6 门后，才有了这样的威力。在炮兵的有力打击下，反攻汉口的革命军在前期战斗中占了优势。中午时分，革命军中的新兵一部退出阵地吃饭，其他部队以为开始撤退，也接着后退，反攻汉口的战斗由此失败。其后，黄兴又分别于 11 月 22 日、11 月 24 日组织过两次反攻汉口的行动，都没有成功。

由于实力相差悬殊，反攻汉口不可能成功。但是，反攻汉口可以振奋人心，威慑敌军，推动全国革命形势的发展。此外，由于汉水江面不宽，水也不深，北洋军迟早会打过来，革命军肯定也守不住。与其被动挨打丧士气，不如主动进攻扬军威。孙武没有反对黄兴反攻汉口的行动，也是对黄兴的重要支持。

11 月 21 日，北洋军主力由蔡甸渡河，进抵汉阳门户三眼桥，汉阳争夺战全面展开。

前三天，争夺的焦点是三眼桥。三眼桥原由湖南第二协防守，北洋军大举进攻后，黄兴命新近组成祁国钧营前往增援，同时派以金兆龙等为首的敢死队和南京学生军，布设了地雷，隔桥与清军对峙，驻守桥侧汤家山炮兵阵地给予强大的炮火支持。11 月 23 日，汤家山炮兵击溃三眼桥的敌军。

24 日凌晨，北洋军屡攻三眼桥不下后，将进攻重点转移，争夺焦点变为美娘山（四平山第一山头）。祁国钧率领壮士七十多名，冒着清军机枪扫射，奋勇反攻，夺得清军机枪两挺，标旗一面。祁国钧两腿受 11 处伤，坚持不退。湘军管带杨万桂，率所部 24 人，冲上山顶，一度将占领山头的清军全部消灭，但因寡不敌众，美娘山及仙女山、锅底山、扁担山于24日先后失守。由于各要地先后丢失，三眼桥也于25日失守。

25日，革命军反攻。参谋部副长杨玺章、稽查部长蔡汉卿、军务部副长张振武率领学生军数百人渡江助战，连理财部部长李作栋也上前线督战。黄兴司令部参谋甘绩熙带病上阵，选壮士108人，夜袭磨子山，一举冲上山顶，歼灭了全部守敌。

26日晨，甘绩熙又在湘军统领刘玉堂的支援下，攻占扁担山。清军用重炮轰击磨子山、扁担山，坚持在山顶的刘玉堂壮烈牺牲，两山得而复失。在战斗中，参谋部副长杨玺章牺牲，军务部副长张振武和甘绩熙负伤。

同日，进攻汉口三道桥以威胁敌军后方的三百壮士在桥畔的苇丛中与北洋军激战了3个多小时。最后，清军以火车架机枪扫射，三百壮士全部壮烈牺牲。

最后争夺的焦点是龟山炮台。黄兴的学生、后任南京国民政府蒙藏委员会委员长的罗良鉴介绍说，当汉阳危急之时，龟山炮台的守军只剩下三十余名他们这样的学生兵。他们目不交睫，竭力死守，保住了炮台。后来，粮食供应中断，他们饿了三天三夜。接到报告后，黄兴派兵一个标将他们

起义军占领武昌汉阳门

108

替下。27 日拂晓，清军在攻占梅子山后进攻龟山，于上午 11 点占领了龟山炮台。龟山炮台失守后，汉阳周围制高点尽失。11 月 27 日，汉阳失守。

从汉口失守到汉阳失守，革命军又多坚持了 26 天。在这 26 天中，全国各地又有上海（11 月 3 日）、贵州（11 月 4 日）、浙江（11 月 4 日）、江苏（11 月 5 日）、广西（11 月 7 日）、安徽（11 月 8 日）、福建（11 月 8 日）、广东（11 月 9 日）、山东（11 月 13 日宣布，24 日取消）、重庆（11 月 22 日）、奉天（11 月 26 日）、四川（11 月 27 日）先后宣布独立，全国独立的省区达到 17 个，清朝的统治基本崩溃。对此，黄兴功不可没，孙武也功不可没，所有为武昌起义及阳夏保卫战作出贡献的人功不可没，为武昌起义及阳夏保卫战英勇牺牲的烈士，更是功不可没！

一、争司令，谋次长，成立民社

1911 年 11 月 28 日，黄兴离开汉口，前往上海。当天，孙武在与黎元洪协商后，委任万廷献为代理战时总司令。万廷献与孙武是湖北武备学堂的同期同学，清末任陆军部军制司司长、南京陆军第四中学总办等职，是一个让孙武充满期盼、各方也愿意接受的人物。万廷献参加一次军事会议后，发现湖北军界暗潮汹涌，任职 1 天就离开了。

11 月 29 日，蒋翊武代理战时总司令，在洪山宝通寺成立战时总司令部。

11 月 30 日晚，都督府被北洋军打来的炮弹击中起火，黎元洪趁乱逃到了葛店。孙武也外出办公，离开了都督府。

12 月 1 日，英国驻汉领事馆派盘恩来武昌洽谈停战议和之事，都督府无人负责，就由蒋翊武、吴兆麟在洪山宝通寺战时总司令部与之谈判，达

起义前镌刻的"中华民国大都督之印"

成了从 12 月 2 日 8 时至 5 日 8 时停战 3 天的协议。协议达成后，盘恩说，得由都督盖印后，协议才能生效。此时，军政府既无都督，也没有都督印。蒋、吴故作镇定，拖延时间，并紧急通知都督府想办法。军务部秘书高楚观接到电话后，立即前往葛店找都督。路上遇到都督府顾问孙发绪。孙说，现在找都督已经来不及了，不如我们冒充都督的副官，代表都督把印盖了。高不敢做主，又去找孙武。找到后，孙武、孙发绪、高楚观、张汉仆四人商议，认为孙发绪的建议不错，就由张汉仆临时刻了一个都督印。事情办妥后，吴兆麟连夜陪盘恩从洪山来到都督府，在停战协议上盖了都督印。此时已经是晚上 12 点了，盘恩疲惫不堪，不管都督印的真假，拿着协议就走了。

军政府无都督，一些革命党人提出由刘公以总监察的名义代行都督权力。孙武坚决反对，军务部一些要员声称决不服从刘公的指挥。新的矛盾，在共进会高层内部出现。

看到停战协议达成，黎元洪于 12 月 2 日大摇大摆地回到都督府。这样，湖北易督或出现新权力机构的机遇瞬间而失，革命阵营内部的裂缝则不可挽回地越来越大、越来越深。

12 月 6 日，孙武等人向蒋翊武发难，说蒋的战时总司令是代理的，要重新安排人，并推出谭人凤来取代蒋翊武。谭人凤同意，但建议将"战时总司令"改为"武昌防御使兼北面招讨使"，一方面为北伐作准备，另一方面也给蒋翊武一个台阶。孙武立即让黎元洪依此任命，将蒋翊武改任为都督府顾问。蒋翊武事前对此一无所知。接到新的任命后，就去质问黎元洪。黎说："尧卿把公文写好后叫我盖印，说是你们商量好了的。"

谭人凤接到任命后，认真检查各地防务，发现北军只要"遣一队过江，武昌唾手可得"。谭人凤认为，要加强防务，就必须权责统一。就于 12 月 7 日召开军官会议，提出了用人、军需、财政三项建议请大家讨论，其中提出："自今以后，各部队遇有军官遗缺，俱要由防御使委任。"

孙武对此大为不满，一方面鼓动军官们到都督府去提意见，另一方面要求黎元洪立即免去谭人凤的职务。谭人凤此时是汉口十一省代表团临时议长，声名赫赫，对当时的政治局势影响很大。黎元洪觉得很为难，犹豫不决，没有立即同意孙武的要求。在孙武的再三催促下，黎元洪只好于12月11日把谭请来，极尽委婉地请谭代表湖北赴沪议和，并送上银元100块。谭人凤大怒，痛斥黎元洪"朝令夕改"，还把黎出走葛店的丑事嘲讽了一番，然后扬长而去。

谭人凤去职后，都督府恢复战时总司令的设置，由吴兆麟担任这一职务。于是，吴兆麟又成为孙武新的防范对象。1912年1月7日，吴兆麟出任北伐第一军总司令，孙武坚决反对。黎元洪只好改由孙武任第一军总司令，孙武不愿放弃军务部长一职，就保荐杜锡钧代理第一军总司令。吴质问黎元洪为何"朝令夕改，如同儿戏"，黎元洪答称："因为尧卿硬要这个总司令官的名义。"

孙武在湖北军政府取得一个又一个"胜利"后，又试图谋求中央政府的领导职位。他以湖北民军代表名义携带巨款去沪活动，欲谋南京临时政府陆军次长一职。

黄兴对孙武到处游说很不满，认为"孙武到上海，态度殊惹人厌"。但黄兴还是为孙武之事向李书城、居正征求了意见。二人均表示反对后，黄兴对孙武的要求不予理睬。孙武又通过刘成禺向孙中山建言，孙中山刚从国外归来，组阁之事由黄兴全权负责。这样，当南京临时政府组成人员名单公布时，孙武榜上无名。

南京失意后，孙武愤愤不平，与孙发绪、刘成禺等人在武昌、上海成立民社，开始公开"反孙倒黄""捧黎拥袁"。民社声称"援卢梭人民社会之旨"，"对于统一共和政治持进步主义"。这里的"统一"，就是要

1911 年 11 月,孙中山由欧洲启程回国,
图为船经香港时在船上的留影。

将权力统一到袁世凯和黎元洪手中,反对孙中山、黄兴、同盟会及后来的
国民党制约袁、黎,特别是袁世凯政府。

　　民社于 1912 年 1 月 16 日在武昌成立,20 日设总部于上海。总部推吴
稚晖为总干事,汪彭年为庶务,张伯烈为主计。吴稚晖为同盟会名士,以
言论惊人著称。汪彭年也是同盟会会员,任上海《神州日报》社社长。张
伯烈是立宪派人士,曾任粤汉川铁路公司总理、河南提学使。民社还有一
个很大的阵营,就是 24 位创社发起人:黎元洪、蓝天蔚、谭延闿、王正廷、
王鸿猷、李登辉、孙武、朱瑞、张振武、吴稚晖、杨曾蔚、刘成禺、项骧、
宁调元、孙发绪、周恢、张伯烈、汪彭年、高正中、朱立刚、徐伟、高彤墀、
郭健霄、何震。

　　民社及后来的共和党、进步党,给同盟会及后来的国民党造成了很大
麻烦,一些人因此而对黄兴没有用孙武大加指责。章太炎在 1913 年写给

上海国民党的信中说："昔之弟兄，今为仇敌。致令奸人乘间，坐拥高权，天下汹汹，徒以黄克强、孙尧卿二公之反目耳，衅隙已成，弥缝无术。"这种批评看似有理，实则大误。如果让孙武把这种争斗带进南京临时政府，岂不是更加糟糕！还有一点要说明的是，在南京临时政府的 20 位正、副总统和正、副部长中，共有 4 位湖北人士：黎元洪（副总统）、居正（内务次长）、蒋作宾（陆军次长）、汤芗铭（海军次长）。还要安排多少职务才能突出武昌首义的地位？孙武在湖北内部都不是公认的首义诸将的首席代表，为什么非得由黄兴来认定？

二、"三武"会合，编军八镇

南京失意后，孙武进一步加强湖北军政府军务部的权力，并进一步扩军。

孙武将军务部编制扩大，原来的科都改为局，即设人事、军事、军学、军医、经理、总务六局，另外还成立了兵站、陆军第一医院、第二医院、马鞍厂、军械库、器材库等机构。

1912 年 2 月，蒋翊武来到军务部就职，与张振武同任副部长。武昌起义以来，蒋翊武一直远离孙武和军务部。此时进入军务部，主要是为了准备北伐。孙武能够接纳蒋为军务部副部长，主要也是因为此时外省军队大批来鄂，其中湘籍将领又多，需要蒋翊武前来帮助处理。还有可能是孙武觉察到反对他的人很多，需要蒋翊武的帮助。此外，孙武、张振武赴上海后，军务部由蔡济民与同盟会员夏道南共同主持，发生了一些新变化，如文学社会员王宪章、王文锦二人进入了军务部任参议，孙武也不得不接受这种变化。于是，在辛亥革命历史上有名的"三武"，终于在湖北军政府军务部会合，主要是由于准备北伐，军务部又有了几分武昌起义前夕革命党人联合的气象。

孙武赴沪前后，黎元洪、吴兆麟及军务部，对鄂军进行一番整编，在协之上设置了防区、支队等相当于镇的建制。在此基础上，孙武返汉后重组鄂军，将原来的8协扩编为8镇。各镇、协主官为：

第一镇统制唐克明，第一协统领石星川，第二协统领刘炳福；

第二镇统制张廷辅，第三协统领夏占奎，第四协统领王华国；

第三镇统制窦秉钧，第五协统领熊秉坤，第六协统领杨载雄；

第四镇统制邓玉麟，第七协统领蔡汉卿，第八协统领马骥云；

第五镇统制吴兆麟，第九协统领刘佐龙，第十协统领胡廷佐；

第六镇统制王安澜，第十一协统领李锦镛，第十二协统领张厚德；

第七镇统制唐牺支，第十三协统领萧国宝，第十四协统领喻洪启；

第八镇统制季雨霖，第十五协统领阙龙，第十六协统领樊之淦；

另编近卫军1镇，镇统高尚志，第二协统领黄申芗。

新编8镇与近卫军的镇、协两级主官中，有张廷辅、邓玉麟、唐牺支、季雨霖、高尚志5名镇统是革命党人，熊秉坤、王华国、蔡汉卿、黄申芗等协统是革命党人，其中，张廷辅、唐牺支、王华国还是文学社会员，其他主官绝大多数都是武昌起义以来的有功人员，这表明，革命党人基本掌握军队的大势此时尚未改变。

新编8镇有一个影响深远的重大变化，就是孙武重用了一批从上海带回的鄂籍旧军官，如第一镇统制唐克明，第一协统领石星川。唐克明为原新军第二十镇协统，石星川为该镇标统，二人都是陈宧任清末新军第二十镇统制时的部将。南京临时政府组建之际，他们也在南京求职。求职失败后，"均以孙（武）为奇货争迎之"。二人都没有对武昌起义和阳夏战争作什么贡献，如此重用，势必会引起很大的不满。更为严重的是，二人的政治立场都有问题。后来，唐克明投靠北洋军阀，并被吴醒汉在呈孙中山电中指控为杀害蔡济民的凶手。石星川成为日伪时期的汉口市市长，是湖北"四大汉奸"之一。孙武偏爱这样的旧军官，让革命党人对他不能不深为担忧。

三、遭遇兵变，"三武"进京

1912年2月12日，清帝逊位。次日，袁世凯通电赞成共和。15日，袁世凯被选为临时大总统，黎元洪继续被选为临时副总统。

随着"南北一家"的实现，武汉地区长期积累的内部矛盾终于爆发。

黄申芗，湖北共进会在军队发展成员的元勋，曾代理主持共进会六七个月。在他主持会务期间，已经登记在名册上的军界共进会会员，在营者1150余人，出差者200余人。对此，孙武于1911年5月在共进会、文学社第一次商议联合的会议上说："黄申芗、林兆栋等以陆军特别小学堂为基础，向部队中发展。黄申芗、林兆栋目下虽离开军队，但大部分同志还在继续进行革命工作。据初步估计，人数超过文学社。"黄申芗因准备响应长沙饥民暴动事泄而逃，武昌起义后回汉参加革命。先是在招待所住了十多天，后出任第十四标标统，率部参加汉阳保卫战，因功升为第八协协统。扩编后仍是协统，让他感到不愉快。

孙武原来十分倚重黄申芗，如1911年春，居正、谭人凤"询孙武谋鄂响应广东事"。孙武说："必须查光佛、黄申芗等来汉，始有办法。"随着地位的变化，孙武对这位老朋友就不太理睬了。黄申芗接到任命后，按当时的规定，前往军务部向孙武报到并表示感谢。当时，孙武正在洗脚，黄进来后，孙武没有打招呼，也没示意黄坐，连身子也没有动一下。慢慢地洗完脚，让勤务兵端走洗脚水，然后才冷漠地说："你来了，接到委札没有？"看到黄申芗有不满之意，孙武又道："协统不小呀，你好生地干，听着没有？"黄申芗强忍怒火，不辞而去，见人就说："尧卿得意忘形，连老朋友也不认识，我非打倒他不可！"

各种对孙武不满的人士很多，其中形成团体的主要有：以向海潜为首的群英会，王文锦、王国栋领导的毕血会，武昌起义以后从四川返鄂的鄂军教导团，起义老兵组成的将校团，以及义勇团、学生军等士兵组织。

黎元洪唯恐天下不乱，凡是有人向他倾诉不平之事，他都说这是孙武所为，他只是代孙武盖个章，与他没有关系。有时还推波助澜地说，这件事孙武本来就不对。黎元洪的这种态度及后来发生的众多奇怪事情，让不少人认为黎元洪是倒孙武的主谋。

由于背景复杂，各种反孙派的动机很不一样。有的是出于对孙武勾结黎元洪植党营私、打击革命党人不满；有的是因为被置之闲散；有的是因为伤残未得到应有的抚恤；有的是对军务部专权不满；也有的是因个人权位未得到满足而郁郁不得志；还有的可能是被黎元洪利用。

对于倒孙风潮，孙武有所察觉，于 2 月 5 日请求辞职。被挽留后，他又以军务部长的名义与副部长蒋翊武联合发出布告："近月以来，流言蜂起，争权利，挟意气，怀疑诈，树党援，第二次革命之风潮几于昌言不讳，试问此等无意识之举动为公乎？为私乎？其推倒异族乎？抑自残同类乎？"这种指控，加快了湖北省"二次革命"的到来。

1912 年 2 月 27 日晚，向海潜开枪发出行动信号，各路人马臂缠白布袖章作为标志，分头出动。参与行动的主要有：黄申芗所属的近卫军近2000 人，将校团 3000 余人，毕血会 1800 余人，学生军近 2000 人，还有教导团、义勇团等，总数通常笼统地称为数千，也有人认为不少于 1 万。起事士兵一路高呼"打倒孙武""改良政治""改组军务部"等口号，一路鸣枪示警，很快就控制了武昌全城和都督府，以及军务、财政等各部，造币、官钱各局等重要目标。

这次行动的主要目标是抓捕孙武、高尚志、邓玉麟三人，但三人都不见踪影。后来得知，第七协统领蔡汉卿在行动前，托词将孙武等三人请到汉口。由于蔡汉卿在革命党人纷纷落难时继续受到黎元洪重用，他的这一神秘行为，让"群英会事件"更为扑朔迷离。

这次风潮总体上并无暴力行动，但有第二镇统制张廷辅在制止士兵行动时被误杀或被仇杀。张廷辅是文学社重要干部，他的意外遇难是革命党人的重大损失。

除了意外事故和军人到处警戒外，武昌城一如往常。陈孝芬回忆说，28日早晨，他像往常一样从山后的福寿庵到理财部办公，走到南楼时，有两个袖缠白布的士兵，叫他摘下眼镜，脱下皮靴，对他进行了一番检查。走进办公室后，他同部中一些高级职员围炉取暖。这时，李作栋部长匆匆跑来，让陈孝芬与他一起出去，说是黄申芗赶走了孙武，还扣押了孙武的家眷。李、陈二人急忙前往孙武在武昌大朝街的寓所，看到查抄出的"箱笼堆积如山"，孙武的家眷被关在一间小房子里，黄申芗站在大厅中间。李、陈对黄申芗说，孙武犯了什么罪？你为什么要累及他的家眷？黄听后，立刻令士兵释放了孙的妻儿，财物一一归还。

孙武得知事变后，拟调兵镇压，但无兵可调。后经汉口富商蔡辅卿、李紫云调停，孙武提出三个辞职条件：一、拥护黎都督，不得变更；二、变兵各归营地，不得滋扰；三、商场复市。各方很快同意。28日下午4时许，武汉地区一切恢复正常。随后，黄申芗被派送出国留学，其他人暂时没有受到追查，各部队以维持秩序有功得到表彰，"群英会事件"和平解决。

孙武在辞职声明中，对"挟资致富""任用私人"等指控，一一怒斥为"不实"。并满怀怨恨地说："武家富巨万，自运动革命后，东奔流西，家产荡然。残炸余生，力疾从公；起义反正，虽然无功，但亦无罪，突遭身家之祸，为之心寒齿冷矣。武为桑梓计，宁忍辱负痛，念切偷生，凡可以顾全大局一分，即始终尽一分之力，断不稍逞意气，涂炭生灵。使天下后世诟病。……今后入山，谢绝世事。一纸宣言，长此行矣。"

孙武的问题很多，但他毕竟是一个倾家荡产、九死一生从事革命的人，就如孙中山在调解倒孙风潮的致电中所说，"该部长于起义之时，不为无功，请同志尤宜格外原谅"。孙武还是湖北革命党人中最善于掌握权力的人，他的掌权，虽越来越不利于革命党人，但仍是对黎元洪的一种重要牵制。匆匆地将孙武赶下台，实际上是帮了黎元洪的忙，是黄申芗等革命党人的一大失误。

黄申芗倒孙的主观愿望，也值得肯定。黄申芗被张难先称为"为革命努力很久，对革命运动最有力者"。不论是此前的起义准备和阳夏战争，还是此后的二次革命、护国运动、护法运动，他都不避艰险，无役不从。再后，他还成为抗日救亡运动中的著名人物，并成为中共秘密党员，于1934年成立诚社，做了大量而有成效的抗日救国统战工作。以他为代表的革命党人倒孙，虽目标不太准确，方式不太妥当，但的确是为了改变湖北政权越来越非革命化的趋势，是湖北革命党人一系列保护武昌起义成果活动的开端。

孙武下台后，仍以民社副社长、副总统府高等顾问等身份继续活动。蒋翊武、张振武、蔡济民、熊秉坤、季雨霖等人，仍掌握着较大的军权。黎元洪开始掌握较大实权，但仍然比较有限。

黎元洪任命原三十一标标统曾广大接替孙武的职务，受到军务司也就是原军务部的抵制，曾广大无法上任。三天后，黎元洪只好任命蔡济民为军务司司长。后来，黎元洪在都督府内设置军务、军需、军医、军法四科，夺走原军务部的各种主要权力，军务司成了都督府的办事机构。这种演变表明，推翻一个孙武容易，造就一个孙武则很难。

1912年4月至5月，北京临时政府参谋次长陈宧来到武汉，考察一番后对黎元洪说，"三武"不去，则副总统无权。他还分析说，这几个人都是从底层起来的，本来只是些小军官、小学教员，地位很低，请大总统召他们去北京，给予高官厚禄，对副总统非常有利。经陈宦疏通好后，袁世凯于5月至6月先后召"三武"进京，一律授予总统府军事顾问官的虚衔。孙武还被授予陆军中将加上将衔，1912年10月，又被授予勋二位，义威将军。1924年，李赐生的父亲李汉卿去世时，孙武以"陆军步兵中将，勋二位，一等大授宝光章，义威将军"的名义致挽联："有子佐革命，革命成功，功成身退；乃翁本基督，基督博爱，爱博人寰。"

孙武、蒋翊武、张振武"三武"进京，黎元洪基本控制了湖北政权，武昌起义的成果基本丧失。

四、党争与血案

武汉民社于1912年1月16日宣布成立后，没有多少活动，也没有成立什么机构。

孙武下台后，联络黎元洪等152人为发起人，重建武汉民社。于3月31日在汉口大舞台召开武汉民社成立大会。武汉民社推举黎元洪为社长，孙武为副社长，孙发绪为评议长，丁立中为总干事，会址设汉口一码头下湖南街。创机关报《强国公报》，馆址在汉口白布街笃安里，设分馆于武昌大朝街全善堂。

当时的政党社团，多如牛毛。仅上海、苏州、南京、广州、武汉、北京、天津7个城市被史家统计的就有386个，其中武汉45个，在七大城市中居第5位，次于上海（131）、北京（66）、广州（53）、天津（46）。这些政党社团，绝大多数徒有其名，人们讥讽道："五党六党，三宅三俊，二五比偶竞分门。"相对而言，民社不但有副总统挂帅的声势，而且有雄厚的财力。张振武在一封给孙武的信中说："兄在民社耗去公款十余万，账目不清。社员促弟与兄核算。兄再推诿，必受社员全体之攻击。"有了这种财力、政治影响力，再加上孙武等人的活动能力，武汉民社成立后，事实上成为全国民社的中心。全国民社号称发展至"十余省，党员过万人"，与同盟会共同成为全国实力最强的两大政党，在北京临时参议院的地位仅次于同盟会。

民社实力雄厚，吸引了一些政党，他们派代表籍忠寅、周大烈、陈敬第等人前来武汉与黎元洪、孙武协商联合之事，黎、孙派孙发绪为代表与他们共同去上海进一步协商。达成协议后，民社、统一党、国民协进会、民国公会、国民党五个团体决定联合组建共和党。1912 年 5 月 9 日，共和党成立大会在上海张园举行，出席者一千余人，公推张謇为临时主席。大会选举黎元洪为理事长，张謇、章炳麟、伍廷芳、那彦图为理事，暂以上海为临时本部。共和党成立后，武汉民社改称为共和党鄂支部，孙武任支部部长。

在武汉民社活跃之时，文学社也改组为同盟会鄂支部，继而改组为国民党鄂支部。原共进会与文学社的矛盾，在新的背景下更加复杂。

1912 年 7 月初，黎元洪解除原文学社副社长、军务部参议、第二镇统制王宪章，同盟会鄂支部总务干事、湖北军政府秘书长杨玉如，原四十二标革命党人代表、警察学校监学祝制六三人的军政职务。王、杨被迫离汉去了上海，祝制六则偷偷地留在了武汉，组织了一个改良政治团，提出了改组都督府的要求。

7 月 17 日，黎元洪出动大批军警大肆搜捕，在汉口大公宾馆将祝制六捕获，在押解祝的途中，刚渡江到武昌汉阳门码头，即悍然将祝制六杀害。先期捕获的同盟会会员江光国、滕亚纲也在狱中被杀。

由于黎元洪故作神秘，有关祝案的各种传言纷起。其中的一种说法是：孙武出钱指使祝等成立机关，掌握证据后，又指使李忠义告发，并试图以此扩大事端，将同盟会湖北支部，也就是原文学社一网打尽。这种传言流行时，孙发绪对孙武说，张振武要我来通知你，居正、蒋翊武等人认为祝等三人被杀是你主使的，准备"兴问罪之师"，请你"暂避其锋"。

孙武大怒且恐，于 7 月 19 日写信给黎元洪说：现在有人扬言乱党事情败露，是我主使的，因此扬言要杀灭我的全家。我本来只是一个平民，对于地方，即使没有保全的责任，也有维持的义务。乱党既然不能容我继续活下去，我也只有出死力抵抗乱党。我的存在是国家的福分，我的死亡是国家的祸殃。为此，恳求副总统尽快将所杀乱党的罪状宣布，通告全国，以免主持这次事变的同盟会，抢先发表声明，污蔑我湖北，以此污蔑我副总统。

这封信又不知通过什么渠道传到了同盟会湖北支部，该支部立即发表公开信对孙武进行责问：你本来也是同盟会会员，自从你组织了民社，和我们就断绝了关系。"合则留，不合则去，英雄本色，磊磊落落，各行其志，原不能相强。"但你应该"以国利民福为前提"，堂堂正正地活动，为什么鬼鬼祟祟，倾陷异己？你写信给副总统，任意污蔑，说这次事变是本会主持的，不知道你是根据什么说这样的话？蒋翊武也接着致信孙武，对其进行了类似的谴责。

另一种说法是祝等三人之死，是张振武指使的。这种说法被说成是出自孙武，是孙武在唐克明、杜锡钧、蔡汉卿三人面前及都督府内说的。高固群为此前去询问孙武，孙武致信给张振武说，没有这回事，我们两人没有什么不好的关系，我何必进行这种离间呢？你与此三人亦无夙愿，又怎么要杀他们呢？

张振武复信给孙武说，其他关于你的传说，我将信将疑，你在唐克明、杜锡钧、蔡汉卿面前及都督府内说我是杀害祝、江、滕三人的主使，"确有证据"，是都督府中多人告诉我的。如果真的没有这样的事，你愿意与我友好相处，那是我的福气。张振武还说，他并没请孙发绪来通知孙武什么，也不知道有没有居正、蒋翊武欲"兴问罪之师"这样的事，同时还说，

文学社社员祝制六

祝等三人，与他"素无交涉"，他们的被杀是否由孙武主使，"自有公论"，不必向他解释。孙武向他说这三个人的事，"尤觉多费心思"。

从这些资料看，孙发绪在祝案过程中编造并传播了一系列挑拨"三武"关系的流言。

孙发绪是武昌起义期间安徽巡抚朱家宝派来湖北与黎元洪联系的秘密代表，深得黎元洪信任，北洋时期先后任山东省省长、山西省省长。在武汉期间，玩弄了很多阴谋诡计。例如，在一次将校集会的宴席上，孙发绪说，南京临时政府要"以湖北矿产及赋税抵外债"。孙武听后很气愤，当场就号召众人以湖北名义集体通电反对。杨玉如听后，拍案而起，怒斥说："余适从南京来，未有所闻，孙发绪所言纯属捏造，意存挑拨，民国初建，安忍出此？即非敌人，亦属别有用心，吾不签字，谁敢代表湖北！"与会者鼓掌不息，群呼："打倒汉奸孙发绪！"黎元洪急令孙发绪退出。

在孙发绪等阴谋家的挑拨下，黎元洪不经任何司法程序擅自处死祝制六等三人而无人严责，原革命党人内部则为此案闹得沸沸扬扬，旧怨未了，又添新恨。

祝制六是文学社重要干部，汉阳光复和攻占汉阳兵工厂的重要功臣，他的死无人关心，让黎元洪对首义功臣不再有什么顾忌，并瞄准了一个更大的目标——张振武。

"三武"进京当顾问后，孙、蒋均接受这种安排，张振武却不愿意这样虚度光阴，向袁世凯要了一个边疆屯垦使的职务，然后回汉，招兵买马，准备建军一镇去屯边。黎元洪唯恐张以屯边为名，行谋鄂之实，再次将张骗去北京，然后密电袁世凯，指控张"蛊惑军士，勾结土匪，破坏共和，倡谋不轨……显露逆谋，图翻全局"，请袁将张"严饬查拿，按军法惩办"。

8月15日晚上10时左右，刚刚在北京六国饭店大宴京鄂要人的张振武与方维，在返回住处的途中被捕。方维为原第三十标第三营革命党总代表，武昌起义后任军令部参议，时为张振武的基干部队将校团团长。

张、方被捕后，与张同行的时功玖立即与孙武等人联络。孙武、邓玉麟、刘成禺、张伯烈等人连夜抢救，于16日凌晨3时赶到军政执法处。执法处总长陆建章说，张、方二人已于两个小时前行刑。众人惊骇异常。早8时，孙武等人又赶到总统府质问，袁世凯亲自接见，对他们说："这件事我很抱歉，但经过情形诸君当已明了。我是根据黎副总统的来电办理。我明知道对不住湖北人，天下人必会骂我，但我无法救他的命。"孙武等人只好愤愤退出。事后，孙武致电黎元洪说："夫事不见于南而见于北，振武则死非其地。将与之合，偏与之离，武何堪会逢其时！且未昭信谳，轻置法典，何以执天下之口，适足寒志士之心。"

张振武之死不过是在报纸和议会上引发一番怒潮，黎元洪更加肆无忌惮。随后，黎元洪大开杀戒，血腥镇压南湖马队事件、改进团事件，大批地屠杀革命党人，被杀者在千人以上，其中包括宁调元、熊越山等著名革命党人。季雨霖、熊秉坤等著名革命党人也被公开通缉，季、熊二人的赏格分别为 10 万和 5 万元。这种血腥镇压，远远超出了历任湖广总督对革命党人的镇压，"泥菩萨"变为"黎屠户"。其他方面，毕血会解散，鄂军教导团、将校团退伍，军队先是缩编为三个师，以唐克明、王安澜、蔡汉卿为师长。最后只剩下一个师，以石星川为师长。理财部部长李作栋等文职革命党人也纷纷离开军政府。武昌起义的成果荡然无存，辛亥革命在湖北彻底失败。

一番愤怒和沮丧后，孙武与共和党继续拥护袁世凯和黎元洪。在其后的国会选举中，共和党大战国民党，在湖北省的众议院 26 席中，夺得 17 席，国民党得 9 席；参议院 10 席中夺得 4 席，国民党得 6 席。另一种说法是，由于湖北的国会选举一团混乱，共和党与国民党最后只好平分席位了事。

在全国，国民党在参众两院 841 席中占 392 席，为第一大党，共和党仍是第二大党，一度统计为得了 240 余席，最终结果又只是与民主党、统一党共获 223 席。为了加强与国民党的抗衡，戊戌维新领袖梁启超在袁世凯的授意下亲自出马，将共和、民主、统一三党合组为进步党。

1913 年 4 月 16 日，三党联谊会在北京举行，孙武到会，并与梁启超、汤化龙等要人共同在会上发表演说。

5 月 29 日，三党全体在京党员大会召开，宣布进步党正式成立。选举黎元洪为理事长，梁启超、张謇、伍廷芳、孙武、那彦图、汤化龙、王赓、蒲殿俊、王印川九人为理事。阿穆尔灵圭、张绍曾、冯国璋、周自齐、熊希龄、阎锡山、胡景伊、尹昌衡、蔡锷、朱瑞、唐继尧、陆荣廷、张镇芳、杨增新、张凤翙、程德全、陈国祥、徐勤、庄蕴宽、汪大燮、陈昭常、齐耀琳、陈炯明等人为名誉理事。在以孙中山、黄兴为代表的革命派大聚集时，孙武总是缺席，这一次，孙武终于与一大批全国知名人士站在一起了，而且地位显赫，达到了孙武人生的顶峰。

1913 年 7 月 12 日，孙中山、黄兴正式发动"二次革命"。这时，湖北的"二次革命"已经提前被黎元洪镇压。北洋军大批南下，除武汉三镇外，德安、孝感、黄州、新州、田家镇、兴国、新堤、荆州、宜昌、襄阳、郧阳等地都有北洋军驻扎，首义之区沦为北洋军南下镇压革命的前沿阵地。在强敌的镇压下，"二次革命"于 9 月 12 日失败。

1913 年 10 月 19 日，黎元洪喜气洋洋地大过五十寿辰。各省都派人前来祝贺，袁世凯派梁士诒为专使前来祝寿。在袁世凯赠送的礼物中，一个镶满钻石的香烟盒价值逾万，众人啧啧称奇。孙武负责接待，与四方名流接洽甚欢。此时，孙中山、黄兴等革命党人再次过上了流亡生活。蒋翊武于 1913 年 10 月 9 日被陆荣廷枪杀于桂林丽泽门外。

孙中山、黄兴为代表的革命势力被镇压后，黎元洪这股相对独立的势力不再需要。1913 年 12 月 8 日，黎元洪赴京任副总统职，孙武、饶汉祥随行。黎元洪赴京后，再次成为"泥菩萨"。孙武的政治生涯，至此基本结束。

五、亦政亦商，皈依佛门

在孙武辞去军务部部长职务时，汉口绅商请他牵头承租湖北布、麻、纱、丝四局。

四局是张之洞创办的著名洋务企业，史称湖北官纺四局。此前的原承租方为以张謇为首的江浙财团，1911 年由原湖广总督瑞澂发租。武昌起义期间，承办经理逃走，官纺四局停工。局势稳定后，张謇的承租权受到挑战，各方为四局的承租权展开了激烈争夺。汉口商界想利用孙武的政治影响来取得这一承租权，但是，最终的获胜者是 1906 年就与黎元洪结为兄弟并为兄长的湖北官钱局总办徐荣廷。以徐荣廷为董事长的楚兴公司，于 1913 年 2 月开始承租四局，租期 10 年，年租银初为 12 万两，1914 年增加了

8000 两。其后不足 10 年，楚兴公司获利 1400 余万两，让各方大开眼界。

以此为契机，孙武走上了亦政亦商的道路。

1913 年，孙武为首的将军团，在汉口花楼街建成武汉地区第一栋高楼——汉口大旅馆。楼内设有戏院、茶座、弹子房、西菜馆等，并装有武汉地区的第一部电梯。建成后名噪一时，有人编写《汉口竹枝词》说："楼外楼高第五层，不需烦跨自升腾。诸君放胆云霄去，牢系天梯有玉绳。"孙武的办事才能，在商场上得到体现。

1922 年，北洋军吴佩孚部将领萧耀南督鄂，他吸取前任王占元被湖北人联合湘军推翻的教训，同时也为了加强对王占元旧部的控制，对湖北首义将领及赋闲军人均给予厚待，孙武先后出任汉口地亩清查督办、湖北官矿督办、湖北地亩清查督办等职。

汉口北部曾经有一个为水域的后湖，一到雨季汛期，后湖的洪水就向汉口奔泻。1904 年，张之洞延聘外国专家设计，耗资百余万两银子，建成了全长 34 华里的后湖大堤。大堤建成后，"涸出土地十万余亩"。1909 年，当局计划在此建立新城区，时逢末世，"各事均难筹措"，成效不大。孙武出任汉口地亩清查督办后，在汉口成立庞大机构，倡导在后湖地区建造可与"租界区媲美"的市区，成为"汉口市区之模范"。其后，孙武鼓励私人投资，先后修建了丹凤街、华商街、吉庆街、铭新街、泰宁街、保成路、雄伟路（南京路北段）、汇通路、云樵路（黄石路）、瑞祥路、交易街等道路，将道路两侧的土地出售给商贾、市民建造房屋，形成了汉口有规划设想的新辟市区。孙武的事业，再度辉煌。

1926 年 9 月，北伐军占领武汉。国民政府随后从广州迁到了武汉，武汉一时成为国民革命运动的中心。孙武的官位被取消，一些资产也被作为"逆产"没收，"模范区"建设的投资绝大多数尚未收回，很多人亏损不少。孙武在政治上和经济上都被彻底打垮，黯然北上，在北京皈依佛门。

其后成立的南京国民政府肯定孙武对武昌起义所作的贡献，于1935年4月3日授予他二级上将称号。

1935年12月，殷汝耕在华北成立汉奸政权"冀东防共自治政府"，试图拉孙武下水，遭到孙武坚决拒绝。

六、怀念革命

自1912年1月成立民社后，孙武一步一步地离别革命，但他始终以参加武昌起义为最大骄傲，并重视收集、整理和保存武昌起义的史料。

南北和议后，孙武、张振武、邓玉麟、谢石钦等14人联名呈请中华民国临时副总统兼湖北都督黎元洪成立中华民国开国实录馆，后由黎元洪亲信饶汉祥建议，改为湖北革命实录馆。1912年6月16日，湖北革命实录馆成立于汉口英租界普海春番菜馆。

实录馆负责收集辛亥革命史料、编纂辛亥革命史，由原湖北共进会秘书长谢石钦任馆长，原湖北军政府教育部长苏成章任副馆长，配有总纂、编修、文牍、典守等共二十余人。实录馆共收集到战事日记、革命团体和机关的历史沿革、办事章则、大事记、革命党人事略等多种档案史料五百余件，编出《湖北革命实录长编》，分订为八册。

孙武直接参与了实录馆的部分工作，如由湖北革命实录馆保留下来的资料整理的《武昌起义档案资料选编》（中卷），注明"孙武介绍"的个人自述，有平福胜、刘玉堂、刘运达、刘炳、汪锡玖、沈洪斌、李逢春、钟雨亭8人。实录馆收集的个人自述并不要求有人介绍，孙武做这些人的事迹介绍人，表明他不希望朋友们的革命事迹被湮没，也是对更为完整地保存武昌起义历史资料的一种负责。

1913年8月27日，黎元洪以"从前革命伟人附和乱党颇多"为由，下令关闭湖北革命实录馆。但现存实录馆所藏资料中，仍保留了稍后的一些资料，如杨载雄的《陆军上将蒋公翊武事略》中写道，蒋被捕后，陆荣廷"不敢冒昧，电袁世凯请示，世凯令电问黎元洪。元洪忍心，竟令荣廷杀之。蒋公遂就义矣"。蒋翊武牺牲于 1913 年 10 月 9 日，这段记载表明，实录馆被下令关闭后，仍继续工作了一段时期，或者是谢石钦等个人又继续接收了一些资料。

孙武无法制止黎元洪关闭湖北革命实录馆，但对整理辛亥革命史料念念不忘。1922 年 8 月，见督鄂的萧耀南善待首义人士，又呈请成立"武昌首义实录编纂处"。萧耀南不敢冒此风险，此呈就以"备查"了事。

1937 年，不问世事已久的孙武面对炮火纷飞的抗日战争，又怀念起辛亥革命来。他在北京寓所，执笔撰写了《武昌革命真相》一文。全文六七千字，写完后由孙武秘书张汉仆用孙武第六子孙季平习字的本子抄写了一遍。此抄件由孙武的女儿孙笃芹精心保管，后由朱纯超发现，整理发表在《华中师院学报》1982 年第 5 期，成为首义主谋人物唯一留下的文稿，为辛亥革命史的研究提供了珍贵的第一手资料。

《武昌革命真相》远溯自自立军起义，下截至 1911 年 10 月 18 日。全文分为两部分，第一部分按时间叙述，第二部分分析成功的原因并介绍有关资料，断断续续，还有一些眉批，是一个尚在审阅与继续构思中的稿件。不知是什么原因没有让孙武将此稿完成，身体不好、心情不好无疑是重要原因。如他在稿件中说，文学社"分子尽散漫，六七十人概系营学生与兵士无大感情"。甚至还说蔡济民、聂豫等人是"投机革命党"。这些严重背离"真相"的说法，表明孙武对文学社及一些革命党人余恨未消，因而也让他无法面对"武昌革命真相"。

1939 年 11 月 10 日，孙武在北京拈花寺（一说是北京史家胡同 22 号寓所）去世。其子孙侣凡回忆说："家父病中，我们随侍在侧。死时很清楚，遗嘱家人：慎勿从政！"

孙武共有四子三女，四子为孙刚、孙侣凡、孙叔良、孙季平，三女一为孙笤芹，其他二人名字不详。

1941 年 9 月，国民政府在重庆对孙武与刘公共同颁发了一道褒扬令，全文如下：

> 先烈刘公、孙武，早岁著籍同盟，效忠革命，奔走联络，备历艰险。辛亥武昌首义，共谋发动，得力尤多。嗣或赞诩护法，积劳致疾（指刘公）；或息影沪汉，忧国弥殷（指孙武），先后赍志以殁。追怀往绩，良深轸悼，应予明令褒扬，以阐幽潜而昭矜式。此令。

孙武去世后，其灵柩先存于北京嘉兴寺，两年后浅葬在北京拈花寺菜园。中华人民共和国成立后，孙武长子孙刚求助于武昌起义的参加者董必武。时任政务院副总理的董必武于 1953 年 1 月 28 日亲笔致信北京市委书记、北京市市长彭真。在董必武、彭真的关心下，孙武迁葬于北京东郊人民公墓。1981 年，再由武汉市政府主持，迁葬于武昌伏虎山辛亥首义烈士公墓内，墓前立碑，上刻"孙武先生之墓"，墓地护以 1 米高方形围墙。

孙武一生，始终以爱国、强国为基本宗旨，以"奉以实心，行以实事"为主要特征，是一个干实事、干大事，并且干成了实事、大事的人，对武昌首义作出了重大贡献，对武汉的城市建设也有一定贡献，但其可让人们批评之处甚多。其功绩要充分肯定，其经验教训，值得后人深思。

孙武年谱简编

1879 年 （1 岁）

11 月 8 日（农历九月二十五日）出生于湖北汉阳柏泉孙湾（今属武汉市东西湖区）

1896 年 （18 岁）

考入湖北武备学堂。1897 年农历正月入学。

1898 年 （20 岁）

在武备学堂被选拔为官费赴日本留学，因母亲反对放弃。

1900 年 （22 岁）

湖北武备学堂毕业，出任湖南新军教练、武威营队官。

参加唐才常自立军起义，被举为岳州司令。事败，匿居乡间，后流亡两广。

1904 年 （26 岁）

加入武昌革命团体科学补习所，负责运动军队、会党。10 月，科学补习所被破坏，再次逃亡。

1905 年 （27 岁）

留学日本，为抗议《取缔清国留日学生规则》，停学回国。

1906 年 （28 岁）

2 月，在武昌昙华林高家巷圣约瑟礼拜堂（即现在崇福山街 41 号）参加日知会成立大会，在会上发表"激烈之演说"。后在日知会负责与日本东京和长江各埠联系，并在上海、武汉等地倡办"中国民信""江汉公学"及"师范传习所"等团体。

1907 年　（29 岁）

农历正月十四日，因日知会遭破坏，家被军警抄查，妻弟李星如被捕，孙武因匿居在存仁巷其姐夫刘燮卿家而获免。

下半年，与季雨霖、李德安、周复生等前往东北投奔吴禄贞。在海城、延吉等地结识绿林人士黄子扬、杨三疤子、杨二虎。在延吉与吴禄贞相会。稍后前往海参崴。

1908 年　（30 岁）

春，在珲春江湖首领刘弹子资助下再次前往日本。在焦达峰推荐下出任共进会军事部部长。参加大森体育会组织军事训练，主要学习制造炸弹。

5 月至 6 月，从日本东京前往云南河口，拟增援黄兴领导的河口起义，到达香港时得知河口起义失败，返回日本。

年底，在 11 月光绪皇帝与慈禧太后先后死去后回国。

1909 年　（31 岁）

年初，回到汉口汉昌里家中，发展刘玉堂、丁立中、汪性唐、钟雨亭、刘燮卿、李白贞、吴肖韩等首批湖北共进会员。在焦达峰、刘玉堂等人的协助下，计划将湖北地区的会党按军队编制整编为五个镇（师）。以刘公为大都督，刘英为副都督，孙武为参谋长。后与黄申芗取得联络，通过黄发展"军中同志，计各标、营充至五百人"。

9 月，因会党局部暴动和共进会推举的广东大都督熊越山相邀，偕潘善伯和吴肖韩夫妇前往广东。

年底，在香港经洪承点介绍、冯自由主盟加入同盟会。

1910 年　（32 岁）

6 月，回到汉口。其后，湖北共进会活动重心从会党转向军队。

1911 年　（33 岁）

2 月，与黄兴委托前来武汉联络的谭人凤商议响应广州起义事宜。

3 月，共进会在武昌设立黄土岭同兴酒楼、胭脂巷 11 号等重要机关，孙武常住分水岭 7 号，指挥组织重心从汉口转移到武昌。

5 月 3 日，与焦达峰等两湖志士聚集武昌雄楚楼 10 号刘公寓所，决定两湖首先发动。

5 月 11 日，共进会和文学社举行第一次最高领导人的会晤。参加者共进会为孙武、邓玉麟、高尚志、杨玉如，文学社为蒋翊武、刘复基，地点在孙武的分水岭寓所。

9 月 24 日，武汉地区革命党人在胭脂巷 11 号举行联合大会。会议决定由蒋翊武任起义总指挥，孙武任参谋长。会议通过了起义计划，预设了湖北军政府，孙武被推为军务部部长。

10 月 9 日，下午，孙武在汉口俄租界宝善里 14 号（今楚善里 28 号）总机关制造炸弹时失事受伤，机关被破获，起义计划暴露。在汉口同仁医院委托邓玉麟去与蒋翊武、刘复基联系，于当晚发动起义。

10 月 10 日，在汉口德租界公和里 19 号机关分批派出人员赴武昌当晚发动起义，并委托邓玉麟为总代表。

10 月 25 日，伤初愈，就任湖北军政府军务部部长职务。修改汤化龙等人制定的《军政府暂行条例》，另行制定《中华民国鄂军政府改订暂行条例》。

10 月 28 日，黄兴到达武汉。其后，反对蒋翊武等人提出的推举黄兴为两湖大都督的建议，主张黄兴出任由黎元洪任命的战时总司令。

12 月 6 日，取消蒋翊武的代理战时总司令职务。

1912 年 （34 岁）

1 月 16 日，在武昌成立民社。20 日设总部于上海。

2 月 27 日，遭遇由黄申芗发起的倒孙兵变。次日辞去湖北军政府军务部部长职务。

6月，进京，被聘为总统府军事顾问，授予陆军中将加上将衔。

8月16日，凌晨3时，与邓玉麟、刘成禺、张伯烈等人赶到军政执法处，试图抢救张振武、方维，但张、方二人此时已经遇难。8时，与邓玉麟等前往总统府当面质问袁世凯。

1913年 （35岁）

5月29日，进步党成立。与梁启超、张謇、伍廷芳、那彦图、汤化龙、王赓、蒲殿俊、王印川共同当选为理事。

10月19日，在黎元洪五十寿辰上负责接待。

12月8日，黎元洪赴京任副总统职，孙武与饶汉祥随行。

年内，孙武为首的将军团，投资建成武汉地区第一栋高楼——汉口大旅馆，楼内装有武汉地区的第一部电梯。

1922年 （44岁）

萧耀南督鄂。在萧督鄂期间，孙武先后出任汉口地亩清查督办、湖北官矿督办、湖北地亩清查督办等职。汉口后湖地区在孙武主持下，初步建成有规划设想的新辟市区。

1926年 （48岁）

9月，北伐军占领武汉。随后，孙武的官位被取消，一些资产被作为"逆产"没收。黯然北上，在北京受比丘戒，皈依佛门。

1935年 （57岁）

4月3日，被南京国民政府授予二级上将称号。

12月，拒绝华北汉奸政权"冀东防共自治政府"的拉拢。

1937年 （59岁）

执笔撰写《武昌革命真相》。

1939年 （61岁）

11月10日，在北京病逝。

焦达峰

第一章

师从谭、唐

富家之子，大屋之婿

不学曾、左；要师谭、唐

"先从联络会党入手"

策划武昌起义的共进会领导人——焦达峰

一、富家之子，大屋之婿

焦达峰，号大鹏，字掬森，亦作鞠荪、鞠森，曾用名焦煜、左耀国等，1887年1月16日（农历丙戌年十二月二十七日）出生于湖南浏阳龙伏镇南岭村焦家桥（今达峰村）。

龙伏镇属浏阳北乡，与平江县毗邻，距县城50公里，在步行时代，属边远乡；但距省城长沙也只有70公里，又属相对开放和相对发达的地区。焦家桥地处长、浏、平古道，南来北往人多，消息灵通。

焦达峰的祖父焦添龄（1834—1920）壮年时在焦家桥开水烟店，家境日富，置有田产170余亩，并在南岭建新屋共40余间，上下两栋，内设私塾，称南岭新屋。焦达峰就出生在新宅前栋厢房，是焦家的长孙。由于经商开店，焦添龄听说过很多关于太平天国和浏阳会党的事情，对于太平军和浏阳会党深表同情。所以，他支持焦达峰加入会党，从事反清革命。1903年，焦达峰离家出走长沙，他误以为孙子是被儿子逼走的，痛斥儿子、儿媳。当焦达峰出国留学，他才恍然大悟，并慨然将自己的养老金拿出，资助焦达峰革命。

焦达峰父亲焦舜卿（1864—1928）为乡团总，焦氏族长。他幼年在家塾读书，壮年则在家塾教书，对清朝统治中国、大兴文字狱等，深为不满。1898 年，谭嗣同、唐才常等在湖南推行新政，在长沙成立南学会，焦舜卿前往参加。旋在浏阳发起成立南学分会——群萌学会及不缠足会，负责各乡宣传、发展事宜，并积极开拓公益事业。谭嗣同、唐才常先后殉难后，他不再公开谈论维新。

焦家重视教育，焦达峰及他的两个弟弟焦达人、焦达悌均有一番作为。焦达人生于 1891 年，随同兄长参加辛亥革命。民国初期公费入日本留学，其后参加护法运动、北伐战争、抗日战争，1942 病逝。焦达悌生于 1903 年，黄埔军校第一期毕业。1927 年任国民革命军总司令部侍从参谋，1928 年任国民革命军总司令部警卫第二团团长。1932 年任第八十八师二六五旅副旅长，参加淞沪抗战。全面抗战爆发后，曾任第九战区司令长官部少将高参兼长沙防空司令部参谋长等职。后参加湖南和平解放。

焦家当年的富裕与强盛，目前已经没有留下多少痕迹，焦达峰的妻子沈菁莪家族的气派，则保存在迄今仍在的沈家大屋之中。

沈家大屋位于龙伏镇新开村，其主体建筑始建于清同治四年（1865 年），由浏阳名厨沈抟九的六个儿子筹资兴建，六家名号分别为永庆堂、师竹堂、筠竹堂、三寿堂、德润堂、崇基堂。沈家大屋占地面积 13500 多平方米，建筑面积 8265 平方米，是一个完整的有 17 间厅堂、20 口天井天心、30 多条长短廊道、20 多栋楼房、200 余间大小房屋的建筑群。家业兴旺的年代，大屋曾一次宴客 300 桌。2005 年公布为长沙市文物保护单位。

沈家与官府关系密切，据族谱记载，有 4 人曾授封为"奉政大夫"，2 人为"奉直大夫"，官阶分别为正五品与从五品。"奉政大夫""奉直大夫"都是一些本身没有职权的文散官官名，但品级高于知县，有一定社会地位。沈氏族长、绥和团团总沈少白（1840—1911）六十大寿时，湖北巡抚谭继洵撰有八百余言的寿序，称其"禀性敏达，通晓时务，尤伏义趋公"，"为邑绅数十年，乡党咸信服之"，"邑有大兴作，邑侯必召其出为领袖"。沈家大屋永庆堂厅堂内也曾悬挂谭继洵书写的"桐第安荣"，还有翰林院进士邹建农、任贵正书写的"家国重光"等匾额。

沈菁莪的父亲沈寅谷（1861—1890）能诗会文，擅长书法，字体秀拔，县内外漆板金字匾额、对联、招牌等，多出其手。其母亲焦詹兰（1862—1930）是焦达峰的表姑妈，其父焦琴喈是参与修纂《浏阳县志》的名士，思想开明，支持维新运动。詹兰娘家住宅为保留至今的浏阳著名民居——位于龙伏镇焦桥村的山下屋场。始建于清初，焦琴喈当家时增修，今存槽门、大门、上下正厅、过亭、右侧横厅、晒楼、前院、后院及四火巷、四天井等，建筑面积约为两千平方米。

焦达峰与沈菁莪（1887—1930）青梅竹马。9岁时，达峰、菁莪对对子。达峰出对："菁莪眉翠。"菁莪对道："掬森手高。"掬森，达峰字也。这一童男童女的妙对，在当地流传至今。沈菁莪思想新潮，10岁时写过一首诗："人道何存溺女婴，呱呱坠地命归阴。世间多少不平事，女贱男尊最不平！"这显然是受了当时的维新运动影响。

1898年，长辈为焦达峰、沈菁莪约婚。喜悦之余，达峰提出，他不能娶包脚的女人为妻，长辈要成全我们，就不要给菁莪妹包脚。菁莪高兴地说："包脚受罪，不包才好呀！"菁莪母亲开明，就同意了。事情传开后，沈氏家族的守旧势力大加反对，族长沈少白和房长沈笏阶联袂登门问罪，百般指责菁莪，并威胁说："不包脚是无法无天，如不改正，就要召开家族会议按族规从事。"菁莪不屈，后在焦琴喈的调解、劝告下，沈少白等只好同意菁莪不裹足。此事在当地轰动一时，成为浏阳维新运动的一朵花絮。

焦达峰参加会党活动后，以沈笏阶为首的沈氏家族成员怕受连累，纷纷威胁沈菁莪退婚。他们说："焦达峰是乱臣贼子，能与他解除婚约，免受牵连，乃为上策。"菁莪不为所动，并大义凛然地予以拒绝说："表哥达峰，是有道德、有学问、有志气、有作为的血性男儿，说他是乱臣贼子，证据何在？说他杀人，决不可信。"后经黎尚姜、周海文向沈、焦双方家族疏通，分析利害，才平复风波。他们还主张及时举行婚礼，以转移视听，平息谣言，而安人心。

几经波折，1903年农历三月，沈菁莪与焦达峰终于结为患难夫妻。

焦达峰成为沈家大屋师竹堂姑爷，他当年的居室和宣传革命的场所——师竹堂正厅，至今仍保存完好。焦达峰穿着洋装，蓄着西式平头，提着留声机在沈家大屋宣传革命的场景，一直在当地传为美谈。

沈菁莪成为浏阳第一个天足新娘，开妇女放足的先声。菁莪结婚后，一面将娘家陪嫁的金银首饰悉数献出，资助达峰从事革命；一面又排除困难，投入长沙第一所女子学校——周南女校学习。

二、不学曾、左，要师谭、唐

焦家重视子女教育，焦达峰4岁就进入自家办的私塾读书。他聪慧异常，才思敏捷，9岁即能对联作诗。相传，其塾师黎尚姜出对："女子好。"达峰对曰："日月明。"黎尚姜大为赞许，并引申说，达峰有"兴汉灭清"的大志，日后可以成为协助周文王、周武王兴师灭纣的姜太公这样的人。这次对对并不奇妙，这样夸奖可以理解为有意引导。看来，童年与少年时代的焦达峰身边，不乏一心盼望清政府垮台的人。儿时，达峰还喜欢组织玩"打仗"的游戏，兵分两队，他所率的那队务求必胜，如果打输，他就要坚持再打。

1898 年，焦达峰入浏阳县立南台高等小学堂的南台书院学习。南台书院是湖南著名的县级书院之一，有学田五百亩，租八百余石，旧制为生监正附课各 12 名，童生正附课各 22 名。能入此书院读书并不简单。焦达峰任都督时，有人称他为高等小学堂学生，并不完全是歧视，而是有如称某人为秀才。

1895 年 8 月，谭嗣同、唐才常等维新志士在涂启先、刘人熙和欧阳中鹄三位颇有声望的浏阳学者绅耆支持下，创办了有湖南第一所新式学堂之称的浏阳算学馆（旧址现为浏阳一中生物科技馆），梁启超曾经评价说，自此，湖南"民智骤开，士气大昌"。

受此影响，南台书院开始向新式学堂过渡。于 1898 年开始设立史学、掌故、舆地等课程，时称"讲舍"。根据两湖总督张之洞"中体西用"的理论，"中为内学治身心，西为外学应世事"。南台书院分设"内学""外学"两科，其中，内课生 40 名，"习中学，兼治时务"；外课生 80 名，"治西文，必兼中学"。焦达峰分在哪一科不详，但他后来就读于日本东京东亚铁道学校，当为外课生。1902 年，南台书院正式改为县立高等小学堂，这一年，焦达峰正好从南台书院毕业。

受戊戌维新"强民力"思潮影响，湖南教育界其时开始出现重视体育的新风，再加上焦家有习武传统，焦达峰特别爱好体育。他经常练习跑步、跳高、跳远、爬山、打球等项目，擅长跑步与打球。他还师从本地武师江庇佑学习拳棒，练就一身过硬的武功。

这一时期，如果从 1895 年算至 1902 年，那就是焦达峰 8 至 15 岁的时期，也就是初谙世事之时。对于大人、老师、同学们议论谭、唐等人的维新变法和自立军起事活动，他倾耳细听。听到悲痛处，他就怒目大张，愤然站起。他还从海外流入的梁启超在日本主编的《清议报》等报刊上阅读有关谭嗣同、唐才常等人的文章，经常朗诵这样的诗句："前后谭唐殉公义，国民终古哭浏阳。"此诗为蔡锷在日本追思谭、唐时所作，该诗的后两句为："湖湘人杰消沉未，敢谕吾华尚足匡。"蔡锷所作的另一首相关的诗是："贼力何如民气坚，断头台上景怆然。可怜黄祖骄愚剧，鹦鹉洲前戮汉贤。""鹦鹉洲前戮汉贤"就是指张之洞在武汉杀害唐才常等自立军志士。

湘军镇压太平天国成功后，曾国藩、左宗棠、胡林翼、彭玉麟等人成为湖南诸学堂用来激励学子成才的典范。少年焦达峰对此不以为然，面对众多师生对曾、左、胡、彭等人的崇拜，他与众不同地说："胡、曾、左、彭自残同种，贻羞本省，何足称道！吾惟有从谭嗣同、唐才常之后耳。"曾、左、胡、彭等人对湖南士风影响很深、很大，俨然成为晚清湖南知识界的主流，不摆脱这种影响，连维新运动都难以开展，民主革命更无法起步。焦达峰断然抛弃这些旧旗帜，改树谭嗣同、唐才常这种新旗帜，对他的人生具有转折性意义，也具有时代意义。由于他喜欢谈论谭嗣同、唐才常，人们就经常以"谭唐"称呼他。虽然"谭唐"均被当时的政府宣布为要犯，焦达峰却不认为这一称呼是对他的讥笑，反而认为这是一种光荣。他踌躇满志，按时人计虚岁的习惯，于 16 岁时，也就是 1902 年高小毕业时，他写了一副对联明志：

达向九霄云路近；
峰连五岳众山低。

焦达峰还为焦姓宗祠撰写过这样一副通用联：

千年事业方寸内；
万里乾坤掌握中。

一只志在"九霄云路""万里乾坤"的年轻"大鹏",开始展翅欲飞。

三、"先从联络会党入手"

孙中山曾说:"余持革命主义,能相喻者,不过亲友数人而已。士大夫方醉心功名利禄,唯所称下流社会,反有三合会之组织,寓反清复明之思想于其中,虽时代湮远,几于数典忘祖,然苟与之言,犹较缙绅为易入,故余先从联络会党入手。"

唐才常1900年发动自立军起义,主要依靠对象也是会党。他通过开富有山堂,散发"富有票",联络长江沿岸各省哥老会众。其口号是:"万象阴霾打不开,红羊劫日运相催,顶天立地奇男子,要把乾坤扭转来。""富有票"为入会的凭证,富有山堂联络的会众号称十万,正式成军者估计有两万人。

浏阳没有在自立军计划起义的地区之内,但在自立军起事时,浏阳会党首领龚春台曾帮助唐才常散发"富有票",湘省的会党首领,多被其"招致入党"。自立军失败后,龚春台因其活动未被当局发觉而幸免于难,继续潜伏在浏阳一带,以做零工为生,暗中从事革命活动。

焦达峰为人豪爽,崇拜谭嗣同、唐才常和各种英雄豪杰,于1902年由会党首领姜守旦吸收加入会党组织洪福会。姜守旦,又名万鹏飞,浏阳人。少年时曾跟随父辈学过武功,承继祖传伤科为业,并以此闯荡江湖,结识了不少武林中人。因为人治病从不计较医费多寡,赢得了众人的尊重,在哥老会的分支洪福会当上了香长,多时拥有会众千余人。

1902年,刚从学堂毕业、年仅15岁的焦达峰在浏阳黄公桥设立经馆,邀约志趣相投的师友、同乡、亲朋、故旧,由他的塾师黎尚姜以讲学授徒为名,开展接纳会党的活动,并称之为"革命摇篮"。

消息传出，四乡议论纷纷，沈少白等守旧派考虑要不要将此事向官府告发。为了保护家人的安全，焦达峰发起了一场"家庭革命"。焦舜卿大骂儿子"无君无父"，并扬言将他赶出家门。焦达峰则宣称，革命应当从"家庭革命"开始，宣布与家庭断绝关系，并搬到黎家大屋居住。

1903年1月25日，焦达峰在黄公桥黎家大屋举办17岁(虚岁)生日宴会，宴请参加"革命摇篮"的人，正式宣告黄公桥经馆成立。会党人物桀骜不驯，但十分崇拜尊重有文化、有地位的人，也很希望能找到权势人物做依靠，焦达峰兼有焦、沈两大富豪家庭的背景，能文能武，出手大方，吃苦耐劳，是一个让会党人士寄予厚望的"少年大哥"。

焦达峰敢于并热衷于联络会党，表明了他的勇气、胆识，还表明他与孙中山等人有"先从联络会党入手"的相同思路，这是非常了不起的。

会党鱼龙混杂，如何引导与驾驭，是辛亥革命时期，包括孙中山、黄兴、朱执信、章太炎、陶成章、徐锡麟、秋瑾等人在内的所有人都未能处理好的问题。焦达峰15岁就开始与会党交往，所面临的难题，比孙中山、黄兴等人更多、更复杂。

第二章

追随孙、黄

预备游学，结识黄兴

加入日知会，深交禹之谟

入读日本东亚铁道学校

参与萍浏醴起义

一、预备游学，结识黄兴

1903 年春，焦达峰进入设于长沙潮宗街的湖南高等学堂游学预备科学习。游学预备科此时刚刚开始创办，由著名学者、省学务处总办张鹤龄兼任监督。

湖南高等学堂为今湖南大学的前身，1903 年由湖南省城大学堂与岳麓书院合并组建。湖南省城大学堂则是 1902 年由原时务学堂、时称长沙求实书院的学堂改编而成。省城大学堂，即原时务学堂校址是潮宗街南侧的三贵街上的一处民宅，建宅者为乾隆嘉庆年间历任吏部尚书、协办大学士、兵部尚书等职的刘权之，租用时的房主为著名历史学家周谷城的族祖父周桂午。省城大学堂每届招生名额为 120 人，教员在求实书院时期只有中学教习 3 人、算学教习 1 人、西文译学 2 人。游学预备科设在潮宗街，也就是设在原时务学堂校址内。

在游学预备科，焦达峰主要是学习日文，准备投入正在湖南兴起的留日潮流之中。在湖南，这是一个上承戊戌维新、下启辛亥革命的时代潮流。因此，尽管省城大学堂是个比南台高小还小的"小学堂"，但却给焦达峰带来了一个广阔的新天地。

1898 年 8 月，湖南开明官绅组织了二十多名学子，准备赴日留学，后因戊戌政变而未能成行，但这些学子继续坚持自学，后大都以各种方式去了日本留学。在 1902 年前，湖南先后有 30 人到过日本留学，其中公费 11 人，自费 19 人，著名人物有蔡锷、林圭、秦力山、范源濂、张孝准等。

1902 年，为了实施新政，湖南抚院派出了第一批公费留日学生，共 12 人，实去 11 人。

1903 年，热心新式教育的赵尔巽出任湖南巡抚，湖南办新学和派留学生的力度加大。抚院第二批选送官费留日学生 24 人，比上年增加 1 倍，留日学习时间也由第一批的半年增加为 4 年半。

留学日本聚集一大批有理想、有抱负、有才华的热血青年，游学预备科的学生虽然还在长沙，但他们对留日学生的思想与活动积极响应。1906年 5 月，游学预备科的学生在禹之谟领导的陈天华、姚宏业两位为国赴死的留日学生公葬中表现特别积极，导致当局将游学预备科取消，直到 1913年民国成立后才恢复。与焦达峰同期的游学预备科学生的具体情况不详，但无疑也是一个积极奋进的群体。

前来长沙预备游学让焦达峰所得的主要收获之一，就是结识了黄兴。

黄兴，1900 年 4 月至 6 月曾被武昌两湖书院派赴日本考察，1902 年春，再次被武昌两湖书院派往日本留学。1903 年拒俄运动时期，在日本被推为"运动员"，回国负责两湖与南京一带的革命活动。1903 年秋季开学后，到长沙明德学校任教，并以此为据点，秘密从事革命活动。

黄兴身边人才济济，焦达峰这个大孩子不足以引起他的特别注意。焦达峰此时也在抓紧学习，所从事的革命活动还不多。但焦达峰胸怀大志，聪颖好学，少年老成，交游广泛，黄兴还是吸收了他参加华兴会和专门联络会党的华兴会外围组织同仇会，让他协助联络会党。

华兴会是同盟会成立前中国内地最重要的革命团体，有系统的革命主张，其成员中后有黄兴、宋教仁、陈天华、张继、刘道一、刘揆一等大批人物成为同盟会主要领导与重要骨干。加入这一阵营，对此前以谭嗣同、唐才常为楷模的焦达峰来说，认识上有了新的飞跃，活动舞台大为开阔。

华兴会成立后，主要活动是联络以马福益为首的会党和湖南新军，计划于 1904 年慈禧太后七十寿辰之日起义。当年中秋节那天，刘揆一受黄兴委派在浏阳普迹市主持仪式，正式封马福益为少将，姜守旦、龚春台、冯乃古等马福益的部属参加了这次活动。

焦达峰与马福益的码头官浏阳人谢寿祺保持联系，并回到浏阳活动。

在华兴会的起义计划中，谢寿祺的任务是与郭义庭共同组合浏阳、醴陵起义队伍，担负浏醴、衡州、常德、岳州、宝庆五路围攻省城部队的中路，是距省城最近、最重要的一路人马。焦达峰参与谢寿祺这路人马的活动，但不赞成华兴会在浏阳举行拜将之类过于张扬的活动，他说："兵未动，而谋已泄，其事必败。"他的父亲很担心他参加这样的活动，就向他询问有关情况。焦达峰对父亲说，他现在只想努力学习，做好去日本留学的准备。焦父大喜，对人说："掬森这个孩子变好了，知道以学业为重，要求去日本留学。他顶聪明，大有希望，我把田产卖光了，也要成全他的志愿。免得他在国内跑江湖，不务正业，误了大事。"后来，焦父为了支持焦达峰，先后卖掉田产 50 亩（周学舜《焦达峰的一家》，《长沙文史资料》1988 年第 7 期）或 300 亩（冯自由《湖南都督焦达峰》），房屋亦只剩下 3 间，而且连农具、家什也卖掉，以致一贫如洗、生活艰难。

二、加入日知会，深交禹之谟

1904 年 10 月 24 日，华兴会策动长沙起义事泄失败，黄兴、刘揆一、宋教仁等流亡日本，焦达峰因年龄小，又没有参加多少活动，未被当局注意，得以继续在长沙求学。

当时的长沙，有一个公共阅览室——吉祥巷教堂内所设的日知会。那里的书籍报刊大多是基督教广学会出版的"泰西维新政艺书及时事报章"，还有一些革命书报。这些书报，很多是在长沙其他地方看不到的，因而吸引了大批渴望学习新知识的年轻人。

长沙日知会本来只是一个公共阅览室，为华人牧师黄吉亭所办。1903 年，湖北革命志士曹亚伯前来协助黄吉亭打理日知会，他向黄吉亭建议，日知会除了提供借阅书报服务外，还要安排人与常来阅读者接谈，宣传革命思想，并争取吸收其加入日知会。黄吉亭采纳这一建议，长沙日知会由此而发展成为一个革命组织，黄兴、宋教仁、陈天华、禹之谟、刘揆一、胡瑛、焦达峰等人先后加入日知会成为会员。对此，曹亚伯在其著作《武昌革命真史》中说："焦达峰，湖南浏阳人，与陈作新同为日知会中密谋革命者。"焦达峰遇难时，有人诬蔑焦达峰是"假革命党人"，没有参加过革命党的组织，时在指挥阳夏战争的黄兴说："焦达峰乃日知会的老同志。"黄、曹的说明，是焦达峰早期参加革命组织的最确凿证据。

曹亚伯还说，这一时期，焦达峰"与日知会先进禹之谟深结纳"。

禹之谟（1866—1907），湖南湘乡人。曾在甲午战争中因功赏以五品顶戴，战后离开军界官场，转而在上海学习矿冶。1900年参加自立军起义，失败后留学日本，重点学习纺织与应用化学。1903年在湘潭开办湖南第一家机器纺纱厂——湘利黔织布厂，次年迁长沙，得到省府千元赞助款奖励。他的工厂附有工艺传习所，为湖南现代纺织工业培养了最早的一批人才。在普通教育方面，长沙很多中小学的创办都与他有关，最著名的就是创办了广益中学（今湖南师大附中）。禹之谟为同盟会湖南分会第一任会长，还分别被推选为湖南商会会董、湘学会会长、湖南学生自治会总干事。

禹之谟强调实干，融实业救国、教育救国和武装革命于一体，深为焦达峰所敬佩。焦达峰积极上进，"挥金如土，人多目为豪士"，深得禹之谟器重。禹之谟所从事的活动，焦达峰积极参与。与禹之谟"深结纳"，使焦达峰在各个方面都有了很大提高。

三、入读日本东亚铁道学校

1905年春，焦达峰自费留学日本，就读于东京东亚铁道学校，学习铁道管理和工程、爆破等技术。

人们通常认为，焦达峰留学日本，本意是想学习军事，但限于资历，只好学铁路。这可能是问题的一个方面，另一方面，学铁路也未必违背焦达峰的意愿。其一，他所崇拜的谭嗣同、禹之谟都是兴办铁路的积极倡导者。谭嗣同曾极力游说粤汉路取道湖南，并写有《论湘鄂铁路之益》一文，力辩粤汉路"道江西，有不利者六；道湖南，则利者九"。今京广铁路取道湖南，而不是取道江西，与谭嗣同及湖南另外一些得力人士的游说，有很大关系。禹之谟于1904年在湖南商界力主粤汉铁路"废约自办"，是保路运动的倡导者之一。其二，铁路问题是革命派特别关注的一个问题，《游学译编》主编、《新湖南》作者杨毓麟有关铁路"完全商办"的主张，直指湖南铁路官督商办的弊病，是清末保路运动中最有代表性的主张。其三，学铁路是当时湖南众多年轻人的选择，与焦达峰同期在日本学铁路的湖南人，包括在东亚铁道学校和岩仓铁道学校的共有七十人左右，并成立有湖南铁路同学会。焦达峰的弟弟焦达人，也于1904年进入长沙铁路学堂学习，比其兄长还先学铁路。其四，焦达峰如果想学军事，也可以去日本的民办军事学校如东斌学校学习，后来他就是在那里学的军事。因此，选择学铁路，可能比较真实地反映了焦达峰当时的理想。换言之，此时他可能真的像他父亲希望的那样"变好了，知道以学业为重"，没有完全决心投入革命。

与焦达峰同期在日本学铁路的湖南人中，专业方面的杰出代表是曾鲲化。他于1901年以官费留学日本，本在成城军事学校学习。后来，他看到列强控制中国铁路的问题严重，就毅然放弃最热门的军事专业，于1903年进入岩仓铁道学校，改学铁路管理。后来，他成为近代中国第一位铁路管理学家，先后在清邮传部和民国交通部任职，官至路政司司长，并撰有《中国铁路史》等著作。曾鲲化的经历表明，焦达峰也有可能曾经想往铁路专业知识方向发展。

焦达峰在日本东京铁道学校学习的情况不详，但这段经历，对他领导湖南的辛亥革命有很大意义。

首先是结识了一批重要战友，其中最典型的两位是：

文斐，湖南醴陵人。1905年留学日本东京铁道学校，学铁路工程，与焦达峰是同校同期同学好友，同年参加同盟会。1908年回国后任湖南铁路学堂教务长、湘路公司协理等职。保路运动期间，文斐首倡组织"湘路协赞会"，主张湘路商办。并与龙璋、文经纬、曾杰等人，组织湖南各界一万余人于1911年5月14日在长沙集会，公开发表演讲，宣布清政府36条罪状，词甚激烈，人心皆为慷慨，各县闻讯，一致崛起，社会激昂，为湖南起义的爆发做了充分的发动工作。焦达峰任都督时，文斐为他的主要助手之一。

刘崧衡，湖南衡阳人。1906年参加萍浏醴起义，失败后逃亡日本，就读铁道学校，加入同盟会。1910年回国，在衡阳创立湖南铁路协会，组织衡阳的保路运动。并在南路商业学堂组织同盟会秘密机关，从事反清活动。铁路协会被清政府查封后，他逃往长沙，与焦达峰、陈作新等密谋起义，并参与联络陆军小学和新军工作。长沙光复后，被焦达峰委任为南路招抚使。

其次是有利于领导和参与湖南的保路运动。

湖南是全国最先开展保路运动的省份，同时也是运动最激烈的省份之一。早在1904年，湖南就开展了"废约自办"的保路运动。1908年，湖南又开展了以"拒债""集股"为中心的"保路运动"，包括湖南咨议局议员在内的820人联名致电张之洞、邮传部及其他相关部门，声称"本省权利之存废，应由议员决定"。

保路运动不完全是一个政治运动，还涉及一些管理体制、运转机制、投资者权益等具体问题，要充分动员各界人士，与清政府的"铁路国有"政策进行斗争，需要一些铁路方面的专业知识。焦达峰及其铁路学友在这方面的优势，为他们组织和领导湖南的革命运动提供了重要帮助。如名义上由焦达峰主编的《湘路警钟》，以"救济路权，监督路政，达到完全商办"为宗旨，发表了许多保路救亡的文章。这些文章，没有直接涉及朝廷政治，但对借款修路的弊端进行了具体揭露和批判。指出向银行团借款，是"退一虎而进群狼"，就算合同字面上没有丧权的规定，西方列强"亦必枝节横生，以诡诈之手段而剥夺我之权利"。如此等等，使人们对清政府的铁路政策更为愤怒，湖南各地纷纷成立"保路协会"，宣布"铁路借款，湘人决不承认"。

粗通路政，还有利于焦达峰通过修路来组织会党。1908年，湖南开始修建粤汉铁路长沙至株洲段，焦达峰在杨任等人的协助下，设法组织会党成员，分段承包了长沙至易家湾段的修路工程。焦达峰和杨任都没有特殊背景，能够承包到这样的大工程，与其铁路专业知识密切相关。

粗通路政，还有利于团结立宪派。在湖南保路风潮中，湖南绅商学界的文斐、文经纬、龙璋、粟戡时、易宗羲、左学谦、黄瑛、姜济寰、曾杰、常治、龙铁元等发起组织铁路协赞会，以贾太傅祠为会址，掀起保路高潮，其中既有革命党人，又有立宪派人。革命党人和立宪派人联手合作为湖南起义打下基础。粟戡时等立宪派主动提出与焦达峰合作，主要是听说焦是会党首领，另一方面也是因为焦是留学日本的铁道学校学生。

革命不是依靠少数人的密谋所能发动起来的，而是社会大变革的必然结果。领导人要驾驭和把握革命形势，就必须很好地与社会潮流密切结合。学习铁路知识，不论是否出自焦达峰本人的意愿，客观上都为他及其战友较好地投入到当时最牵动人心的保路运动进而领导革命创造了条件。

四、参与萍浏醴起义

1905年8月，中国同盟会在日本东京成立，孙中山为总理，黄兴为执行部庶务长，协助总理主持本部工作。

据冯自由《革命逸史·湖南都督焦达峰》，焦达峰"莅日后，旋入同盟会"。曹亚伯所著《武昌起义真史·焦达峰事略》则说，焦达峰至"丁未年五月"，也就是1907年6月才加入同盟会。

焦达峰何时加入同盟会，已经无法考证清楚。但不论他何时成为同盟会会员，他都积极参与了同盟会成立后组织的第一次大规模的武装起义——萍浏醴起义，并由此而完全走上革命道路，成为职业革命家。

同盟会策划萍浏醴起义之时，焦达峰还不到20岁，也不是留日学生中引人注目的人物。但他是浏阳人，又与会党有联系，还喜欢交际，因而也是谋划起义的参与者。经常与黄兴、刘揆一等人讨论长江沿岸起义方略，决定发动萍浏醴起义后，焦达峰奉黄兴之命回国，主要担任联络工作。

黄兴派回国组织萍浏醴起义的主要负责人为刘道一和蔡绍南。刘道一与前会党首领马福益关系深厚，熟悉会党行话，华兴会期间就负责联络会党。蔡绍南为江西萍乡人，与已经在萍乡联络会党的同志魏宗铨和会党头目龚春台等人关系密切。刘道一、蔡绍南回到湖南后，于1906年6月上旬的一天，在长沙水陆洲的一条船上，召集蒋翊武、龚春台等38人举行会议，讨论并通过了萍浏醴起义的具体计划。水陆洲会议后，龚春台、蔡绍南召集各路会党首领百余人于1906年7月在萍乡蕉园举行开山堂大典，成立统一的组织——六龙山洪江会，推举龚春台做大哥，设总机关于湖南醴陵东乡麻石镇（今属富里镇），各路人马编为八部，分别由第一至八路码头官统领。

焦达峰没有参加上述活动，他于1906年春奉命回国后，先是经上海达到武汉，与稍后成为同盟会湖北分会会长的余诚和另外一位同盟会骨干许纬取得联络，与他们共商萍浏醴起义事宜，还在武昌参加了以刘静庵为总干事的革命团体日知会，并与刘等商谈了湖北策应萍浏醴起义之事。焦达峰此次武昌之行，是他与湖北革命志士合作的最早记载，并有可能因此而结交了孙武。因为孙武后来出任共进会军务部部长，就是焦达峰推荐的。

离开武昌后，焦达峰先是在长沙协助禹之谟组织于 1906 年 5 月 29 日举行的公葬陈天华、姚宏业的活动。继而前往醴陵，加入"六龙山洪江会"，在第三路码头官李金奇部任联络参谋。李部有位码头副官"许学生"，不知是否是焦达峰在武汉联络的许纬。以李金奇为码头官的第三路洪江会队伍，以麻石也就是洪江会总部驻地为活动中心，势力分布在醴陵的白兔潭、浦口市、峤岭、富里、官寮、潼塘，浏阳的金刚头、大瑶、高家台，萍乡上栗市一带，拥众数千人，是各路会党中的一支主要骨干力量。

麻石地处湖南醴陵市与江西上栗县交界处，且邻近浏阳，其老街南边为湖南醴陵，北面却是江西上栗，呈现出"两省共一街"的奇特现象。这里是传说中的花炮祖师李畋的故乡，花炮业很发达，也是湘赣两省和醴陵、浏阳、上栗三县的重要物资集散地之一，因而被六龙山洪江会选为总部所在地。焦达峰负责联络把守总部所在地的李金奇部，责任重大。

麻石有一传统习俗，即在中秋节期间开台酬神演戏。由于要举大事，各路会党头目都想借此机会聚集会众，1906 年中秋期间的麻石戏会，人数比往年明显地多了很多，还出现了一些穿着打扮、举止行为与当地民众很不一样的外地人。洪江会设在麻石的总机关，常住会友两三千人。这种现象，不能不引起官府的注意，也无法防止有关萍浏醴起义机密的泄露。如一些僧人向香客们暗示："天下即将大乱，将有英雄铲富济贫。"甚至直言："洪江会即日起事。"

10 月 7 日凌晨，萍（乡）、浏（阳）、醴（陵）三县官军在天尚未亮时突袭麻石，会党猝不及防，不战而散。李金奇在被清兵追捕时牺牲。李部会众上千人于重阳节（10 月 26 日）那天，又在江西萍乡上栗市集结，为李金奇举行追悼大会。再次遭到官兵围攻，"许学生"牺牲，李金奇这路人马基本溃散。

事变发生后，焦达峰于深夜潜回浏阳家中求取川资。妻子沈菁莪泪眼汪汪，除了将家中金钱全部交给达峰外，还取下手上金戒指两只交给达峰。达峰充满信心地说："清奴正要抓我，不能在家停留。我在外，四海之内皆兄弟，清奴其奈我何？家里就让老爷子装着和我决裂，你回娘家吧，我们暂不能通信了，有机会找朋友捎口信给你。别着急，革命一定会成功的，成功了再见吧。"

随后到长沙，催促各同志立即起义，众以准备不足反对。又闻禹之谟在狱中受尽酷刑，生命垂危。焦达峰焦急不安，准备刺杀湖南巡抚。多次准备行动，都找不到机会，只好再次前往日本。

一、成立四正学会

萍浏醴起义失败后，众多革命与会党人士像焦达峰一样流亡日本，他们想得到同盟会的有力领导，但东京同盟会没有给流亡者带来太多的希望，其自身的处境也很糟糕。

1907 年 3 月，同盟会高层因"经费问题"发生冲突。这次冲突涉及 10000 日元（章太炎等人掌握的数字，实际上有 15000 日元）巨款的分配问题。一方为从日本政府和日本商人手中得到这笔巨款的孙中山，另一方为只从这笔巨款中得到 2000 日元办《民报》的章太炎。由于双方及相关各方都非常需要经费，这场风波闹得很大，最终也没有真正平息。

同盟会机关报《民报》点燃了无数青年的心中烈火，但主持《民报》的章太炎、汪精卫等人，"十足的名士气派，咄咄逼人。留东的革命青年，不容易同他们接近"。

在这种令人沮丧、失望乃至绝望的艰难时刻，年仅 20 岁的焦达峰没有消沉下去，反而开始活跃起来，成熟起来，悄悄地成为革命党人中的后起之秀。

1906 年 11 月间，焦达峰在东京与宁调元、何弼虞、文公舒等人组织了一个四正学会。这是焦达峰形成自己独特思想与行为方式的开端，也是他独立主持革命活动的开始。

所谓"四正"，就是"心正、身正、名正、旗正"。这是焦达峰的自勉。其中，"心正、身正"，是指个人修养，就是要全心全意投入革命，不能为个人名利，还要洁身自好，不能沾染恶习。"名正、旗正"，就是要坚持正确的宗旨和主义。为了表明"四正"的决心，焦达峰将自己在日本的化名"冈头樵"（仿照孙中山的"中山樵"）中的"冈"字，用草书写成类似"四正"的字样，并刻印成图章，作为自己独有的签章方式，形成了他个人的独特形象设计。

"四正"还是一种引领、提升会党人士的宗旨和纲领。"心正"，可理解为克服"帝制自为之心"，用"共和真理"、"民族主义、国民主义多方指导"。"身正"，可理解为讲求革命道德，防止出现那种"群雄争长，互相残杀"的悲剧；遵守仁、义、礼、智、信等中国传统道德，克服在会党中流行的那些生活恶习。"名正、旗正"，则可理解为坚持同盟会提倡的"民族革命、民主革命、国民革命"，不要去搞那些占山为王、逐鹿中原、问鼎天下的"英雄革命"。

当时的留日学生，富家子弟多，有着各种恶习的人也多。陈天华愤而投海自杀的直接原因，就是其死前一天，即 1905 年 12 月 7 号，日本的《朝日新闻》有文章说，中国留学生是"放纵卑劣"的一群。陈天华深受"放纵卑劣"一语的刺激，而且也为留日学生中确有这种现象而深忧。认为"我不自亡，人孰能亡我者！惟留学生而皆放纵卑劣，则中国真亡矣"。陈天华希望"同胞时时勿忘此语，力除此四字，而做此四字之反面：'坚忍奉公，力学爱国'。恐同胞之不见听而或忘之，故以身投东海，为诸君之纪念"。

焦达峰提出"四正"思想，是以另一种方式来解陈天华之忧。这表明通过革命与进步思想的长期熏陶，多年的实际磨炼，特别是经萍浏醴起义的实践考验后，焦达峰的思想开始成熟起来，志向远大起来，精神境界进一步高尚起来。

二、入读东斌军事学校

萍浏醴起义的失败，让焦达峰深感提高军事斗争水平的重要性，再次来到日本后，他就进入东京东斌陆军学校学习。

东斌学校是一所民办军事学校，由与孙中山关系密切的日本法学博士寺尾亨创办，得到孙中山的暗中帮助，专门招收那些想学军事而又无法进入官办军校的学生。这种民办军校，得不到清政府承认，不能以此为进入政府军队的资历。前往这种军校学习，是决心从事武装革命的一种表现。因此，这所学校的革命志士比较多，除了焦达峰外，重要的几位还有：

张百祥（1879—1914），四川广安人。1905年入东斌学校，同盟会会员，共进会首任会长。1910年归国，在四川、湖南、湖北、江苏、江西等省联络会党。1911年夏，在湖北宜昌被捕入狱。武昌起义后出狱，在川东组织敢死队，驻万县。1912年5月，被渝军政府委任为川东宣抚使。1914年在反袁世凯的斗争中被捕遇难。

邓文辉（1879—1957），江西峡江人。1905年入江西大学堂，1906年参加萍浏醴起义，1907年公费赴日留学，入东斌军校。同盟会会员，共进会第二任会长。南京临时政府成立后，出任第十四旅旅长兼江西驻南京革命军司令。后一直追随孙中山革命，曾任驻粤赣军总指挥、大元帅府顾问等职。

刘公（1881—1920），湖北襄阳人。出身巨富之家。1902年赴日本留学，初入东亚同文书院，后入东斌军校。1906年回国参加萍浏醴起义，事败后复渡日本，入明治大学政治经济专科。共进会第三任会长。武昌起义期间，被推举为湖北共进会和文学社两大革命团体联合会的总理，出任湖北军政府总监察处总监察。后参加历次反对北洋军阀的战争，1920年在上海病逝。

熊克武（1885—1970），四川井研人。1905年与但懋辛等四川志士同时考入东斌军校。同盟会会员。1906年冬返川，与谢奉琦、黄树中共同主持四川同盟会工作，联络会党展开武装斗争。1907年参创共进会。在黄花岗起义中，率领喻培伦、但懋辛、饶国梁等16人组成的小分队参战。后为20世纪10年代末期至20年代期间四川省之实际统治者，历次反对北

刘公

洋军阀统治的重要人物。

陈其美（1878—1917），浙江吴兴人。1906年春东渡日本留学，先是进东京的警监学校，一年后改入东斌军校，与焦达峰、邓文辉是东斌的同期同学。陈其美没有加入共进会，但也以结交会党著称，是青帮"大"字辈的大头目。后为中部同盟会主要领导人之一，与两湖革命派关系密切。

如此众多的要人出现，而且都有一定的会党背景，表明在东斌军校，集结着一批以联络会党见长而且自己本身也是会党人物的革命党人。共进会前后三任会长都出自东斌军校，再加上焦达峰、熊克武等人，东斌军校可以说是共进会的诞生地。

三、同盟会科长、共进会部长

1907年3月，同盟会东京本部的日常工作由刘揆一代理。

刘揆一（1878—1950），字霖生，湖南湘潭人，少年时结识会党首领马福益，被马尊称为"恩哥"。1903年与黄兴组织华兴会，任副会长。介绍黄兴与马福益结交，共谋 1904 年长沙起义，事败后流亡日本。1907 年 1 月参加同盟会，同年 3 月出任庶务，代理黄兴主持同盟会东京本部的日常工作，其后一直负责到国民党成立，是主持同盟会本部工作时间最长的人。

刘揆一历来主张联络会党进行反清革命，主持同盟会会务后，他约集在东京的各省同志谈话，商议在同盟会本部成立一个专门联络会党的新机构——联络部，由吕志伊任部长，张百祥任副部长，焦达峰任调查科科长。调查科负责组织秘密调查、兵营调查、贫富调查、地理调查、钱粮调查，实际上就是具体负责联络，是联络部中的"执行局"与"情报局"。同盟会本部决定由焦达峰担任联络部调查科科长这一要职，标志着年仅 20 岁的焦达峰开始成为同盟会的重要干部。

联络部成立会议召开时，拟任部长吕志伊没有到会，会议未能开成。拟任副部长张百祥在归途中与邓文辉、彭汉遗等人商量：同盟会本部办事舒缓，会党人士也难以理解同盟会的思想主张，不如另外成立一个团体，由熟悉会党情况的人员组成，分途接纳会众。

焦达峰与先后在成城学校、冈山第六高等学校学习的同盟会评议部评议员吴玉章等人商量说，现在，许多会党中的革命分子纷纷逃亡日本，而同盟会最近一个时期只顾去搞武装起义，差不多把会党工作忘记了，何不趁各省会党都有人在日本，把全国所有的会党通通联合起来？吴玉章说："这个主张，凡是过去和会党有联系的同盟会会员，都很赞成，因为他们知道下层社会有着巨大的革命潜力。"

经过张百祥、焦达峰、邓文辉、刘公、吴玉章、吴永柟（吴玉章大哥）等人数月奔走，一般亦为同盟会会员的南方九省的哥老会、孝友会、三合会、三点会在日本的首领及部分其他同盟会会员约一百人于 1907 年 8 月 18 日在东京清风亭集议，决定成立共进会。张玉法著《清季的革命团体》收录了其中 90 人的名单：

湖北：刘公、居正、杨时杰、刘英、张维汉、宋镇华、彭汉遗、袁麟阁、冯振骥、郑江灏、冯镇东、李基鸿、张次青、李国骥、张公道、许汉武、彭惠群、王炳楚、向寿荫、李寿泉、罗杰、董祖椿、刘铁。

四川：张百祥、熊克武、王正雅、李肇甫、舒祖勋、吴永枬、吴文叔、何枢垣、张知竞、翟蓬仙、雷桂臣、秦遂生、黄晓晖、何其义、晏祥五、陈宗常、周滔荪、李香山、胡香白、刘锡华、李德安、余竞成、苏理成、薛晋贤、尹侗、唐敖、谭毅公、喻培伦、郑襄臣。

湖南：焦达峰、杨晋康、潘鼎新、钟剑秋、黄小山、覃振。

江西：邓文辉、彭素民、黄格鸥、汤增璧、曾小岩、邹怀渊、卢式楷、文群。

浙江：傅梦豪、陶成章、龚宝铨、张恭、金鼎、王军。

广东：熊越山、温尔烈、陈兆民、夏重民、孙光庭、黄霄九。

广西：谭嗣同、刘权、邓鸥群、黄镕。

云南：王武、赵声、张大义、乔宜斋、杨鸿昌、杜恒甫。

安徽：孙作舟、方汉成。

共进会的主要领导人是：

会长：张百祥（首任）、邓文辉（二任）、刘公（三任）。

参谋：居正；文牍：彭素民。

交通部部长：焦达峰（首任）、何庆云（二任）；党务部部长：潘鼎新；军务部部长：孙武；内务部部长：熊越山；理财部部长：袁麟阁；外交部部长：彭汉遗；调查部部长：陈兆民；纠察部部长：温尔烈；参议部部长：焦达峰。

广东大都督熊越山、广西大都督刘权、江西大都督邓文辉、湖北大都督刘公、湖南大都督焦达峰、四川大都督何其义、安徽大都督孙作舟、江苏大都督傅亦增、河南大都督罗杰。

1907年3月后，孙中山、黄兴长期不在东京，同盟会出现严重的政治危机、组织危机和信念危机。如何克服各种危机和困难，继续保持、团结和壮大革命队伍，成为一个十分紧迫而关键的问题。上述 90 人，百分之九十左右为同盟会会员，他们参加共进会，是对联络会党工作的支持和关心，更是在同盟会严重涣散的背景下，对保持和壮大革命队伍的一种期盼。焦达峰等人的联络活动让人数较多的各省革命党人聚集在一起，为严重涣散的同盟会注入了新的活力。

有人说，焦达峰为同盟会联络部调查科长，应该为加强同盟会的组织而努力，而不应该去成立共进会。但是，同盟会联络部的"联络"，就是对会党进行联络，而不是做同盟会自身的组织工作；"调查"，也是指调查会党及其相关情报，而不是对同盟会内部进行调查。共进会的成立得到了主持同盟会本部日常工作的刘揆一的"极表赞成"，再加上张百祥、焦达峰是同盟会本部指定的联络会党的负责人，从组织程序上说，共进会的成立是合法的。

四、"我们总要联合起来"

共进会是在同盟会本部决定成立联络部联络会党的背景下成立的，其主要领导人都是同盟会会员，主要骨干也绝大多数是同盟会会员。按照政党纪律，共进会要在同盟会领导下工作。共进会考虑到了这方面的问题，并采取了多种方式来尊重与接受同盟会的领导。

例如，共进会的主要领导人原拟称"总理"，有人提出，革命派的"总理"只能有一个，那就是同盟会总理，于是，共进会的主要领导人就改称会长，并明确规定，共进会"以同盟会的总理为总理"。由于"总理"就是革命成功后的总统，这一改动，非同小可。

共进会的旗帜为铁血十八星旗。这种旗帜在 1907 年 2 月同盟会讨论中华民国国旗时，由焦达峰提议为国旗制式。当时，各种意见相持不下，同盟会没有就国旗问题做出决议，而是将"青天白日旗"（孙中山提议）、井字旗（黄兴提议）、五色旗（宋教仁、陈其美提议）、十八星旗（焦达峰提议）等方案共同交由刘揆一保存，日后再议。因此，在旗帜制式问题上，并不存在"别树一帜"的问题。

另一方面，共进会的政治主张和行事风格与同盟会也的确有所不同。最突出的就将"平均地权"改为"平均人权"。"平均地权"的基本内容，在同盟会时期为"核定地价，按价收税，涨价归公，按价收买"。这种理论，来源于正在进行社会改革的欧洲，即亨利·乔治的单税社会主义。这种理论，除了朱执信等个别人，几乎没有人真正理解。但"平均地权"是辛亥革命的经济纲领，有了这一纲领，三民主义才称得上比较完整的民主革命纲领。共进会不赞成"平均地权"，又没有提出一个可替代的经济纲领，是一个严重的缺陷。

共进会的政治主张虽有重大历史局限性，但也有超越同盟会之处。

其一是面向普通群众。

共进会专门为联络会党所成立，而会党队伍的主体，则是贫苦群众，也就是人们常说的贩夫走卒、江湖卖技之流、军旅荷戈之士。同盟会提倡"平民革命"和"国民革命"，但在动员、组织群众方面并没有多少实际举措。共进会在面向群众、动员群众、组织群众这方面，较之同盟会领导的革命，更像一场"平民革命"和"国民革命"。

其二是有明确的反帝思想。

共进会的宣言，继承了早期革命宣传家将反清与反帝明确结合起来的传统。其白话文宣言这样写道，清廷"朝纲紊乱，只有奉承洋人，作洋人的奴隶，拿我们给洋人作三层奴隶，又把我们的土地，今天割一块来送这个，明天割一块来送那个。老百姓和洋人闹起事来，他不但不替百姓讲一句公道话，倒要替洋人杀些百姓出气，动不动又讲要赔款多少，铁路也送给洋人，矿山也送给洋人，关税也送给洋人。你看近来各项东西，都越过越贵，过活又一天难似一天，不是一些财产都被洋人搬穷了吗？他只顾请洋人来保住他做皇帝，哪管得汉人的死活"！同盟会没有明确的反帝纲领，共进会强调反帝主题，弥补了这一严重缺陷。在实际斗争中，由于共进会重视"铁路也送给洋人"这样的重大现实问题，他们的革命活动，也与保路运动结合得更紧密。

其三是特别强调联合与团结，试图建立最广泛的统一战线。

共进会宣言专门解释了"共进会"这一名称的由来。其文言宣言说："共进者，合各党派共进于革命之途，以推翻'满清'政权光复旧物为目的，其事甚光荣，其功甚伟大，其责任亦甚艰巨也。"其白话宣言说："这'共'字，就是合我们全国中各种的会一同去做的意思。至于这'进'字，就是要增进我们各会员的知识，把从前那些做偏了做小了的事丢开，寻一个正正大大的题目去做。"共进会文白两种宣言都特别强调："不论他叫什么会名，我们总要联合起来，共同去做事业。""既占着皇帝位子，又有这些汉奸来扶助他，他的势子管多大哩。我们不把全国的会党合拢来，怎能够成功呢？""我们要劝告我们的同胞同党，不可分门别户，各存私见。""无论男女老少，不问士农工商，以迄江湖卖技之流，军旅荷戈之士，皆宜负弩前驱，灭此朝食。"

在共进会的《光复堂诗》中，还谈到了与立宪派、守旧派的团结。诗云："堂上家家气象新，敬宗养老勉为人，维新守旧原无二，要把恩仇认得真。"

"我们总要联合起来"，是一个最具有根本性意义的命题，共进会为此进行的探索与努力，值得我们高度尊重。

在实际行动上，共进会在东京活动期间，基本上是在同盟会领导下活动。最为典型的是，共进会的四位部长焦达峰、孙武、潘鼎新、熊越山，还有熊克武、喻培伦等重要骨干，都参加了先是由刘揆一继而由黄兴主持的大森体育会。1908 年，共进会本部机关还从东京青山区华群学会迁至大森体育会，大森体育会成为共进会的大本营。

大森体育会又称大森体育学校，原为一所以培养中国体育教师为主的速成体育师资学校，开办于 1901 年至 1906 年间。中国去日本学体育的，基本上是在这所学校学习。中国近代教育史上早期的体育教师，有相当一部分毕业于这所学校。焦达峰也是一个体育爱好者，在他的遗物中，还有一副球网。

大森体育会曾为留日学生的军事训练基地之一。1903 年拒俄运动期间，留日学生组织拒俄义勇队。参加者每天清晨秘密集会，到大森练习射击。黄兴既是训练的组织者，又是军事教练。廖仲恺夫人何香凝曾为居住在同一寓所的二十多名受训人员烧水做饭，照料内务。

刘揆一主持同盟会工作后，为了培养军事指挥人才，集结萍浏醴起义失败流亡日本的革命志士，帮助他们掌握军事技能，提高军事水平，与焦达峰、孙武、李根源、赵伸、陶铸（冶公）、潘鼎新等人重组了大森体育会。重组后的大森体育会除了继续安排体育课程外，还聘请日本军官进行军事训练，开办军事课程，研究野外战术及学制新式炸弹，成为革命派一个以体育为掩护的秘密军事人才训练基地。1908 年 7 月，黄兴在云南河口起义失败后重返日本，亲自主持大森体育会，体育会更为兴旺，仅 1908 年暑假期间参加培训的革命党人就多达 170 多人。后来参加黄花岗起义的"选锋队"、参加武汉保卫战的学生军和参加攻克南京的沪军先锋队，很多人都参加过大森体育会的培训。可见，大森体育会是革命力量的又一次大集结，对陷入严重涣散状态的同盟会的支持具有重要意义。刘揆一认为，通过大森体育会，同盟会初步建立起了一支"党军"。

体育会是革命党人一种良好的组织形式，焦达峰回国组织革命后，与易本羲、阎鸿飞、王经武等人在长沙成立了一个体育社,招收学员四十余人,名为培训体育教师,进行军国民教育,实为培养军事干部,并以此为革命机关。焦达峰在长沙期间,主要就是居住在体育社。

"练兵先练将",万事人为先,培养军事人才是革命最为关键的问题。1903年8月,孙中山曾在东京青山设立革命军事学校,并在那里提出"驱除鞑虏,恢复中华,建立民国,平均地权"的十六字纲领。大森体育会及其他各体育会,发展壮大了孙中山开创的培训革命军事干部的事业,值得充分肯定。焦达峰积极参与这种核心事业,表明他对革命的关键环节有了良好的认识。

五、"人地两平权,乾坤一转旋"

1908年7月,黄兴在领导云南河口起义失败后返回日本,在了解有关情况后,颇为不满地责问焦达峰:"何故立异?"焦回答:"同盟会举止舒缓,以是赴急,非敢异也。"黄兴又问:"如是,革命有二统,二统将谁为正?"焦达峰笑着回答说:"兵未起,何急也?异日公功盛,我则附公;我功盛,公亦当附我。"黄兴听后,"爽然无以难之"。

焦达峰十分尊重黄兴,是否说过"我功盛,公亦当附我"这样的话,非常值得怀疑。即使是原话,也是一句玩笑话。杨玉如回忆道:"那时黄兴恐同盟会起了分化,曾向(共进会)发起人质问,经焦达峰解释:'谓并无别意,只期内地与边区同时举事,或可缩短革命时间。'兴始了解。"

"同盟会举止舒缓",应当是焦达峰参与创立共进会的主因。其具体含义,对焦达峰来说,主要是他认为同盟会领导武装起义的方式有问题。例如,萍浏醴起义期间,焦达峰负责联络的李金奇部于1906年10月7日暴露。李金奇部驻洪江会本部所在地麻石,是萍浏醴起义的主干部队之一。

在这种背景下，要么当机立断，立即发动起义；要么取消计划，以待新的时机。但同盟会没有随机应变，而是继续按原计划，并且也是在一些新的突发事件逼迫下，于 1906 年 12 月 4 日发动起义。这样，起义者的准备固然充分一些，但清政府的防范也严密多了，如安源煤矿的工人，就因清政府的高度防范与戒备未能参加起义。

兵贵神速，革命起义是一种严重不对称的战争，更必须抢抓机遇，以迅雷不及掩耳之势，出其不意地给敌人突然袭击。而同盟会领导的起义，基本上形成了这样一套程序：开会、部署、筹款、购械、运械、联络、组织、发动，时间拉得很长，由于不是每个环节和每个方面都能按计划办，最终往往仍然是仓促爆发。更为重要的是，同盟会平时与军队官兵、会党会众、学校师生等群体性成员没有经常性联系，往往是在决定起义后，才从设在东京、河内、香港、上海的指挥部派人、发电、发函，进行组织、发动，这样，行动起来就势必迟缓。

对于共进会与同盟会在政治主张上的分歧，也就是"平均地权"和"平均人权"之争，焦达峰写过一首这样的诗：

人地两平权，乾坤一转旋。

治国仁为本，和人礼进先。

九州归禹贡，五族戴共天。

去污夷发辫，解危放金莲。

男女齐参政，耕耘各有田。

患难兴华夏，江湖起俊贤。

智愚千虑得，文武百科全。

大同期共进，团结作中坚。

"人地两平权"，就是既赞成"平均地权"，也赞成"平均人权"。由于二者并不矛盾，可以互相补充，这种主张并不是折中调和，而是希望同盟会与共进会相互接受对方的主张，并使各自的纲领都更为完善一些。

　　这首诗还对"人地两平权"进行了阐述。

　　对于"平均人权"，这首诗强调了仁、和、礼等传统道德，强调了"五族共和"思想，强调了民主参政思想，其中，还特别地强调了男女平权思想。

　　"平均人权"的思想在《同盟会宣言》中有所阐述，其要点是："我等今日与前代殊，于驱除鞑虏、恢复中华之外，国体民生，尚当与民变革，虽经纬万端，要其一贯之精神，则为自由、平等、博爱。""今者由平民革命以建国民政府，凡为国民皆平等以有参政权。""我汉人同为轩辕之子孙，国人相视，皆伯叔兄弟诸姑姊妹，一切平等，无有贵贱之差、贫富之别，休戚与共，患难相救，同心同德。"《同盟会宣言》基本上阐述了资产阶级革命时代人权思想的精要，但是，它把"一切平等"的对象限于汉人，是一个严重缺陷。1907 年 2 月，宋教仁、陈其美提议以表示"五族共和"思想的五色旗为国旗，表明他们已经注意到了同盟会纲领的这一缺陷，并试图弥补。焦达峰能以"五族戴共天"的诗句阐述"五族共和"思想，表明他这方面的思想是很先进的。

　　男女平权问题，《同盟会宣言》原则上是肯定的，但没有特别地指出。直到 1912 年 3 月发表新的《中国同盟会总章》，才在九条政纲中的第五条规定："主张男女平权"。"主张"一词，较之"实行"等词分量要轻很多，而且革命派主持制定的《临时约法》没有男女平等的内容。到同盟会改组为国民党时，连"主张男女平权"的政纲都取消了。这种现象，引起了一批女革命人物的不满，闹出了一场风波。焦达峰的妻子沈菁莪 10 岁时就控诉："世间多少不平事，女贱男尊最不平！"这种戊戌维新以来就有人大力提倡的思想，对焦达峰有很大影响。因此，他在辛亥革命时期就提出"男女齐参政",这无疑是非常正确的。

对于"平均地权",焦达峰的这首诗把它阐述为"耕耘各有田"。从解读同盟会纲领的角度上说,这是一种误解。但从中国革命的角度说,"耕耘各有田"则是一个最需要、最重要、最根本的问题。不解决这个问题,对当时占中国人口总数 90% 以上的农民来说,一切都是空谈。孙中山直到联俄、联共的新三民主义时期,才明确指出:"将来民生主义真是达到目的,农民问题真是完全解决,是要耕者有其田。"在这个问题上,焦达峰的思想也可以说是非常先进的,与共进会一些领导人回避"平均地权"的思想完全不同。

焦达峰的这首诗,最鲜明的倾向就是呼吁团结。他显然意识到了部分革命党人对会党的忽视与歧视,希望他们认识到,江湖中也有人才,即"患难兴华夏,江湖起俊贤"。还希望他们认识到,即使那些看来很普通的会党群众,也有精英人士不及之处,也能补精英人士之不足,革命事业只有集中各个方面的智慧和力量,才能取得胜利,即"智愚千虑得,文武百科全"。最后,他衷心地期盼,全体革命者和全体民众都能联合起来,"大同期共进,团结作中坚"。

焦达峰这个小小的人物,志向、气量可真不小!

第四章

"穿靴子上山"

初谋两湖暴动

入驻太平街，承包长株段

普迹"开章"，少年成"大哥"

欲借抢米风潮再谋起义

一、初谋两湖暴动

1908 年 11 月，把持朝政近半个世纪的慈禧太后死去，风雨飘摇的清政府更为脆弱。

共进会认为革命时机到来，在东京的各主要成员纷纷回国开展革命活动。焦达峰也离开日本，于 1909 年初经上海到达武汉。在此前后，孙武、彭汉遗、刘英等先后从国外回到湖北。

其时，武汉地区革命形势甚好。焦达峰决定暂时不回湖南，首先打开湖北局面。与孙武等人在武汉成立共进会组织，另在上海、岳州、宜昌、京山等地设立联络机关，并以"中华山"名义统一长江各地的会党，计划于 1909 年 9 月组织两湖暴动。

活动开始后，他们遇到了一个很现实的问题——经费。恰在此时，有焦达峰的浏阳老乡、布商刘肯堂和周海文贩夏布抵达汉口，他们在焦达峰的劝说下，将贩卖夏布及所经营的各处商号货物的现款全部捐献给共进会。周海文还将祖业田 400 亩（除留 5 亩供养老母外）悉数变卖，充作革命经费。

各地会党积极响应，通过几个月的努力，长江中下游一带三合、哥老、孝义等各大会党基本上统一起来了。共进会成立之后，名目分歧的会党统一于"中华山"之下，封畛渐泯，"自焦（达峰）住汉整理后，日有起见"。自此，"中国南方各省绝大部分的会党，都在'反满'的旗帜下联合起来了"（吴玉章语）。

1909 年 3 月，东京共进会党务部长潘鼎新和黄荣从湖南一起来到湖北，前往与焦达峰、孙武会合。黄荣被派往岳阳联络会党，并负责岳阳与湖北荆州一带的联络工作。黄荣接受任务后，携带名片五千多张、志愿书两千多份，和李纯生一起在岳阳四处奔走，极力组织。在岳阳，他们会见了当地兰谱会首领焦甲申，向他宣传革命思想。不到半个月，该处已联络有数千人。后来，他们把洞庭湖一带的会党兄弟编为一镇，推举李纯生统带。他们还积极联络荆、岳一带的军队。湖北牌洲的江鸿宾和黄荣的关系最好，凡有士兵来拜见江的，江都引见给黄荣认识。通过江，黄荣又结识了驻防临湘的金得胜，与之结拜为异姓兄弟。金得胜由此加入共进会，并承诺将他已经联络成熟的五十多人全部介绍加入共进会。

1909 年 7 月开始，两湖地区发生了一系列局部暴动。湖南华容县同盟会会员、沱江书院学生焦逸仙和华容师范学生黄英华，首先在巴陵、华容交界处的墨山铺、贾家凉亭、许家碑一带组织群众数百人起义。清军前往"围剿"，焦逸仙兵败被捕遇难。其后，湖北刘英所属龚世英、刘伯奇部在襄河流域暴动，也被清吏消灭擒杀。不久，黄申芗所属柯玉山部又在大冶、鄂城，通山、崇阳一带自铸铜元起事，柯玉山为官方拘捕，次年死于狱中。

面对一系列变故，共进会举行紧急会议，决定取消原定于 1909 年 9 月举行的两湖暴动。焦达峰回到湖南，孙武逃亡两广。

1909 年的两湖暴动是焦达峰、孙武，即两湖地区的共进会，第一次联合领导与组织武装起义，虽然以局部暴动而失败，但铺开了阵营，打下了基础，特别重要的是，继华兴会长沙起义、萍浏醴起义后，开始了两湖地区革命党人的新一轮联合。

新一轮联合，由焦达峰、孙武、蒋翊武等一批新人主持。这批新人，最大的特点是扎根本土，始终坚持在本地的军队、会党中活动，而不再是决定起义后才从日本东京或其他某个秘密机关派出的联络员。

新一轮联合，另一个重要特点是建立起了两湖地区长期联合的机制。焦达峰与代理主持湖北共进会事务的黄申芗订有同盟条约：一、湘鄂同时举动；二、湘省以粮秣济鄂，鄂省以军械济湘；三、各推有德望者为都督，二人各领军攻战，协力同心，无得猜二。其后，两湖地区的革命派常相往来，不再因一两次变故就中断联系，形成了长期而稳定的合作关系。

这样，自焦达峰、孙武、蒋翊武等一批新人兴起后，两湖地区的革命形势开始出现新的局面。

二、入驻太平街，承包长株段

1909 年 8 月，焦达峰从武汉回到长沙，住进了位于太平街马家巷 17 号的同福公栈，并以此为湖南共进会的总机关。

在共进会的联络对话中，有这样一段话。问："门前兄弟来同宗，入到洪门尽姓洪，有仁有义刀下过，不忠不义刀下亡。"答："一进洪门结义兄，当天盟誓表忠情，长沙湾口连天近，渡过乌龙见太平。"

这里的"长沙""太平"与长沙太平街并无关系，但太平街则因焦达峰入驻而不同寻常起来。太平街，邻近湘江码头，是长沙最繁华的商业街。开设有许多行栈、货号、店铺，以经销油盐、颜料、花纱、南货、鱼虾、鞭炮等为主，名胜有贾太傅祠。由于南来北往的人多，便于掩护，焦达峰就选择这里作为机关所在地，继租用同福公栈后，又在太平街孚嘉巷 42 号（新 44 号）成立了湖南会党洪江会的核心组织四正社。此外，作为同盟会湖南分会会址的湖南体育社，与湖南光复密切相关的铁路协赞会，也设在这里的贾太傅祠。这样，具有两千多年历史的太平街，就成为湖南辛亥革命的策划与指挥中心。而千年古街的这种辉煌，就是从焦达峰这个时而洋气十足、时而像个乡巴佬的年轻人入驻这里开始的。

经常与焦达峰在太平街负责联络工作的有吴作霖、杨任等人。

吴作霖，字仲云，湖南湘潭人，同盟会会员，革命团体湖南体育会的负责人之一。民国初年创办湖南第二体育学校和湖南著名纺织厂裕湘纱厂的前身经华纱厂。

杨任，字晋康，湖南辰溪人，家庭富裕。1905年自费赴日本留学，先后入体育学校和东斌陆军学校。先后加入同盟会和共进会，是焦达峰最重要的助手。

焦达峰回湘之际，正是粤汉铁路长（沙）株（洲）段动工修建之时。为了便于联络、集结、组织和训练会党，也为了有助于解决部分会党群众的生计，焦达峰在杨任的协助下，分段承包了长株段路轨铺设的工程。

长株段全长50公里，主体工程从1909年8月底开始，至1910年9月底结束，前后1年1个月；到1911年1月19日试车，全部工程约1年5个月。对于筑路工人中的会党及其与焦达峰的关系，曾与焦共同从事过联络新军工作的会党人士陈浴新说："这些修筑铁路的工人（多为会党成员）受了焦的教育，有了一些政治觉悟，后来很多人投入了革命军队。"

另据日本驻汉口总领事和驻上海总领事在1910年4月长沙抢米风潮后组织的调查，"两湖铁路工程从山东、河南等地招收了大批无赖之徒，使湖南匪徒的势力一时激增，其党羽以船夫、苦力为中心，包括兵勇、农民、商人，还有少数胥吏、学生加入"。"白莲在理之徒作为修造其他铁路的力工，渐渐南下，盐枭之徒由于水路交通工程的频繁，慢慢地将势力扩展到上流，此等匪徒近来有一部分侵入湖南，乘长沙暴动之际，与北清事变的义和团匪着同样服式，他们突然出现在乱民的面前，充当暴乱指挥，焚烧学堂、衙门、洋馆等。暴动一结束，一溜烟地失去了踪影。有人说这种神出鬼没的人定是非常机敏的地地道道的团匪。……可以断定，白莲在理之徒混在苦力之中南下的事是无可非议的事实。"湖南会党研究专家饶怀民先生认为，这批"神出鬼没的人"，"是由焦达峰暗中以修铁路为掩护，招来的北方义和团余众"。

据专家估计，清光绪、宣统年间，也就是辛亥革命期间，会党的组织已遍布全国。从城市到乡村，从交通码头到驻军兵营，到处有它们的山堂香火。会党的名目已达一二百种，会众数千万，形成了一种无处不在的社会势力。这在世界历史上是一种罕见的社会现象。这种罕见现象，从根本上说，是经济社会变化的结果。随着自然经济的瓦解，大量劳动者从传统农业、手工业和交通运输业中分离出来，再加上千百万难民、数百万散兵游勇，社会上无依无靠、流离失所的民众急剧增加，在工会、农会、行业协会等现代社会组织兴起、完善之前，会党就成了集结这些民众的主要形式。

会党队伍庞大的根本原因表明，要真正紧密联络会党，就要解决会党群众的生计问题。那些势力强大的会党头目，都控制有相应的经济实体，如矿山、码头、船队、车队、作坊、公司、货栈、店铺、楼堂馆所等。焦达峰从承包工程入手联络会党，虽然是临时应急，但代表了满足会党群众根本需求的努力方向，是一种联络会党的良好方式。

三、普迹"开章"，少年成"大哥"

萍浏醴起义失败后，号称拥有十万会众的洪江会，陷入群龙无首的困境。回长沙后，焦达峰与湖南的会党人物取得联系，很快成为洪江会的新首领。

余昭常，浏阳人，1868年出生，大焦达峰20岁。余昭常体型魁伟，臂力过人，受过专门的武术训练，具有相当的武功根底。他本为官府中的职员，1890年受湖北巡抚谭继洵的委派，在武昌、汉口一带查核税厘。因性情刚直，公正廉洁，在核税时得罪了不少权贵。双方都向谭继洵倾诉，谭巡抚劝告余昭常，要学会通融。余昭常愤而辞职，经营木材，往来于长江一带，广交会党徒众。1909 年 8 月，余昭常在长沙结识了焦达峰。两人一见如故，谈得十分投机，焦达峰当即介绍余昭常加入同盟会，余昭常慨然将家资数千金捐作革命经费。自此，余昭常就成为焦达峰的知心朋友和得力助手，焦达峰把他当作兄长，非常尊重他的意见，凡事都和他商量。余昭常协助焦达峰在平江、浏阳、醴陵、长沙一带联络会党，为反清武装起义作准备。

焦达峰的另一个重要助手是黄小山。黄小山，浏阳人，1890 年出生在一个五代同堂的"洪帮"世家，其父黄少斌为洪江会昆仑山龙头大哥。黄小山少从父学文习武，勇力过人，曾只身打死金钱豹。早年随焦达峰发起成立会党机关于黄公桥，1906 年随焦达峰到日本，与焦共同进入东斌军校。继而与焦达峰参与发起成立共进会，是湖南参加共进会成立大会的六人之一。回国后，黄小山与黎先诚等人恢复黄公桥机关，积极联络会党。"奔走湘阴、平江、长沙、醴陵、浏阳和江西萍乡、万载等地，游说会党首领三十多人，于农历八月在浏阳普迹市举行山堂大会，讨论了起义大事"。

此外，在武汉捐款资助焦达峰的商人刘肯堂、周海文，此时都已经全力支持焦的革命活动，成为焦的重要助手。焦达峰的胞弟焦达人以及黎先诚等一大帮故友，都集结到了焦达峰的身边。

在众多新朋旧友的支持下，1909 年农历八月，焦达峰回到家乡浏阳，在普迹市举行了盛况空前的"开章"仪式。参加开堂的有本省湘阴、平江、长沙、醴陵、浏阳以及江西萍乡、万载等地的哥老会龙头三十余人，焦达峰被众龙头推举为龙头大哥。由于焦达峰没有担任过会党中的小头目，这种大哥就被称之为"穿靴子上山"，意即一步登天的大哥。而从小头目逐级上升的，则称之为"穿草鞋上山"。

自 1900 年唐才常对湖南会党进行整合以来，湖南（含湘赣边界）洪江会先后产生了三位总首领：王秀方（王四爵主）、马福益、龚春台。这三位首领分别出身于船工、窑工和爆竹工,都是地地道道的会党人物,也都接受了革命思想的影响,分别领导会众参加了自立军起义、华兴会领导的起义和萍浏醴起义。在他们的先后领导下,湖南洪江会成为一个政治性较强的会党组织。焦达峰以共进会和同盟会湖南分会的负责人身份出任洪江会的第四任首领,进一步增强了洪江会的政治性。

与他的三位前任不同,焦达峰并不是真正的会党人物。为了加深对会众的了解,焦达峰曾化装成乞丐,与其他乞丐一道住在庙里。每逢富有人家做喜事,就混在叫花子群中一起去讨吃的。在收获季节,他还带领一些同志去帮农民扮禾,他力气大又能耐劳,大家都说他是个好劳力。焦达峰这样对待底层贫苦群众,很让会众感动,也让跟随焦达峰的学界、商界人士受到了教育。

焦达峰没有根据共进会的设想以"中华山""兴汉水""光复堂""报国香"的名义重整湖南会党,而是继续保持洪江会的名称及其组织结构。后来才成立四正社,试图采用新的组织形式对会党加以整顿。由于焦达峰既尊重会众,尊重洪江会的历史,又重视提高会党的素质,他虽然年轻,但还是成了在湖南会党中广受尊重和很有号召力的"焦大哥"。

四、欲借抢米风潮再谋起义

1910 年春,由于上年水灾、湘米外流和奸商囤积,长沙米价扶摇直上,每升米的价格,由正常年份的 30 文钱左右、一般灾年的 50 文钱左右,涨至七八十文,而且是一日数涨,各米店皆悬牌书"早晚市价不同"六个字。在群众的愤怒抗议下,4 月 12 日,善化知县郭中广承诺在次日中午前进行开仓平粜。

4 月 13 日,上千市民涌向碧湘街,等候政府平粜。结果,平粜杳无音讯，众人连呼上当，大骂狗官骗人。湖南巡警道赖承裕率队前往弹压，训斥群众说："你们在茶馆喝茶，每碗 100 文钱都不嫌贵，为什么就嫌 80 文一升的米贵呢？"这种混账话点燃了饥饿群众的怒火，他们一拥而上，痛打这个狗官，还将他吊到树上。

为了解救赖承裕，一个亲兵冒充群众说："打死这个老家伙也没有用，不如把他押送到抚署找岑春蓂论理。"说完，他背起赖承裕就往城里跑去，群众也就浩浩荡荡跟着来到了巡抚衙门。巡抚岑春蓂出牌告示，承诺五天后开仓平粜。群众不允，砸烂了告示牌。几番交涉后，冲突升级，岑春蓂下令开枪，当场打死十多人，伤几十人。长沙抢米风潮大起……

焦达峰、杨任认为机不可失，急忙安排一批会党精英上街暗中鼓动和组织群众闹事，并计划组织三千会众夺取长沙。同时，急电武汉共进会的黄申芗、查光佛与群治学社的杨王鹏、李六如，请求他们在湖北同时起事。

4 月 14 日，岑春蓂第二次下令军队开枪，打死围攻抚署的群众二十余人。一个武艺高强的人，提着早已准备好的一桶煤油，一个纵步飞身上屋，踩着屋顶浇下煤油，点上火，巡抚衙门顿成火海。愤怒的群众呼啸而上，冲进巡抚衙门，将抚署内号房、文武巡厅、大堂、二堂等处打得稀烂，并全部点上火。这场大火从上午 10 时左右一直烧到午后 14 时，足足烧了 4 个多钟头，这座有五六百年历史的巡抚衙门，变成了一片瓦砾场。

在此同时，长沙街头出现了一支神秘的"青兵"。他们"皆以青布包头，身穿青色短衣，赤脚行走，身材短小精悍，又动作矫捷，登高跳跃如履平地"。他们并不抢米，而是"左手持煤油罐，右手拿火把或铁棍"，三四人一组，专门焚毁教堂、衙门、洋馆。他们的动作极为熟练，焚毁一间普通平房，整个过程只需要二三十分钟。他们不与群众说话，当群众要求他们不要烧毁某座建筑时，他们只是点点头，然后就停止行动。除了"青兵"

之外，抢米群众中还出现了一批"头扎白巾"的人，他们武艺高强，是群众与巡警斗争的主要依靠。在"青兵"和"头扎白巾"的人带领下，民众对教堂和洋行等发动了全面冲击，被焚烧捣毁的机构有四十余处，如英国太古洋行和怡和洋行，德国德宜公司和立朋聚尔教堂，美国圣公会、遵教会、信义会等教堂以及英美烟草公司，挪威路德教堂，日本领事署、三井洋行、日本邮电局等，大清银行、官钱局、长沙税关、府中学堂及中路师范学堂也被焚烧或捣毁。

在此前后，常德、宝庆、岳州、湘潭、安化、宁乡、益阳、祁县、武陵、澧州、郴州、湘阴、巴陵、芷江、武冈、新化、永顺、桑植、晃州等数十州县都不时发生吃大户或抢米事件。有些地方饥民与会党结合，聚众起事，"竖旗倡乱"。

湖广总督瑞澂调遣湖北巡防营两营于 17 日来长沙，接着，湖北新军第二十九标及炮队两队也于 18 日赶到。长江水师营调来军舰二十余艘，向手无寸铁的群众开炮示威。英、美、法、日、德各国纷纷从汉口、上海调来军舰十余艘，协助镇压。另外，清政府将巡抚岑春蓂、布政使庄赓良、巡警道赖承裕、盐法道朱延熙等革职，湖南按察使、长沙知府、长沙知县、善化知县等官员也受到各种处分。一批长期操纵湖南政务的豪绅，也因囤积米粮并有挟众拥庄倒岑之嫌而受到处分，其中包括王先谦、孔宪教、叶德辉、杨巩等巨绅，他们受到打击，被认为是"长沙府城的政治结构出现了彻底的改变"。这些人不但反对革命，而且反对维新、立宪，他们的失势，给湖南的辛亥革命扫除了很大的社会障碍。此外，湖南当局还成立善后总局，会同长沙总商会设平粜坊 8 处，平价发售，定价每升 40 文，仅准贫民按日携带执照购买。通过武力镇压和采取平息民愤的对策，长沙抢米风潮迅速得以平息。

焦达峰等看到形势变化，立即停止了行动。对此，陈浴新评价说："焦达峰为人勇敢，但非常谨慎，绝不鲁莽。……抢米风潮，焦达峰在处理这件事情上表现出极其慎重和高度的策略性。事变之初，焦达峰和杨任认为可以发动会党参加，以图大举；嗣经详细研究，决定以不轻易插手为宜。所以在这次风潮中，会党并无行动表现；否则将反为权绅提供借口，必受'焚毁学堂''破坏教育'的诬蔑和唾骂了。"

陈浴新还说，长沙抢米风潮发生时，他因目疾而住在长沙思贤讲舍（船山学社与湖南自修大学旧址）东边曾国藩祠（小吴门附近）的一所房间内，在这所房间的楼上，住着两个与官绅关系密切并与焦达峰时常往来的政客式和尚——光明和尚与宝生和尚。抢米风潮发生时，焦达峰和杨任曾在这两个和尚的住所，与他们研究会党是否参加这次风潮的问题，"所以我知道得很清楚"。

湖北方面在接到焦达峰的通知后，共进会的黄申芗、查光佛与群治学社（文学社前身）的李六如、杨王鹏密议，决定于4月24日夜12时发动，后因事泄和湖南停止行动，湖北也停止了行动。

长沙大乱之际，时在湖南新军炮队任排长的陈作新找到管带陈强，对他说："机会到了，我们拥护管带。"陈强故作不懂地问："陈排长，你讲什么啊？"陈作新说："管带在日本留学很久，自然知道的，不用排长多嘴。"陈强急忙大喊："护兵，陈排长喝醉了酒，送他回去。"事后，陈强借故将陈作新开除了军籍。

陈强，湖南常德人，1903年留学日本，初入陆军成城学校，后入陆军士官学校第六期。在日期间参加了同盟会，还加入了黄兴组建的由士官生组成的丈夫团。湖南光复前，未见他参与策划革命活动的记录。湖南光复后赴鄂支援，参加了黄兴领导的武汉保卫战。后任湖南第八旅旅长、湖南护国军湘西招讨使、湖南审计院院长等职。陈强不愿意在时机不成熟时起义，平时也不与革命党人往来，有利于保持他手中掌握的兵权。但是，这些有一定身份和一定社会地位的人都不出面，而那些社会地位较低的积极活动者又被认为没有资格领导革命，这是两湖地区辛亥革命所遇到的一大难题，人称"有兵无将"。

焦达峰和他的战友们能在抢米风潮大起时立即做出两湖起义的决策与部署，机遇意识很强，但他们的准备有限，实力有限，一时尚不具备应急能力，他们要如何才能抓住那些稍纵即逝的机遇呢？

第五章

"团结作中坚"

再度流亡，整编会党

策应广州，联络军队

"就从我们两湖干起来"

请菩萨"舍身救世"

"湘中谁来主持？"

如何对待立宪派？

一、再度流亡，整编会党

长沙抢米风潮平息后，湖南当局追查幕后操纵者和肇事者。虽然当局并没有注意到焦达峰等人的行动，但为了避免意外，焦达峰还是将准备起义使用的旗帜焚灭，有关秘密文件交焦达人保管，再次走上了逃亡路。

焦达峰这次逃亡，同行者有黎先诚、周海文、沈仙舟、郭益吾和谢介僧等人。其中，谢介僧（1887—1945）为湖南新化人，早年追随谭人凤联络会党，1906年与谭人凤等人一同到日本，同年加入同盟会。常在各地进行联络，曾介绍陈作新加入同盟会。谢介僧与谭人凤关系密切，他成为焦达峰核心团队的成员，为加强焦、谭的联系提供了便利。

这次逃亡，焦达峰在醴陵活动了一段较长时期。黎先诚说，焦达峰此次在醴陵运动萍乡一带军士，近一年时间。时在醴陵渌江中学读书的李味农回忆说："焦达峰曾来县联络会党，寓丁祠、何祠，来来去去有两年之久。"

在醴陵期间，焦达峰一行的处境极其尴尬。有段时期，焦达峰与刘肯堂、黄荣三人同住醴陵东门和丰客栈。他们囊空如洗，衣服行李，典当一空，三人共存小衣4条、汗褂1件。同志往来缺乏川资，一时无法解决。刘肯堂就将水烟袋一根送到当铺，用当来的钱给同志外出做路费。要抽水烟时，就以南瓜杆代替。这段时期，栈主逼索伙食债，一日数次。焦达峰嘱刘肯堂东借西挪，所借之钱不计其数。后经黎先诚的兄长黎先检接济，才得以缓解。

在这种窘况下，焦达峰毫不气馁地积极为革命奔波。

醴陵是洪江会的主要基地，同盟会其时也在醴陵朱子祠有秘密通讯机关，由时任朱子祠小学监督的潘昉负责。有了这些基础，焦达峰潜伏醴陵期间，对萍浏醴起义旧部及其他会党做了大量联络、整编、训练之类工作。

1910年5月，湖南有五百多新军退伍返乡，其中以萍浏醴地区最多。

焦达峰认为可以发展这批军人入会,急忙与焦达人、黄荣等人分头行动,成功联络了一批退伍军人,并把他们编成一镇,以黎世熙为左协协统,黎星裕为右协协统。焦达峰还任命共进会党务部长、时为华容明达高等小学(原沱江书院、今华容一中前身)堂长(校长)的潘鼎新为湘省参谋总长,兼第三镇统制,驻守岳州,联络两湖。后来,潘鼎新、黄荣在华容东山开山门,收堂众,组建了一支二百余人的义军,随时准备响应长沙方面的起义。

风声平息后,焦达峰返回长沙,栖身于湖迹渡(今湖南烈士公园内)李氏墓庐,继续主持城内各机关,继续联络各地会党与同盟会同志。

1911年7月,焦达峰和焦达人、彭友生等人在太平街孚嘉巷42号成立四正社,作为洪江会的领导核心和骨干力量。太平街孚嘉巷42号四正社旧址,是一座中西合璧的公馆,两层楼,中间一个大庭院,南北两边为厢房,上下各六套,总建筑面积480平方米。前门为一张高达4米的石拱形大门,嵌在一堵厚实的墙内,类似城门,隐隐地透出一股威严之气,还有一定的防御功能。门前有十多级(现存4级)花岗石台阶,颇为气派。能租用这样一座公馆,表明此时的洪江会,拥有了不错的经济实力。

通过四正社,洪江会的组织程度和素质都得到了提高。阎鸿飞说,"辛亥革命时,四正社的人是全部参加了革命的。新军中的易堂龄、杨玉生、朱先杰、刘玉堂等人,巡防营中甘兴典、袁国瑞、赵春霆等人都是列名四正社的"。"湖南军政府成立,拟扩充陆军为4个镇(相当于后来的师),不到一星期,附近各县开到马刀队、梭镖队、来复枪队一万八千多人,编入陆军各镇之中,这都是响应焦达峰号召而来的四正社社员"。

二、策应广州,联络军队

1911年2月5日,为了策应广州起义,谭人凤在香港与黄兴、赵声交谈后，携带由香港统筹部支付的 5000 银元（一说 2000 元），前往长江中下游地区进行联络。

当谭人凤在上海、武汉活动期间，与谭同行的谢介僧、刘承烈先行回到长沙，找到时在湖南高等铁路学堂任教的曾杰，告之广州起义之事，希望曾杰在湖南组织响应。

曾杰（1886—1941），字伯兴，湖南新化禾青（今属冷水江市）人。先后就读于湖南高等学堂、日本警政学校，有数学专长，著有数学著作多种，后在柏林大学攻读政治经济学、社会学，获博士学位，先后任北平民国大学、上海中国大学教授。焦达峰任都督时，曾杰任湖南都督府参谋兼军政府秘书，人称焦达峰"内事委于曾杰，外事委于文斐"。焦达峰遇难时，"曾杰在病中几乎发狂"。后继续与其弟焦达人保持联系，共同从事政治活动。曾杰是个有真才实学的学者，并且是这一时期黄兴认定的同盟会在湘代表，他能真心实意地支持焦达峰，意义重大。

稍后，谭人凤到达长沙，在路边井某日本旅馆召集同志开会，到会的有曾杰、肖翼鲲、龙铁元、吴超征、洪荣圻、文斐、何陶等十余人。当时议定，机关由彭庄仲负责，辅以曾杰、周岐；军队由吴静庵、刘文锦负责，辅以唐镕、谢宅中；官绅学界由文斐、曾杰负责；会党由焦达峰负责，辅以谢介僧、洪春岩；经费接济，由龙芙溪、龙铁元负责。

其时，焦达峰不在长沙。谭人凤在长沙等了焦达峰几天，因时间紧迫，谭在交给曾杰 700 银元的经费后，就经上海转香港去了。

为了策应黄花岗起义，1911 年 3 月 31 日，刘文锦召集 56 名（另有 68 人、72 人等说法）士兵代表在天心阁三楼开会。据时为马队目兵并参加会议的熊光汉的回忆，到会者计有步队安定超等 13 人，马队刘安邦等 24 人，炮队谢斌等 3 人，工程队欧阳钧等 3 人，辎重队熊光南等 13 人。

天心阁会议是湖南军界革命力量的第一次大集结，对日后湖南革命活动的开展意义重大。因天心阁会议被官府侦探发现，刘文锦和部分士兵骨干被迫离开军营。后来，刘文锦委托焦达峰代为联络新军，"自是新军同志，向之听命于刘文锦者，转而瞻焦达峰之马首矣"。

长期在湖南新军中进行革命活动的是陈作新。

早在1904年华兴会准备长沙起义期间，时在兵目学堂学习的陈作新就负责联络兵目学堂及其主管单位武备学堂。1907年，陈出任湖南新军第二十五混成协炮兵营左队排长，将《猛回头》《洞庭波》《黄帝魂》等宣传革命的小册子写上"兵目须知"四字，在新军中秘密散发。次年，陈被调至步兵第四十九标任排长，兼任随营特别班及测绘班教官。辗转介绍优秀士兵安定超、李金山、刘光莹等数十人加入同盟会，并利用节假日带领他们在岳麓山白鹤泉一带秘密聚会，向他们讲解革命的道理，士兵无不感动流泪，愿为效力。1910年长沙抢米风潮过程中，陈作新鼓动管带、同盟会会员陈强起义，被陈强借故革除军职。

陈作新被革职后，一度情绪低沉，准备前往黑龙江投军。焦达峰得知后，立即请他在湖南帮助运动军队，为在长沙起事做准备，并拨给其经费。于是，陈寄居于长沙寿星街培元桥李培心家，以教书为掩护，成立了一个专为联络新军的革命团体"积健会"。从此，小吴门一带的茶楼饭馆中，常见到陈作新的踪迹。

陈作新善于鼓动，是个出色的宣传家。他自称和孙中山、黄兴是拜把兄弟，他是湖南革命党人的"十头领"之一，其中的八位是：宋教仁、焦达峰、谭人凤、陈作新、龙砚仙、阎鸿飞、杨任、成邦杰（据阎鸿飞回忆）。陈作新经常把革命形势说得大好特好，把革命党人的力量说得大而又大，让人们深受鼓舞。由于这些说法和"十头领"一样，虽不确切，但都有一定的依据，连一些老成持重的士绅也将信将疑。

除了通过刘文锦、陈作新联络新军外，焦达峰还通过会党和四正社广为联络新军与巡防营官兵。陈浴新说,焦达峰联络军队,是"按照会党的传统方式去做,极尽秘密之能事,达到了'相喻无言'的境地。我们采用多方渗透和个别联系的方法,很少集体开会,使敌人无从察觉。因此,这一工作在新军和巡防营中进行得比较顺利,而且成效显著"。与焦达峰和革命派联络的军界人士有:新军第四十九标第三营管带卿汉藩,此人为谭人凤的同乡与好友;新军队官梁宪屏,此人为陈浴新同乡与好友;新军第四十九标第二营管带王正宇,同盟会会员;巡防营管带赵春霆、刘玉堂、李生盛、李培芝,哨官陈振鹏、周梅忠,副哨徐鸿宾等。其中,徐鸿宾为革命积极分子,负有联络巡防营的责任。

阎鸿飞说:"巡防营里的中下级军官,多数是加入了会党的。焦达峰所领导的四正社,早在巡防营中扎下了根子。巡防营军官赵春霆、刘玉堂、袁国瑞、甘兴典都和焦达峰有关系。"他还说:"新军中的易堂龄、杨玉生、朱先杰、刘玉堂等人,巡防营中甘兴典、袁国瑞、赵春霆等人都是列名四正社的。"

这样,湖南军界革命派团结共进的局面初步形成。

三、"就从我们两湖干起来"

1911年4月27日(农历三月二十九日)17时30分,黄花岗起义爆发。黄兴亲自率领130余名勇士大战广州城,在广州城内各地与清军血战了一个晚上,130余名勇士至少牺牲86人,当时安葬在黄花岗的有72人。

5月3日,刊载有黄花岗起义失败消息的《民立报》到达武汉,上面赫然刊登着"黄兴攻督署阵亡","胡汉民、赵声当场被捕"等大字标题。焦达峰、杨任、阎鸿飞、居正、刘公、孙武、刘英、杨时杰、杨玉如、邓玉麟、李作栋等两湖志士聚集在武昌雄楚楼10号刘公寓所,讨论这一事

1905年5月，同盟会在广东潮州黄花岗发动起义，图为起义军誓师出发情形。

英勇不屈的黄花岗起义战士

变及两湖地区的应变措施。

现场气氛十分沉重，好一阵都没有人开口说话。

居正打破了这种沉寂。他分析说："这次起义失败，我们的损失无疑是重大的，但黄兴、胡汉民、赵声等人阵亡或被捕的消息不一定确切，有可能是我们的同志故意放烟幕弹，以麻痹敌人，迟缓敌人的追捕行动。同志们不必过于泄气，广州起事已经失败，再也无法挽回，我们要好好研究一下我们该怎样办。"

居正这么一说，沉闷之气一扫，与会者的精神开始振奋起来。孙武首先发表意见，他说："原来是广东发难，我们两湖响应。从今天开始，我们就要主动起来。"

焦达峰马上接着说："当然是这样。原来我们就主张由两湖首先发动，他们一直不接受。中国如果没有广东，我们就不革命了吗？黄克强真正战死了，我们就不革命了吗？革命不是哪一地、哪一人的事，就从我们两湖干起来，再也不要依赖别处了！"

与会者纷纷发表看法，支持孙、焦二人的提议。

刘英说："上海要成立同盟会中部总会，是希望长江革命。长江革命当然以两湖为重要，我们要立即自己干起来，不要再游移。"

杨时杰泪水长流地说："这次损失太大，把各省的英雄豪杰都牺牲了。他们已尽了个人的责任，以后这革命的重任，就要由我们两湖的同志来担

黄花岗七十二烈士墓

当了。"

具体怎么办呢？

焦达峰说："中国革命现在要以两湖为主，如果你们湖北首先发动，那我们湖南就于十日内响应；如果我们湖南首先发动，那你们湖北就于十日内响应。最好是两省同时发动。"

大家都同意这一看法，并推"焦达峰、杨晋康（任）两同志负湘省完全责任"。这样，继共进会在东京推举焦达峰为湖南大都督后，两湖地区的革命党人，再次推举了焦达峰为湖南革命的领头人。

根据这些史料，章太炎在 1933 年 10 月 10 日的演讲词中说：

> 至辛亥革命之主谋，则湘人焦达峰也。达峰者，共进会会员，初与湖北日知、文学等会议起事，焦建议自湘首倡，鄂响应之。并曰："若湘起后，鄂于十日内不响应，则湘将以鄂为敌人。"

焦达峰自 1909 年初回国以来，短短两年多内，四谋两湖起义，并为此脚踏实地，深入现场，奔波各地，扎扎实实地做了大量准备工作。他可能称不上是"辛亥革命之主谋"，但他对湖南首应的贡献，不亚于任何人，对湖北首义亦有重大贡献。

四、请菩萨"舍身救世"

"以两湖为主"的方针确定后，焦达峰等年轻的革命党人遇到一个现实大问题——经费！他们中有很多富家子弟，但多年的革命活动，让他们把能从家里掏出来的钱都用光了。

焦达峰初回长沙时，"不能备车赀，一衫、双屐、一提篮外，别无长物。"

黄花岗起义前后，焦达峰、杨任、谢介僧、钟剑秋、熊心逸等二十多人，挤在汉口长清里一个一楼一底的房子里。换洗的汗衫和出门穿的长褂轮流穿。晚上蚊子多，打蚊子打到手都红肿起来。打蚊子时还边打边说："抢开了"、"打手心"。似乎是在玩着童年时代的游戏，或者是在学校的操场上抢球打。房子里无法入睡，他们就仰卧在天台上度长夜。他们充满激情，"日与孙摇清（武）、邓玉麟等奔驰不倦，狂热勃发，若不知革命为危险事。"（居正介绍）

为了筹集经费，这些"狂热勃发"的年轻人搞出了一系列经典笑谈，最著名的故事是三盗金菩萨。

面对日益窘迫的财政状况，焦达峰提议前往武当山取金像，并半开玩笑半认真地说，我们现在还没有发明牵财神的法术，"只有拜菩萨金刚，求其舍身救世"。讨论时，大家认为武当山路险，恐怕难以得手和难以脱身。居正提议说，在离他家七八十里的蕲州洗马畈，有一座达城庙，庙里有一尊金菩萨，若能把它偷出来，可以换很多钱。于是，大家就推举居正、焦达峰二人前去踩点侦察。

焦、居二人当晚就乘船离开汉口，先到居正家中。居正父亲与焦达峰交谈，"大悦"。晚饭后，居父谈起他亲眼看到的太平天国起义失败经过，"达峰谈兴亦豪，几乎彻夜不寐"。

第二天，焦、居二人前往达城庙，途中又到后任孙中山秘书、中华革命军湖北总司令的田桐家，受到田母的热情款待。

到了达城庙后，焦、居二人首先仔细观察了庙宇的布局及周边环境，然后去拜金菩萨。在庙中，焦达峰诚惶诚恐，见神就拜。来到金菩萨面前时，更是庄严肃穆，举止端正，十分虔诚，庙中和尚对他大生好感。他们发现，这尊金菩萨供奉在神龛上，四周密封，前面是一扇紧锁着的玻璃门。由于油烟灰尘很多，菩萨的模样及是否是金身都看不清楚。于是，焦出香资一银元，请看守金菩萨的和尚打开玻璃门。一银元当时在当地可供二十来人在饭馆大吃大喝一顿，是笔不小的钱。和尚虽感到为难，但为了争取这位富有的香客，只好开了锁。焦一面认真观看，一面与和尚交谈，询问金菩萨的来历与供奉香火的情况。和尚骄傲地说，菩萨由来已久，"威灵显赫，有求必应，故年年有人许愿装金"。交谈中，焦达峰不动声色地用手推了推金菩萨，菩萨纹丝不动。看守和尚大惊，连连呼喊："客堂，快侍茶。"二人不敢久留，只好告辞。回到汉口后大家商议，由焦回湖南，找几个力气大、武艺强的人来。

焦达峰久无音讯，湖北的同志着急起来。居正、查光佛、刘文锦三人，再次来到达城庙，徘徊了几次，一直没找到下手的机会，只好垂头丧气地回去了。

7月初，焦达峰率几位健汉从湖南来到汉口，其中有身材高大的武术教师江庇佑，有能一把举起石臼的大力士焦鼎牟，能挟起一头黄牛的大力士黎廷杰。焦达峰向居正等人通报了湖南方面的情况，说万事俱备，只欠经费。这次同来的志士都有好身手，"此行定请得金菩萨出山，作雨霖苍生之举"。

7月10日晚，焦达峰、邓玉麟、江庇佑、黎道义、黎廷杰、黎先诚、焦鼎牟、周海文八人赶到了洗马畈。在到达离达城庙15华里的一家客店时，天上突然下起了大雨，达峰大喜："此天助我也。"遂分两路前进：焦达峰与江庇佑各带四人，焦达峰组走大路，负责取金菩萨；江庇佑组抄小路，负责接应，两个小组约定夜半时分会合。

焦达峰组赶到达城庙后，从后墙打洞进入庙中。然后，两个大力士去搬金菩萨，焦达峰持刀把守和尚宅门，黎先诚堵住前门。两个大力士好不容易才将金菩萨从神龛上推下来，没有想到却抬不动它。焦达峰前去帮忙，同样也搬不动。焦达峰一边嘀咕道："真的是菩萨显灵了吗？"一边想办法，让力士用铁锥凿开底座，终于拖动了菩萨。但还是太重，不能携带，于是他们就把金菩萨拖到后殿后去砸。

这样叮叮当当一折腾，弄醒了庙里的和尚。他们不敢直接制止，就悄悄地赶去报官，还到附近喊人来帮忙。当差役和村民香客赶来时，焦达峰等人还只卸下金菩萨的一只胳膊。看到形势不妙，他们只好把已经砸烂的菩萨碎块扔进后山坡塘里，以便日后再来取，然后狼狈而逃。

跑了几里路后，他们碰到江庇佑这组人马，原来这路人马迷了路。逃跑途中，他们遇到了追兵。江庇佑说："焦大哥带邓哥及五弟六弟先走，我等守后。"在掩护过程中，江庇佑一度与追兵交手，在所有人全部撤退后，为了避免把事情闹大，束手就擒。后来，他在押送途中又挣脱绳索、踢倒土墙逃跑了。

当焦达峰、邓玉麟等四人来到一家酒店用餐时，再次遇到追兵。危急之中，焦达峰试探着用江湖道上的行话与追兵喊话，没有想到真的遇上了会党朋友。于是，双方坐下来沽酒共饮。交谈中，这伙人向焦等展示了在抓获江庇佑时缴获到的包裹，中有手电、锥斧等物，并问，这些东西是不是你们的？焦达峰等不置可否，只与他们饮酒畅谈。酒毕，追兵叮嘱焦达峰等按湖北会党的行规，购草纸两捆，束成包袱式，并告诉他们背负、手提、落店、安放这种纸包袱的方法，还帮助弄来一条小船，将焦达峰一行送出蕲州城。

焦达峰不顾危险，坚持在轮船码头等候江庇佑等四人，并派人以购食为名，前去接应。夜半时分，江等四人赶到。焦达峰一行八人，终于安然无恙地全部返回了汉口。

盗金菩萨失败后，邹永成献上一计。邹永成（1882—1955），湖南新化人，出身于地理学世家。其曾祖父邹汉勋是中国近代舆地学的奠基人，其家族中比较著名的地理学家，到中华人民共和国成立时有46人。邹永成说，他有一位婶婶，家里有不少金首饰，如果用计偷来，可拿来资助救急。通过商议，他们决定由邹永成把蒙汗药下在酒菜里，骗婶子吃下，届时再由焦达峰、孙武、邓玉麟前去盗取金首饰。于是，邹永成买来一瓶上等葡萄酒，往内加入由军医江亚兰配制的蒙汗药，然后就提着这瓶酒去看婶婶。到了约定时间，焦达峰等三人兴冲冲地前往邹婶家，没有想到，吃过蒙汗药的邹婶仍在堂房和邹永成等人谈笑自如。

邹永成又想了一些其他办法。他将祖遗祭田一百多亩租的契子抵押与祖伯，得到2000银元。在得知南洋印刷局的谢祝轩盗印邹氏企业的地图后，他说服族人息讼，然后从谢祝轩处索取赔偿金1000元。还有一次，邹永成将一个堂弟带到汉口去看戏，从他伯母那里搞到了800元。此外，邹永成还卖掉了祖传的家藏图书，典当了衣物首饰等家产，并多方向亲友筹集资金，全部用于革命活动。

曾为黄兴处理债务的谭人凤深有感慨地说："金罄床头，英雄减色，钱空囊内，壮士无颜。"焦达峰他们这种小人物，既无巨商大贾的支持，又没有向社会募捐的号召力，在经费面前，不能不面临"英雄减色""壮士无颜"的尴尬。但他们没有因此而泄气，而是凭着"奔驰不倦，狂热勃发"的革命激情，用那点令人难以置信的微薄资金，创造了武昌首义、长沙首应的惊天奇迹！

五、"湘中谁来主持？"

焦达峰两次被推举为湖南革命的负责人，但都是出于共进会系统，能否得到其他系统的湖南革命派的认同，还是一个大问题。

在同盟会系统，湖南革命最初由禹之谟主持，禹于1906年8月被捕后，由刘道一负责。刘牺牲后，大体上由宁调元负责。宁调元被捕后，一些人受时在狱中的宁调元的委托，于 1907 年 3 月在长沙妙高峰卷云亭组成"同盟会湘支部"。其成员有刘谦、李隆建、黎尚雯、刘劲、刘铖、曾广琡、李振锷、彭一湖、李剑农等人。他们认为，"厥后海内外同志回湘工作者，如曾杰、焦达峰、文斐、龙毓峻等依次加入，规模日以扩充。辛亥革命，湖南最先响应，实权舆于此矣"。

1909 年，龙铁元担任湖南高等铁路学堂校务的教务长。龙铁元是著名士绅龙璋的侄子，1905 年 9 月加入同盟会，1908 年 6 月毕业于日本东京筑地工业学校土木科。回国后任湖南高等铁路学堂教务长，由于该校总理（相当于董事长）为湖南粤汉铁路总公司总理余肇康，监督（相当于校长）为龙璋，该校事务实际上就由龙铁元主持。在他的招揽下，铁路学堂聚集了一批同盟会会员：曾杰、文斐、洪荣圻、龙养源、吴超澂、彭延炽、龙涤英。龙铁元说，他们"借学堂为掩护成立了同盟会湘分会，我被推主会事兼管财务，另有办体育社的吴作霖和办富训商业学堂的文经纬互相呼应"。

1911 年 3 月初，谭人凤回湘活动。在湘期间，曾杰表示其后不再负责湖南同盟会的事。谭人凤大怒："会中无人负责，奈何？今苏、浙、皖、赣、鄂皆负责有人，若湘省无人主持，则贻羞于人者其事犹小，贻误于同盟者其罪甚大。"曾杰只好同意继续负责，并收下了谭人凤交给的 700 元经费。黄花岗起义前后，黄兴两次派专人前来与曾杰联系。因此，曾杰是黄兴、谭人凤认定的湖南同盟会的负责人，并且是湖南都督的人选之一。

谭心休为举人出身的老资格同盟会会员，曾参与创办中国公学，并担任该校评议部议员，回湘后主持驻省邵阳中学。他所主持的驻省邵阳中学是革命派的聚集地之一，焦达峰、杨任、文斐曾经来过此地与曾杰、谭心休商议事情。因此，谭心休也被认为是同盟会湖南分会的负责人，并且是湖南都督的人选之一。

如此等等，谁来主持或谁在主持湖南的革命工作，如同一团迷雾。

1911 年 6 月 17 日，谭人凤到达汉口。焦达峰、杨任、曾杰、谢介僧、邹永成、刘承烈、谭二式及居正、孙武等两湖志士共二十多人，前往与谭相聚。谭人凤此时仍沉浸在黄花岗起义失败的悲愤之中，"决志归家，不愿再问党事"。焦达峰大力劝阻说，事在人为，先生革命了十来年，岂可抛弃前功。先生如果引退，岂不是让我们这些人进退失据？

　　在焦达峰及众人的反复劝阻下，谭人凤打消了退意。谭人凤豪情复起，要求回湖南主持。

　　焦达峰说："湖南风潮险恶，（先生）断不可归。"

　　谭说："我不回湘，湘中谁来主持？"

　　焦回答说："有伯兴（曾杰）同我们主持！"

　　谭又问："我做什么事？"

　　曾杰说："长江一带，还要借重先生，从事调查联络，以便联合一致进行。"

　　谭人凤欣然承担起了联络长江中下游的重任，立即与曾杰等人离开汉口，先后到湖口、九江、安庆、南京为联络。接着，谭人凤与宋教仁、陈其美等人于 1911 年 7 月 31 日在上海成立了中部同盟会。同盟会中部总会成立以后，推定焦达峰、杨任、谢介僧、曾杰等组成湖南分会，负责湖南起义的准备工作。

　　这样，继共进会推定焦达峰、杨任负责湖南革命事务后，中部同盟会也推定焦达峰为湖南革命的牵头人。虽然尚未得到刘谦等人的"同盟会湘支部"和谭心休一派认可，但得到了曾杰、龙铁元、文斐、阎鸿飞等众多革命党人的支持。这样，禹之谟遇难后湖南革命无明确负责人的问题，基本上得到解决。

　　谭人凤喜欢骂人，此时却高兴地说："焦达峰、孙武由同盟会分出者也。长江流域为主要，诸公视为无可为者也。一旦稍事提携，分者终得复合，无可为者，竟大有可为。益信爱国之心，尽人同具，豪杰之士，随地有之，岂限于人与地哉！焦达峰有曰：'事在人为。'旨哉斯言。"

焦达峰主持湖南革命，虽然没有巩固好政权，但还是勇敢地自主领导了湖南革命，勇敢地自主建立起了湖南革命政权，在辛亥革命历史上，写下了辛亥革命时期年轻革命党人最敢作为、最敢担当的壮烈一页。

六、如何对待立宪派？

更为广泛、更为深入地开展革命，必须团结更多的力量，其中一个关键性的问题，就是如何对待立宪派。

湖南是立宪派最为活跃的地区之一。在省外，湖南人有杨度、熊希龄、徐佛苏等著名立宪派。在省内，湖南立宪派最主要的代表人物是谭延闿。

谭延闿（1880—1930），湖南茶陵人，其父谭钟麟进士出身，为官 40 年，曾任陕西巡抚和陕甘、闽浙、两广总督等职。谭延闿本人为 1904 年度会元（会试第一名），填补了湖南在清代二百余年无会元的空白，并任

策动政变接任湖南都督的谭延闿

204

翰林院编修、学部咨议官。1907 年参与湖南宪政公会的活动后投入立宪运动。1909 年 10 月，出任湖南咨议局议长，正式成为湖南立宪派的领袖。1911 年 5 月，谭延闿在北京被推举为各省咨议局联合会执行主席，声名更为显赫。

1909 年 10 月成立的湖南咨议局，为湖南立宪派提供了一个参政议政的正式平台。湖南咨议局共有 82 名议员，实际参加第一届常年会有 78 人，其中有 73 人为进士、举人、秀才，占 93.6%，是一个以旧士绅为主的群体。

在中国历史上，由民选代表在正式机构参政议政，是一件前所未有的大事。议员们珍惜这个机会，雄心勃勃地想干一番事业。例如，普通议员没有薪水，16 名常设议员每月有车马费 50 两，湖南巡抚欲给他们增至 100 两，为他们所拒绝。对议案的讨论非常认真，原定 30 天的首届常年会因此而延长至 50 天。部分议员特别活跃，在资政院第一届常年会例会上，来自湖南的易宗夔发言 416 次，居全院议员之首；罗杰发言 140 次，在前 10 名之列；此外，还有黎尚雯发言 56 次。

正当湖南立宪派试图借用咨议局这个平台大干一番时，清政府却毫不留情地给了他们当头一棒。湖南巡抚杨文鼎未经咨议局讨论，擅自发行地方公债 120 万元。此举引起了议员们的愤怒，他们上告到资政院，得到该院的支持，杨文鼎却得到了军机大臣的支持。于是，"湘省公债案"又演变为"资政院弹劾军机案"，进而演变为立宪派与朝廷的对抗，形成一场震动全国的政治风波。

立宪派又试图通过建立政党来争取权力，湖南立宪派又有了两个新的重要组织。

一个是宪友会湖南支部。成立于 1911 年 7 月 4 日，推廖名缙、陈炳焕、曹世昌、姜济环、周名建、仇毅六人为临时干事。谭延闿回到长沙后，出任宪友会湖南支部干事（支部长）。

另一个组织是辛亥俱乐部湖南支部，于7月10日成立，选举黄忠浩为支部长，李达璋、俞峻为副支部长。

黄忠浩（1859—1911），字泽生，湖南黔阳人。早年主讲沅州书院。曾集资开采黔阳金矿和溆浦、芷江铅矿。后创办沅丰总公司，任总理。再后成为湖南全省矿务总公司西路分公司总理。1895年募勇500名，驻守湖北田家镇炮台，后迁驻洪山，看守着武昌南大门。1897年回湘整饬军事，1902年升任湖南营务处总办。1908年任四川兵备总办，后升任四川提督。1911年春回湘，初任教育总会会长。与军界来往甚少的立宪派，对黄忠浩寄予无限希望。

于是，湖南立宪派文有谭延闿，武有黄忠浩，上有一批资深缙绅，下有一批年轻新秀，成为一股具有雄厚实力的强大势力。

"大同期共进，团结作中坚。"立宪派是必须团结而且也是可以团结的对象，但他们对焦达峰这样的寒微之士不屑一顾。如何对待立宪派，真是一个极其复杂的问题。

"焦达峰有曰：'事在人为。'旨哉斯言。"几番波折后，湖南革命派和立宪派终于在辛亥革命前夕联合起来。

1911年5月，在北京召开的各省咨议局联合会通过了一个《体育社章程》。根据这个章程，各地可以举办体育社，并实行军事操练，以"提倡尚武精神，补助军事教育，以为将来征兵之预备"。很快，湖南就在贾太傅祠成立了以咨议局议员易宗羲为监督的体育社。焦达峰十分重视这个阵地，向体育社选派人才，使体育社共为革命培养了四十余名军事干部。这样，体育社成为湖南革命派和立宪派合作的重要平台，而且是以革命派为主。

湖南还有一个重要组织——铁路协赞会。这个组织成立于1911年4月，主要人物有文斐、文经纬、龙璋、粟戡时、易宗羲、左学谦、黄瑛、姜济寰、曾杰、常治、龙铁元等。这批人中，既有革命党人，又有立宪派人，还有兼有二者身份的人物，是湖南革命党人和立宪派人合作的又一重要平台。

立宪派的经济实力和社会影响力远远大于革命派，他们附和革命并主动与焦达峰联合，大大增强了革命派的实力。但是，立宪派与革命派，既有"大同"，又有大不同，焦达峰等人如何既与他们团结共进，又能"作中坚"，保持自己的主导性和革命性，是一种新的严峻考验。

第六章

力促首义首应

拟借保路风潮发难

湖南原拟哪天起义?

遭遇劲敌黄忠浩

尽力履行 10 日之约

一、拟借保路风潮发难

1911年5月9日，清政府宣布铁路国有政策，1898年以来一直在争路、保路的湖南，再次在全国率先发起了反对铁路国有政策的新一轮保路运动。

1911年5月13日，长沙绅商学各界刊发传单，沉痛指出："湖南干路为全省命脉所关，将来借债修筑，湘人财产性命，均操于外人之手，若不极力争回，后患何堪设想？"14日，省会各团体一万多人在教育会总会集会，反对铁路国有政策，主张完全商办，实力进行。16日，各团体聚众汇集在巡抚衙门前，请求巡抚杨文鼎向清政府转达湖南人民的强烈抗议。

焦达峰、杨任借助这种声势，对在长株线上修路的工人进行发动组织。5月16日，湘路公司有近一万名工人停工进城。他们阵营强大，行动有序，情绪激昂，沿途发表声明："如抚台不允上奏挽回利权，商须罢市，学须停课，一般人民须抗租税。"等于喊出了"挽回利权""罢市停课""抗租抗税"的口号。

两湖革命派试图利用保路风潮举行两湖暴动，并于1911年6月17日前后在汉口举行会议，恰在此时，谭人凤来到汉口，他鉴于黄花岗起义等一系列起义失败的教训，认为要到1913年才能举行全国性的革命，极力反对这一计划。双方发生激烈争论，"数小时不决"。谭人凤没有说服众人，离别前再三叮嘱焦达峰等人，"取消暴动观念，规划后事"。

这时，四川保路运动大起。6月17日，成都各团体两千余人在铁路公司开会，成立"四川保路同志会"。全川各地闻风响应，保路同志会会员达到数十万人。7月，四川代表潘江等三人前来湖南运动。他们对粟戡时等人说："四川准备已甚充分，以袍哥、棒客为基础，人数众多，遍布全川，将来举义时，尚求各省协助，以祈早日成功。"

湖南立宪派有所心动，通过文经纬、易宗羲，主动约见他们以往视而不见据传为会党首领的"留日本铁道学生焦达峰"，会晤地点在铁路协赞会所在地——贾太傅祠三楼。会谈中，粟戡时等希望焦达峰也能把湖南的会党组织起来参加保路运动，双方对此很快就达成了协议。但组织起来后采取什么样的方式行动，双方产生了明显分歧。焦达峰说，清政府的统治还很牢固，有如铁桶江山，要推翻其统治，就要利用保路运动，发动长沙抢米风潮式的群众暴动。立宪派听后表示坚决反对，他们认为革命不能扰乱社会秩序。双方争论得很激烈，文经纬、易宗羲二人为了劝告焦达峰放弃暴动计划，"至于垂涕"。焦只好同意暂不发难，待与革命党人开会商议后，再决定如何进行。

清廷和湖南当局也在采取措施。湖南当局下令禁止开会，禁止发送路事电报，禁止散发传单，派军警、密探日夜四处巡逻，"手擎枪械，如防匪寇"，以致街市行人，"皆不敢偶语"。另一方面，也采取了利诱、劝导措施。宣布发还湖南各项路股，下令停收租股和米、盐、房捐，允许将租股、房股、廉薪股作为私股，米捐、盐斤加价则作为地方公股，从而使湘路投资者的利益得到了一定保障。立宪派头面人物很快就停止了抗议活动，湖南保路运动沉寂下来，以此为依托的暴动计划也只好放弃。

立宪派的劝阻，有可能使湖南失去了在全国率先发难的历史地位。对此，湖南都督府编写的《湖南光复记》遗憾地说，粤汉铁路风潮期间，革命党人"一面联合学堂停课，商界闭市；一面暗暗运动，打算就革起清政府的命来。因为有人在中间劝阻，说湖南人的力量，还抵抗清政府不住，恐怕徒然把些志士遭了'满贼'的毒手，革命又不能成功，实在犯不着，所以革命的风潮，暂时停了"。

二、湖南原拟哪天起义？

据孙武的《武昌革命真相》，1911年5月28日，焦达峰、孙武等两湖志士在汉口长清里91号机关讨论起义事宜，"决定本年冬季起义"。湖南参加这次会议的有焦达峰、黎意达、杨任等。

四川保路运动的新发展，让湖南部分革命派计划提前起义。

9月2日，时在武汉的刘文锦写信给马队的党人刘安邦转告各位同志："加紧组织，趁四川铁路风潮，即速起义。"次日，刘安邦在长沙东北郊清水塘召集军队同志会议，到会者二百余人，这是继天心阁会议后湖南新军内的革命战士又一次大聚集。会上，刘安邦宣读了刘文锦的密函，各代表报告了工作进展状况。经讨论后决定，加紧宣传联络工作，务使全协目兵一律接受。此后，在各代表的积极发动下，新军士兵几乎全部表示愿意参加革命，巡防营士兵也有半数左右同意参加革命。对于具体的起义日期，这次会议没有作出决定。

其后，焦达峰召集陈作新、安定超、刘安邦、熊光汉、丁炳尧、刘光莹、熊光南、汤执中、李金铭、姚玉山、严济宽、王奋武、易尚志、李海彪、徐鸿斌、吴连斌、杨振基、曹星亮等人商议，"两湖并举，推翻清朝"。并告之各人，他已经在"浏阳、平江方面联络洪门会党多人，并购有枪炮、炸弹，须俟人械到齐，再与新军联合发难"。

那么，焦达峰估计何时才能"人械到齐，再与新军联合发难"呢？据粟戡时回忆，焦达峰与吴作霖曾计划湖南在辛亥年十月初十（1911年11月30日）举行起义。如果粟戡时的回忆属实，那就表明，在武昌起义前，焦达峰曾经认为，湖南的起义准备，要到1911年11月底之前才能完成。这与汉口会议的"冬季起义"决定，基本上是吻合的。

9 月 24 日，湖北文学社与共进会两大革命组织正式联合，并初步决定于中秋节（10 月 6 日）举行起义。接到通知后，焦达峰召集同志商议。通过分析后，焦达峰于 9 月 28 日函告武昌起义指挥部，说湖南准备未足，请展期 10 天。湖北方面同意，两湖起义的日期因此而推迟到 10 月 16 日。

再后，时在香港的黄兴要求起义延期到 11 月初后，到 10 月 9 日中午，即武昌起义前一天，两湖起义的日期仍未确定下来。另有资料表明，两湖革命派根据黄兴的建议，考虑将原定 10 月 16 日的起义推迟一两个月。

总的来看，在辛亥农历八月上旬，基本上有如孙武所说："急则八月内动手，缓则冬月，决不出年。"而且通知了焦达峰，"故焦得此信，亦急准备矣"！

三、遭遇劲敌黄忠浩

在焦达峰等人为武装起义积极准备时，湖南的政局发生了重要变化，余诚格代替杨文鼎成为湖南巡抚，同时还担任陆军部侍郎、湖南监政大臣、粤汉铁路大臣等职务。

余诚格（1856—1926），安徽望江县人。光绪十五年（1889 年）进士，历任山东监察御史、广西按察使、湖北布政使、陕西巡抚。在御史任内，曾在 3 个月内上七十余道奏章，名震京畿，人称"余都老爷"。

余诚格以善于取才察吏著称，他一到湖南，就发现了黄忠浩这个人才。用大礼将当时正在从事教育和立宪活动的黄忠浩请出山，任命他为全省巡防统领兼中路统领，并让他事实上掌管了湖南全省的军权。

其时的湖南，计有新军 1 协，共 3836 人。巡防营 50 营左右，按编制每营约 240 人，其中黄忠浩直接统领的中路有 18 个营。另有绿营八九千人，其中，有"晚清绿营一枝独秀"之称的镇筸兵约占一半。此外，还有水师 16 营。

通过革命派的长期努力，湖南的新军士兵几乎全部拥护或同情反清，长沙的巡防营士兵也有一半左右拥护革命。但是，效忠清廷的军队也不少，有的还比较强悍。黄忠浩从军16年，先后驻扎湖北、湖南、广西、四川等地，同时还是湖南立宪派的主要领袖之一，与部分革命派也关系良好。掌管湖南兵权后，他以"曾国藩第二"自居，扬言只要精选40个营，就可以平定"鄂乱"。对湖南的革命派，他似乎没有怎么放在心上。为了防止湖南爆发革命，黄忠浩采取了不少措施，主要有：

其一，削弱并疏散新军。他下令，新军的枪弹、炮弹一律上缴，敢有私藏者，以谋反论罪。3天之内，新军的枪弹、炮弹全部缴完，每营只留步枪子弹两箱供卫兵警戒之用，新军成了"空枪""空炮"部队。同时，他还紧急下令将新军分批调出长沙，分散驻扎在岳州、临湘、宁乡、益阳、常德、茶陵、攸县、醴陵等地。

其二，选调巡防营入长沙。将原驻各县的巡防队共十多个营调入长沙，其中，以勇猛善战和盲目服从著称的镇筸兵有1600多人。黄忠浩给这些军队发足枪支弹药，安排其驻扎在各要地。命令各营管带必须在城墙上办公，禁止新军官兵随便出入城门，必要时可关闭城门，开枪制止新军入城。

其三，整顿和加强巡防营。黄忠浩从四川回湘时，带回了一批亲信。他试图将这批亲信安排进巡防营各部，其中，更换了一个驻长沙附近的水师营统领和一个驻守长沙城门的巡防营管带。他还试图提高巡防营士兵待遇，以笼络军心。当时，新军正兵每月饷银4两5钱，而巡防营正兵则只有3两3钱，在服装、装备等方面，两军的差距也很明显。黄忠浩请求余诚格立即拨款提高巡防营士兵待遇，迂腐的"余都老爷"说要朝廷批准后才能实施。黄忠浩只好紧急通过绅商会议作出决定：一面通过绅商集资来筹发，一面等待朝廷核复。

幸运的是，黄忠浩离开湖南军界已久，如果假以时日，湖南起义的胜败，真是难以预计。因此，在武昌起义爆发后，湖南革命派不但要尽快响应湖北首义并尽快援鄂，而且要在省内与黄忠浩这一劲敌抢时间。

四、尽力履行 10 日之约

1911 年 10 月 10 日，武昌起义爆发。根据事先的约定，湖南应当在 10 日之内，即 10 月 20 日前举行起义。

这种由焦达峰提出的 10 日之约，有一个前提，即首先起义的一方应在起义前 3 天通知对方。也就是说，湖南在 10 月 20 日前起兵响应的前提是，在 10 月 7 日就知道 10 月 10 日的武昌起义，准备时间前后共 13 天。但 10 日之约的实质是让首义方不要孤军奋战太久，而不是给响应方留足准备时间，因此，湖南最好还是能无条件地履行 10 日之约。

由于当局严密控制了电报，湖南革命党人直到 10 月 12 日才有曾杰、龙铁元等铁路学堂的同志知道武昌起义的消息。他们立即委派铁路学堂体育教师曹贵屏、邓标前往抚署卫队运动。其时，焦达峰还在浏阳乡下的家里，对武昌起义一无所知。

10 月 13 日，在浏阳县城主持联络机关的黎先诚手持湖北来函，匆匆赶来焦宅报告武昌起义的消息。焦达峰闻讯大惊，神色之间，有些仓皇失措。焦达峰对武昌起义不喜反慌，显然是对履行 10 日之约毫无把握。情绪稳定下来后，焦达峰决定尽最大努力履行 10 日之约。他首先召集在浏阳的党人，拟定了一个行动大纲：一、党人潜入省城，实行攻袭；二、速造炸弹火药；三、派人前往湖北领取枪支弹药，并尽快运送到湖南；四、由新军代表负责军务；五、各地党人于 10 月 21 日夜在长沙小吴门外集结完毕，等待攻城命令；六、选派一精勇军人担任地方党人的总指挥；七、与新军联络的口号为"引代稳坐"；八、学界党人于 10 月 21 日到贾公祠集合，入祠口号为"罡";九、入城后立即占领军械局;十、派炸弹队攻袭各衙署,每队50人,一队负责攻袭一个衙署,如无法直接攻占衙署,就放火焚烧衙署。商议部署完毕,焦达峰立即前往长沙统筹,黎先诚等人则分别前往浏阳、醴陵、平江、善化(今长沙县)等地调集会众。

10月13日,湖北代表蓝琼、庞光志携带蒋翊武的介绍信来到长沙,首先前往贾公祠的体育社与焦达峰、阎鸿飞联络。焦达峰不在,就由阎鸿飞陪同联络各处党人。他们会见了南薰社(谭人凤、曾杰、李洽、阎鸿飞、文斐、何陶等人组织)、卷施社(吴孔铎、谢介僧、刘崧衡、洪荣圻、王伯存、文经纬等人组织)、图强社(文斐、洪荣圻、黄桐隊、李德纯等人组织)和积健社(陈作新、易堂龄、李郭侍等人组织)等革命组织的同志,湖南革命派得知武昌起义的情况,无不豪情大发。

同一天,蓝、庞二人又以黎元洪代表的身份前去劝说湖南新军协统萧良臣反正。萧良臣说,新军各部已经调出长沙,我是外省(河南)人,对这种事情无能为力,你们应当去找湖南本地的士绅,也许他们有办法。

接着,蓝、庞二人来到咨议局找谭延闿,劝告谭参加革命,并说湖北的咨议局议长汤化龙已经参加革命,出任了军政府的民政部长。谭延闿支支吾吾,说了半天,都不知道他在说什么。时间紧迫,蓝、庞没有心思听"谭婆婆"打哈哈,也没有办法与这个八面玲珑的"水晶球"猜哑谜,只好告辞。

阎鸿飞听说后,就介绍蓝、庞二人与左学谦、常治相见。左、常二人热情接待,愿意相助。左学谦还在家中宴请蓝、庞二人,并请了一些咨议局议员来作陪。席间,蓝、庞二人介绍了武昌起义的情况,力劝议员们参加革命,在场议员纷纷表示同意。

14日,军界革命党人代表在杨家山小学召开会议,欢迎蓝琼、庞光志,与会者三十余人。焦达峰此时仍未回长沙,但他的主要助手杨任、成邦杰、杨守篯等参加了这次会议。陈作新也参加了这次会议，会前，他比往常更为兴奋地大谈革命大好形势。说已经托英国、法国和日本的兵舰运来炸弹40箱、机关枪40挺、马枪2000支、手枪3000支。这些武器一到，长沙光复指日可待。革命成功后，他就是镇统，比协统萧良臣的官还大，其他人也可以当标统、管带，最起码也能当队官、排长。说得天花乱坠，大家毫不怀疑，精神大为振奋。他还神秘地说，孙文派了他的总参谋杨任来湖南，过一会儿，大家将会看到一个翘胡子，那个人就是杨总参谋。留着翘胡子的杨任走进会场时，受到了与会者特别热烈的欢迎。杨任莫名其妙，陈作新大乐。在这次会议上，蓝、庞二人发表了慷慨激昂的演讲。与会者一个个热血沸腾，摩拳擦掌，跃跃欲试。

在分别联络的基础上，14日，由陈作新出面，约集包括立宪派在内的各界代表开会。会议决定成立以焦达峰、陈作新为首的战时统筹部，负责领导起义。对此，粟戡时这样说，湖北代表到长沙后，"黄锳、左学谦、吴作霖等会合各同志，召集新旧两军开紧急会议，隐奉焦达峰、陈作新为临时指挥，定期举事矣"。

大家都在等焦达峰前来长沙统揽全局，作最后的决定。

15日，焦达峰终于在长沙当众露面。这一天，他与陈作新、吴作霖、左学谦、黄锳、粟戡时等及安定超等军队代表四十余人在长沙紫荆街福寿楼茶馆开会。这是立宪派代表第一次与来自新军各部的革命派代表集体相见，通过这次见面，立宪派代表了解到了革命派的实力，坚定了支持革命的立场。同时，粟戡时等人还发现，以往只被他们视为会党首领、留日铁道学校学生的焦达峰，也是整个湖南革命派的领袖。大家尚在寒暄与相互介绍中，负责警戒的同志跑来报告，茶馆里混进了密探，众人匆匆离开。

福寿楼茶馆会议没有开成，当晚，会议改在岳麓山屈子祠进行，因再次被侦探发现而匆匆结束。

16日下午，因新军调离长沙和将外地巡防营调来长沙的行动加快，新军代表三十多人在玉皇殿坪陈作新住宅举行紧急会议。会议决定，于次日夜半（18日凌晨）发动起义，起义信号为在小吴门外举火，并放炮三响。

16日夜三更时分（17日凌晨），各方代表会议在小吴门的义冢山（今烈士公园内）群葬处进行，有三十余人到会，焦达峰没有参加。这次会议，认可了于17日夜半（18日凌晨）起义的计划，还再次讨论了都督人选问题。左学谦、吴作霖等人试图推举黄忠浩为都督，遭到革命派的反对，巡防营代表明确提出，只有杀掉黄忠浩，巡防营才参加起义。左、吴等人"心虽不欲，亦不得不勉予承认"。

17日，焦达峰、陈作新与安定超、丁炳尧、杨玉生、徐鸿宾等军队代表继续开会，确定了上述计划。

17日夜半（18日凌晨），炮队代表邱长萌、谢斌在指定地点用煤油点燃稻草放起大火，放炮时，发现所带的炮弹与炮膛口径不合。他们立即回营重新取炮弹，因军营加强警戒，无法得手。马队见炮队火起，也在马厩放火，并打开营门准备整队出发。没有想到，周边群众纷纷赶来救火。马队只好关闭营门，谢绝救火群众的帮助。其他地方枕戈待旦的起义者没有听到炮响，只好放弃了行动。

18日早上，军队代表三十多人聚集到福寿楼茶馆，纷纷指责陈作新约期不实。陈泪水长流地说："事已至此，只有死耳！"李德群拍案说："等死耳，坐以待死？即急行，可不死。"众人鼓掌赞成，议定19日晚再起事。

18日上午，焦达峰召集准备参加起义的各方人士百余人聚集在贾太傅祠内，这是湖南光复前起义人士规模最大、代表性最广的一次聚会。与会者中，既有焦达峰、陈作新、阎鸿飞、文斐等革命党人，也有左学谦、黄锳、粟戡时、常治等立宪派，还有兼具革命党人和立宪党人身份的文经纬、易宗羲、吴作霖等人；既有安定超、熊光汉、熊光南等新军代表，也有徐鸿宾等巡防营代表，还有袁天锡、袁剑非、洪兰生等长期协助焦达峰联络会党和巡防营的代表。他们分别在体育社和铁路协赞会举行会议，会上，从湖北运送手枪和弹药至城陵矶保存的易秉钧报告了武汉的情况，听到武汉军情紧急，众人心急如焚。当天，焦达峰、陈作新与安定超、丁炳尧、杨玉生、徐鸿宾等人讨论了同日早晨福寿楼会议的提议，同意于 10 月 19 日半夜（20 日凌晨）发难。

贾太傅祠大会结束后，焦达峰等核心人物又连夜在西园吴作霖住宅召开临时会议，决定由阎鸿飞去武昌和湖北方面联系，报告湖南发难的情况，并请求湖北支援组建湘鄂义军，由阎鸿飞任总司令，夺取岳州，以保证湘鄂交通的畅通。

18 日，贾太傅祠大会的同一天，一批被革命党人冷落的新军低级军官在天心阁举行会议。他们共有四五十人，都是连排长，没有一个管带以上军官，其主要人员有林益简、朱昭、马穰、潘夫雄等，曾参与萍浏醴起义、以奔丧名义请假回长沙参加革命的苏州马标管带戴凤翔也参加了这次会议。在这次会议上，有人认为此时的形势不明朗，等有一二省响应武昌起义后再举行起义，但绝大多数人认为湖南应该立即起义，否则，武汉的形势将更为紧张，湖南也会因为更多的新军调出长沙而失去起义机会。举手表决时，只有三四人反对，其他人都赞成立即起义。这次会议还做了这样的部署：起义时，由四十九标负责控制城区要道，五十标负责攻打抚署。

19 日半夜（20 日凌晨）的起义仍以炮兵放火鸣炮为信号，由炮营代表吴舜臣负责执行。结果，众人又没有听到炮响。这次不是由于炮弹拿错之类意外，而是当局加强了防范，吴舜臣在执行任务时被捕所致。

上述密集性的会议和两次起义尝试表明，焦达峰在武昌起义后 3 天才知道起义之事后，仍决心无条件地履行 10 日之约。这种积极行动，给正在孤军奋战的湖北革命派很大的鼓舞和希望，也为稍后的湖南光复做好了准备。这一约定没有无条件地实现，就如阎鸿飞所说："并不是湖南的革命党人失约，而是因为准备工作来不及。当时革命党人的焦急心情是可以想象得到的。"

第七章

首位党人都督

断然决定："徒手搏巡抚"

"最光荣的一页"

在咨议局被推为都督

一、断然决定："徒手搏巡抚"

10月20日前的两次未遂起义，主要是湖南革命党人来不及做好准备工作，这主要表现在：

一是兵力严重不足。到起义发动之时，湖南新军大多数已经调出长沙，暂时留在长沙的只有四十九标的第二营和五十标第一营的后、右两个队，炮、马、工、辎等直辖部队和各营、队的留守部队。会党群众因为交通通信都要靠步行，只有百数十人进入长沙城。如果巡防营顽抗，这些兵力是远远不够的。

二是枪弹严重不足。新军的弹药被收缴，已经成为"空枪"部队。在革命党人的自筹方面，辛亥五月由谭人凤随船押送运到手枪200支，寄放在南门外碧湘街日本人所设的货栈内。炸弹由革命党人自制，数量不详。此外，革命党人还通过其他途径运进了一些军火，也是手枪和炸弹。

手枪和炸弹都是短距离作战武器，无法攻打坚固堡垒，但革命党人不想再等。焦达峰说，我们派人到抚署放火，火一起，巡抚必逃，巡抚一逃，大事就不足忧也。阎鸿飞说，我们一人拿一个炸弹去进攻抚署，炸弹一响，巡抚必逃，如此等等。

黄锳从左学谦处得知这种计划后，惊叹说："这不是徒手搏巡抚吗？"吴作霖对革命党人的力量薄弱、饷械缺乏忧心忡忡，"深恐革命未成，而湘省先成齑粉，负罪实深，辗转思维，彻夜不寐"。立宪派十分担忧长沙发生大乱，一面极力劝告革命派要保持省城的秩序，一面前去劝告巡抚余诚格和巡防营统领黄忠浩。

余诚格刚来湖南不久，立宪派不敢与之深谈，只请求他不要采取极端措施。当时，人们纷纷传言，说当局将与革命党人决一死战，抚署大堂摆了四挺机关枪。谭延闿便率副议长及议员数人前往抚署，余诚格说："外面谣言，切不可信。你们经过抚署大堂时，看到机关枪了吗？过一会儿，你们还可以仔细地查看。请你们转告湘中父老，不要轻听谣言，自相惊扰。"余诚格拿出一份列有三四十人姓名的名单给谭延闿看，问他认不认识这些人。这些人中有焦达峰、陈作新，但名列前三位的依次是粟戡时、阎鸿飞、文经纬，焦、陈只排在十几位。谭看了一下后回答说："认识一半多。"余问："这到底是一些什么人呢？"谭说："他们都是一些好议论的人。"余说："他们都要革命啊！"谭回答说："他们能干什么事，命是容易革的吗？"余说："是啊，你见了他们，要多加劝告，叮嘱他们不要瞎闹生事呀！"

立宪派和部分革命党人把主要希望寄托在黄忠浩身上，劝其反正的信函，"数日之间，约七八百件"。10月21日，龙璋率文斐、吴作霖等人，再次对黄进行劝告。文斐承诺，只要黄反正，革命党人可以奉他为总司令。黄忠浩大怒，一本正经地训了文斐一顿。吴作霖气愤地说："人各有志，不必相强，你不参加革命，是你的自由，还望莫与我们为难。我们告辞了。"当晚，黄忠浩特地到龙璋家，对龙发出警示："我是会看相的，相人的有作为和没有作为，甚准；今天同你一路来找我的文、吴诸人，品貌平常，气色灰暗，我看出他们是绝不能成大事的。您也要谨慎一点。"

10月21日，余诚格、黄忠浩加紧了行动。一是下令将炮营调出长沙，开往醴陵；二是下令抓捕革命党人；三是计划处死前往巡防营运动革命的新军代表姚运钧。

在革命党人的起义计划中，炮兵担负着轰击城门和巡抚衙门等攻坚任务，炮营调离的命令，引起了新军中革命党人的极大不安。他们认为，如果没有炮，就无法破城，起义就搞不成。

抓捕命令分发至巡防营、新军各部。巡防营管带甘兴典看了名单后说，这些人的名字都是化名，你们让我抓谁呀？新军正兵杨玉生将由他负责抓捕的革命党人名单与命令交给陈作新等人看，陈作新说，你准备怎么办呢？杨玉生没有回答，当众将命令撕毁，然后坐下陪陈作新等人喝酒。由于到处受到这样那样的抵制，长沙没有出现武昌起义前夕大批革命党人被抓的现象与恐慌。但这种抵制也只能解一时之急，时间一长，革命党人的生命仍会受到严重威胁。

鉴于上述变故，焦达峰、陈作新、曾杰、安定超等人于10月21日紧急决定：不论发生任何新情况，都要不顾一切地于10月22日清晨举行起义。

21日傍晚，焦达峰、陈作新将起义队伍部署完毕后，召集左学谦、黄锳、易宗羲、黄用楫、文经纬、吴作霖、常治、黄翼球等士绅到水风井胡家花园富训学堂开会，向他们通报了起义计划。会上，仍有不少人犹豫不决，焦达峰大声疾呼："武昌首义多日，我们湖南岂可袖手旁观。中国存亡在此一举，再不动手，更待何时？"议决完毕，焦达峰郑重地与左学谦等人一一握手，誓言同生死，共患难。

左学谦（1975—1951），湖南著名实业家，1909年任湖南省咨议局议员，为咨议局赴京请愿代表之一。辛亥革命前夕加入同盟会，参与创办的湘路协赞会、长沙自治公所、图强社等团体，均成为策划长沙起义的联络据点，是焦达峰及湖南革命党人的重要支持者。

21日晚上，革命党人取出并发放寄存在南门外碧湘街日本人所设的货栈及其他各处的枪支弹药，分发自制的炸弹，激动地等待天亮，"都紧张兴奋得终夜不能合眼"。

军营内的革命士兵，22日一大清早起床，吃完早饭后，"没有一个出外，都扎紧绑带，心领神会地静坐等候"。各个营房之间，"彼此对着窗口，以目示意"。

二、"最光荣的一页"

1911年10月22日（农历九月初一）8时许，湖南起义爆发。

各路新军士兵闻哨声纷纷赶到协操坪（在今省体育馆）集合，同时将四十九标二营军装库打开，取出枪械弹药，每人发给子弹5发。安定超首先发表简短演说，接着宣读了焦达峰、陈作新关于起义的命令。然后，鸣放信号枪三响，起义队伍分途出发。

按照部署，起义部队兵分二路，一路由焦达峰领导，彭友胜指挥，由革命党人骨干、四十九标二营后队、五十标留长部队及马队组成，由北大门进城，首先占领荷花池军械局（下简称北路军）；一路由陈作新领导，安定超指挥，由四十九标二营前队、右队、左队和炮、工、辎部队组成，由小吴门进城，首先占领咨议局（下简称南路军）。完成上述任务后，两路人马会合，分别从东西两个方向攻打巡抚衙门。

焦达峰身着军装，手持指挥刀和手枪，骑着高头大马，率队向北大门前进。守城门部队为赵春霆任管带的巡防营，全营大多是焦达峰领导的会党成员。当他们看到起义队伍到来，有的在城墙上鼓掌欢迎，大声呼喊："同志快来！"有的在城门口列队欢迎，当起义部队进城时，他们庄重地举枪敬礼。

进城后，焦达峰留下部分部队，与赵春霆的巡防营共同防守北面各门，主力部队则经由新开门（后改名为兴汉门）去攻打荷花池军械局。

由于基本上是"空枪革命"，起义成败的关键，在于能否占领军械局。为了确保胜利，焦达峰安排了阎鸿龠、曾杰、成邦杰、吴作霖、常治、王猷、杨世杰、蒋名苏等五十多名革命党人承担攻打军械局的任务，并将准备好的手枪与炸弹发给他们。这种队伍，人称手枪队，他们弹药充足，火力威猛，在起义中承担先锋队作用，相当于敢死队。为了保证获得军械局的枪支弹药，焦达峰反复叮嘱，对于军械局，只可智取，不能强攻，绝对不能让军火毁于交战之中，或被守军焚毁。

革命军兵分两路包围了军械局，他们首先派联络员徒手前来交涉，要求守卫部队反正。守卫部队的长官犹豫不决，交涉一时没有结果。革命军见没有动静，就一边在局左、局右两面齐声不断地大喊："缴枪！缴枪！"一边派手枪队向军械局发起进攻。顿时间，手枪声、炸弹声大起，四处烟雾弥漫，人声鼎沸。守卫部队的长官大惊，急忙大喊："莫打了！莫打了！仓库会起火爆炸的，我们投降！"说完，他下令守卫部队缴枪，并集中到休息室待命。联络员走出大门，将联络旗一挥，大喊一声口令："得！"手枪队回令："胜！"手枪队立即跑步入局，拿起缴获的步枪，占领了军械局。接着，大部队纷纷跑来领子弹，手中只有一排子弹（5粒）的战士们看到这么多的弹药，大喜过望。这样，带有严重冒险性的"空枪革命"终于转变成名副其实的武装起义。

小吴门的守军没有开枪阻止革命军，但也没有开门迎接，而是紧闭城门。其时，城墙上站满了全副武装的守军，并端枪摆出射击姿态。革命军毫不示弱，在城墙下摆开阵势，手持"空枪"，装出作战式样，并在城下大喊："开城！""彼此相视而笑，毫无敌意。"

焦达峰闻讯后率队赶来，一番商量后，安定超命炮队将两门大炮后退数十丈，退到教场坪，将炮架起，装上实际上是木弹的炮弹，做着各种放炮动作。城墙下的士兵有的大喊："开炮！开炮！"有的假装劝告："莫打，打不得啦！这炮一开，街上的人都会死光。"这时，一些革命党人赶到了小吴门内，一个外号叫"赖草包"、名为赖福春的工程营战士，是个大个子、大力士，他猛扑到城门口，砸开了大锁，摇落门杠，城门豁然洞开。

先入城的北路军前来接应，两军在水风井一带会合。南路军先到荷花池军械局领取弹药，继而按预定计划占领咨议局。随即，焦达峰、陈作新在咨议局（今湖南省总工会院内）设立临时军政府。

两军完成第一阶段目标后，继续兵分两路，分别攻打抚署（旧址在今青少年宫）的西辕门和东辕门。南路军在抚署侧门的又一村，遇上刚从抚署走出来的黄忠浩。新军战士不认识黄忠浩，革命党人、巡防营哨官徐鸿宾故意迎上前去，向黄屈膝请安。黄的卫兵杨詠松（会党成员）故意大呼："黄军门在此，不得无礼！"革命军战士一听，迅速包围了黄忠浩的队伍，炮兵营正目李金山大步向前，一把就扭住了黄忠浩。焦达峰得到报告，立即命令将黄忠浩押往设在咨议局的指挥部，待大家讨论后再决定如何处理。但是，当焦达峰的命令传到时，黄忠浩已经被群情激愤的起义战士押到小吴门处死了。此外，还有营务处总办王毓江、总文牍申锡绶、长沙县知县沈瀛三人在被捕后被起义官兵处死，另有巡防营管带甘兴典、营务处重要官员刘骧等被捕拘禁，后被释放，甘兴典还被提拔为协统。

革命军包围了抚署，抚署卫队没有反抗，还三五成群地在抚署内的操坪里与革命军聊起天来。革命军仍然是先礼后兵，派出代表前往抚署内找巡抚余诚格，要求他反正，还请他前往设在咨议局的临时军政府议事。余诚格好言相待，并在一块白布上亲笔书写了一个很大的"汉"字，叫人挂在桅杆上，然后辞别众人进入内室。众人见余久久不出，就去寻找，结果发现抚署的后墙有个洞，估计他是钻洞逃跑了。

此时为上午10时许，市民们见抚署挂出"汉"字旗，纷纷燃放鞭炮，以示庆祝。各店铺也纷纷开门，照常营业。

焦达峰、陈作新进入抚署，综合各处报告，发现只有提学使兼署布政使黄以霖率数百巡防营官兵据守藩署（旧址在今五一路南侧原长沙市政府所在地），仍在与革命军对抗。藩署相当于今天的省政府，并且是湖南的钱库，不占领藩署，湖南起义就没有取得最后胜利。

焦达峰亲自率队去攻打藩署，部署完毕后，派同盟会老同志王猷前去劝降。守军开枪，王腹部中弹，由文经纬等人紧急护送至雅礼医院抢救，做手术取出弹头，才脱离生命危险。这是起义过程中起义者唯一的重伤记录。其他伤亡除了处死黄忠浩等四名官员外，就是当场击毙了两名抢劫犯。焦达峰见王猷重伤，大怒，准备下令强攻。因藩署位于闹市区，焦只好强压怒火，再派陈文玮、龙璋等著名士绅前往交涉。黄以霖见大势已去，只好交出藩署和藩库。

至此，湖南起义取得了完全的胜利。喜庆的气氛更为热烈，"全城爆竹声，见面互道恭喜，其景热烈动人"。

长沙起义成功，使湖南成为首先响应武昌起义的省份，再加上代价极小，被称为辛亥革命"最光荣的一页"。这种光荣，是三湘志士长期奋斗的结果，焦达峰长期运动会党、军队，广泛团结立宪派等各方人士，在最后的时刻坚决果断，指挥若定，为此作出了重大贡献，因而也是他个人历史上"最光荣的一页"。

参加起义光复长沙的湖南新军中的官佐

三、在咨议局被推为都督

10月22日下午1时左右，长沙全城光复。革命党、新军、巡防营代表与省会绅商学警各界代表共六七十人，聚集在咨议局，开会推选都督及军政府主要成员。与会者中有新军第四十九标教练官、时已升为标统的王隆中，咨议局议长谭延闿，咨议局副议长陈炳焕，咨议局议员黄镆、常治等人，起义官兵不多。时任大会警卫的新军副目余韶回忆说，"穿长褂子的最多"。

在起义酝酿阶段，湖南革命派专门讨论过都督人选。阎鸿飞说："在武昌联席时，本来已经推定焦达峰为都督。"焦达峰说，他年纪太轻，都督一职最好由谭人凤来担任。在场的代表绝大多数不知道谭人凤是谁，都赞成由焦达峰任都督。有人提议由曾杰为都督，曾杰说，他不懂军事，还是由焦达峰任都督合适。还有一些人推谭心休为都督，并说焦达峰是共进会推举的都督，不符合同盟会章程。曾杰坚决反对这种说法，双方争论激烈，就开会投票，结果，焦达峰在这批革命党中，也获得了多数票。

立宪派推举黄忠浩为都督失败后，又希望由谭延闿出任都督，旧官吏也希望如此。起义当天早晨，谭延闿前往抚署会见湖南巡抚余诚格，在场官员都向谭打招呼说："新都督来了。"谭急忙说："别乱说！别乱说！这种话是关系别人身家性命的呀！"进入余诚格办公室后，余从办公椅上起身说："此座让君坐矣！"谭脸色大变，慌慌张张地说："乌！是何言！"余说，外面不是已经张贴出军政府谭的告示吗，你还忌讳什么呢？离开抚署后，谭延闿果然在抚署辕门口看到"中华民国军政府都督谭"的告示，而且认出是常治的笔迹。

大会主席文斐简略介绍了湖南光复的经过，然后请焦达峰讲话。

在一片欢呼声中，焦达峰登台演说，说他是奉孙中山的指示来湖南革命的，现在起义已经取得初步胜利，应当立即组织新政府。

在讨论组织新政府人选时，陈作新首先发言，他对焦达峰说："你当都督，我来当副都督。"焦达峰回答说："原议没有副都督一职，湖北也没设副都督，我让你当都督好了。"与会者纷纷大喊："不能让，不能让。"陈作新说："我不是和你争都督，我只要当副都督。"同陈作新私交很厚的黄锳见陈的处境不妙，便小声地对常治道："你的声音洪亮，你就提名焦达峰为都督，陈作新为副都督，由大家去决定。"一心想推谭延闿为都督的常治来不及深思，就站了起来，根据黄锳的提议大声说道："提请焦达峰为正都督，陈作新为副都督！"

一时有些混乱的会场顿时安静下来，片刻之后，会场响起雷鸣般的掌声。大会组织者立即安排人拿来一张大红纸铺在桌子上，当场写下："公举焦达峰为正都督，陈作新为副都督"。向与会者展示后，立即张贴出去，其时，纸上的墨迹尚未干透。人们纷纷前来观看，奔走相告，会场内外一片欢呼雀跃，响起长时间的热烈掌声。

会议仍在继续，焦达峰提议推举谭延闿为民政部部长，阎鸿飞为军务部部长。谭延闿被顺利通过。对于阎鸿飞，有人提出，阎鸿飞现在不在长沙，怎么当部长？焦达峰说："他很快就会回来的，他的职务可先由阎鸿寿代理。"于是，阎的当选也获得鼓掌通过。

接着，谭延闿推荐原湖南军事参议官刘邦骥为参谋部部长。刘邦骥是湖北汉川人，毕业于日本陆军士官学校第一期，长期在武汉从事军事教育，两湖军界的中下级军官很多都出自他的门下。谭提议后，陈作新首先表态："很好，很好！"与会者又鼓掌通过。

在一片掌声和欢呼声中，湖南军政府正式诞生。这个新政权的领导层，由正副都督和三名部长组成。其中，正副都督和军务部长，即焦达峰、陈作新、阎鸿飞三人全部为革命派，民政部部长谭延闿为立宪派，参谋部部长刘邦骥为旧军官，革命派占多数并占主导地位。这是湖南有史以来第一个在革命烽火中产生，同时又在民意机构以公开方式推举产生的新政权。

会议结束后，焦达峰率新政权领导成员与聚集在咨议局的军民见面。

文斐当众宣布了公举正副都督的结果，并介绍了焦、陈二位正副都督的主要功绩。大意为：焦达峰对于湖南光复，"运动在初又久，功劳最大"；陈作新"素抱革命主义"，"辅助焦君联络军队，论功当为第二"。语毕，"全场鼓掌，欢声雷动"。这一简短讲话，将对革命的贡献作为选拔领导人的主要标准，对革命派是一个巨大鼓舞，对附和革命的立宪派是一个沉重打击。立宪派代表常治深感不安，突然登台大声说："都督是临时的！"

随后，咨议局正副议长谭延闿、陈炳焕先后发表了演说，常治也以咨议局常驻议员的身份发表了演说。这种仪式非常重要，代表了湖南当时唯一由选举产生的全省民意机构对湖南军政府的正式认可。

对于焦达峰的当选和湖南军政府的成立，人民团体纷纷"陈列牺牲，鸣鞭赛兴"，表示庆祝。连诬称焦达峰为"会匪头目"的《湖南光复纪事》也说："各商民人等，欢迎义师，异常兴奋，致送猪马牛羊者，不下数十起，绅学各界人等，前往投效者，络绎不绝。"

焦达峰是辛亥革命时期全国第一个革命党人都督，而且没有什么资历，没有什么地位，完全是因为实际贡献而得到人们认可的平民都督。这是辛亥革命的一个重大胜利，最能体现革命的进步性、民主性、平民性，打破了只有高官、名流、巨绅才能当都督的神话，弘扬了正义、公义、道义，顺应了进步潮流，具有特别重要的历史性意义。这种光彩，虽然有如闪电瞬间而逝，但迸发出这种火花的民主思想能量，从此开始积聚、壮大，最终战胜沉淀了几千年的专制阴霾所造成的黑暗。年仅24岁的平民革命家焦达峰及其支持者，将永载史册。

第八章

"十日千秋"

联合执政，保持主导

募兵六万，可恃五千

"以援鄂为唯一重大事务"

组织全省各地光复

都督府是"梁山泊"吗？

新的政风与民风

一、联合执政，保持主导

10 月 22 日晚，也就是湖南起义成功和军政府成立的当天晚上，焦达峰、陈作新、谭延闿等军政府领导人及革命党人重要骨干齐集军政府开会。

这时，湖南的革命党人骨干为了准备和进行起义，废寝忘食、夜以继日地连续紧张工作了十天左右，连续好几夜不曾合眼，几天没有好好吃饭，特别劳累。因此，这次会议没有安排商议重大事项，在讨论了将军政府改设在原抚署及次日军政府正式执政的一些事项后，会议就准备结束了。

这时，起义期间无所事事、无忧无虑的谭延闿精神抖擞地站了出来，提议将咨议局改为临时参议院。焦达峰说："这件事，明天再讨论如何？"没有想到，历来说话支支吾吾的谭延闿此时却毫不含糊地坚持说："革命告成，我们要建立的是民主制度。民主制度，应设议会，一则表示新邦的民主作风，二则可以聚集各方贤达，集思广益。"焦达峰询问大家的意见。曾杰、吴孔铎同意设立。文经纬说："议会是应该设立，但现在就设，未免为时过早，我们的一切设施，都在草创时期，此刻设立议会，可能对革命政府的工作发生牵制。"大家急于休息，对文经纬的意见没有注意，就匆匆忙忙决定设立临时参议院。

湖南军政府基本上是参照湖北军政府的模式建立的，湖北军政府在 1911 年 10 月 14 日制定了一个《军政府暂行条例》，这是中华民国第一个政府组织法。根据这个条例，军政府由司令部、军务部、参谋部、政事部四个部构成，四部均直辖于都督，受都督的指挥命令。凡发布命令及任免文武各官，均属都督的大权，其中司令、军务、参谋三部下级军官以上，政事部自局长以上，均由都督亲任。在焦达峰任都督的背景下，湖南立宪派对势必参照湖北《军政府暂行条例》行使权力的湖南军政府大为不安，从而由谭延闿代表他们提出了成立临时参议院的意见。极其疲惫的湖南革命派疏忽了这样的背景，从而同意了谭延闿的建议。

23日，潜龙出海的谭延闿一大早就向焦达峰提供了他所拟定的参议员名单，请他审批并发放聘书。这份名单共21人，他们是：谭延闿、黄锳、常治、左学谦、吴作霖、黄翼球、粟戡时、陈炳焕、刘善渥、易宗羲、阎鸿飞、阎鸿翥、陈文玮、刘人熙、黄用辑、郑钧、仇毅、王犹、龙璋、黎承福、罗良干。这些人，绝大多数是立宪派和与谭延闿关系密切的士绅，也有部分革命派。焦达峰一看，觉得这些人都还不错，就同意聘请他们为临时参议员。这样，临时参议院就在湖南军政府开始正式执政的第一天，即10月23日成立。当天下午，临时参议院召开第一次会议，选举谭延闿为议长。

成立临时参议院并不是一件坏事，后来的南京临时政府，也有一个临时参议院。但让焦达峰和革命派大吃一惊的是，湖南临时参议院一成立，便要夺都督的权力。其制定的《都督发令条例》规定："参议院有权规划军民全局行政用人一切事宜。"都督的命令必先送参议院审议同意，加盖院戳送还，才可发交各属执行。未经参议院盖印的，各机关得拒绝执行，如此等等。按照这一条例，临时参议院是权力机关，军政府只是执行机关，都督只是执行长官。这种规定，引起了革命派的强烈反对，激进者甚至主张杀掉那些提出这一条例的人。焦达峰也很气愤，但一番思索后，觉得这件事还是通过协商解决为好。于是，就委派阎鸿飞为都督代表，于10月27日前往参议院协商。阎鸿飞对谭延闿等人说："军政府对于这件议案，觉得非常严重！现在，我们东、西、南三面都是敌人，要对敌作战，一切都应置于军政之下。议会是明理的，不应干涉都督执行军政军令的大权。照文明各国的惯例，议会在战时对军事从不牵制。……都督的军令先送参议院审议，实际上也不可能执行。"一番争论后，谭延闿觉得这个条例也真的是违反了战争年代的军政常识，就说："既然军政府另有主张，本案的讨论，暂且搁置。"一场风波，就此结束。焦达峰通过和平斗争，既保持了革命派的领导权，又维持了与立宪派的联合执政。

焦达峰历来以"大同期共进，团结作中坚"为理想，他所领导的军政府，在保持革命派主导地位的前提下，重用了大批立宪派和其他人士。在12名军政府人员中，革命党4人，即焦、陈、阎，还有司法司司长洪荣圻。立宪派6人，即谭延闿、民政司司长刘人熙、财政司司长陈文玮、交通司司长龙璋、外交司司长粟戡时、盐政处处长黄锳。无党派1人，教育司司长陈润霖。旧军官1人，参谋部部长刘邦骥。立宪派人士中，龙璋、粟戡时、黄锳、刘人熙、陈文玮5人，或支持过革命，或同情革命，他们进入都督府，有利于团结，有利于执政。谭延闿其人，政治立场模糊，既不支持革命，也不与革命为敌；与清政府关系密切，又不维护清政府；后来又是反袁"水到渠成"，附袁"瓜熟蒂落"。千变万化，八面玲珑，四方通吃，高深莫测。他进入都督府，福兮，祸兮，时人无法确认，后人众说纷纭。

中国革命的经验表明，即使有流血牺牲乃至被吞并的危险，在需要联合时，革命派仍然要敢于同其他政治派别联合。焦达峰在这方面虽然有严重失误，但总的说来，表现出了团结一切力量夺取全国胜利的崇高境界和光明磊落的胸襟。

二、募兵六万，可恃五千

焦达峰素以夺取全国革命胜利为己任，早就有在湖南建军5个镇（师）的设想。成为湖南都督后，他以异常惊人的速度扩军，史称"焦达峰旬日募兵号称六万"。

不能否定，在扩军速度过快的背景下，必然会出现一些滥竽充数的现象，为了澄清事实并检查征兵情况，焦达峰成立由都督府、参议院、参谋部联合组成的点验组，分别前往各新兵营检查。陈作新与黄兴老友、都督府筹饷局长周震鳞为一组。10月30日，他们点验了驻扎在顺星桥、曾子庙的龚春台部，这是以萍浏醴起义余部为主体的一支部队，人数一千余。这批在湖南最早为革命浴血奋战的勇士，理应得到特别的犒劳和奖励，但在当时，他们仍被一些人以"浏醴会匪"称之。让陈作新等大感意外的是，著名的会党首领龚春台竟有如"恂恂书生，语言朴素"。他们还发现，这支部队，"花名箕斗册一应俱全，士兵体质强健"，一点也不像人们所说的"会匪"。10月31日，陈、周又点验了另一支会党部队，这是一支以筑路工人为主体的新兵部队，人数约有三千人，他们的素质也相当好，后来被黄兴调往南京。这种调查及近两万名会党聚集而长沙城秩序井然的事实表明，通过长期锻炼和焦达峰的整顿，湖南会党的素质有了很大提高，并不像有人说的那样，都是一些"车轿担役，流氓，乞丐"。

空前高涨的革命热潮，还吸引了大批志士仁人，特别是年轻学生报名参军。

著名记者陶菊隐当时只有13岁，也在当兵热潮的带动下跑去参军。由于身材达到了标准，被编入学生军，驻扎在又一村讲武堂内，接受了几个月的军事训练。陶菊隐说，当时，"到处招兵买马，到处可以看到新兵操演，祠堂庙宇都驻满了兵。光复后招募新兵的特点，首先是这样的数量是前所未有的，而完成任务的速度也是前所未有的；其次是以前应募入伍的几乎全部都是城市贫民和农村贫雇农，而这次却有不少青年知识分子参加。这说明：人们踊跃参军已经不是单纯地为了解决饥饿问题，其中不少的人是为了参加革命"。这种学生军，连同都督府卫队、国民卫队在内，《湘事记》估计，约有三千人。他们驻扎在都督府周围，显然是最受焦达峰信任的新兵部队。

时年 18 岁的毛泽东当时在长沙的湘乡驻省中学读书，他本来准备到武汉去当兵，动身时恰逢湖南光复，就留在长沙进入五十标第一营左队当列兵。毛泽东回顾这段历史时说："我能写，有些书本知识，他们敬佩我博学。""在我那个班里，有一个湖南矿工和一个铁匠，我非常喜欢他们。其余的都是一些平庸的人，而且有一个是流氓。"（《毛泽东自述》，人民出版社1996年版，第29页）一个班有两个让伟人毛泽东"非常喜欢"的人，只有一个人被毛泽东认为是流氓，这样的军队，已经非常不错了。而新兵中有毛泽东这样的人物，更表明只要领导正确，这支军队前途无量。对于焦达峰、陈作新，毛泽东说，他们"不是坏人，而且有点革命的愿望。他们……代表被压迫者的利益"。（《毛泽东自述》，人民出版社1996年版，第28页）

根据上述状况，焦达峰估计，号称六万的湖南军队中有五千人是可靠的。有了这样的基础，再加上革命党人、湖南陆军小学的师生，谭人凤从武汉连人带枪带回的数十名湖北陆军中学的学生，陆续返湘的革命派军官，焦达峰完全可以在不太长的时间内，建成一支有相当规模的劲旅。

通过扩军和建军，原来新军中的革命党人代表，绝大多数成为连长、排长，个别人成为营长，如安定超。后来，这些人大多成为团长这一级别的军官，扩大了革命者在军队中的势力。

另一个重要特点是，焦达峰主政时期，所有的镇统和独立协协统都是革命者和革命的支持者，没有强拉反对革命和政治态度模糊的旧军官来担任这种职务。其中：

第一镇统制：余钦翼，原新军第五十标标统，留学日本期间与蔡锷、宋教仁、陈其美等人是好友，没有参加湖南光复，但默许所部参加起义。

第二镇统制：赵春霆，原巡防营管带，四正社成员，起义时所部在北大门开门迎接革命军。

第三镇统制：易堂龄，原新军第四十九标队官，陈作新好友，四正社成员，湖南光复时担任指挥官，是起义当天革命军中新军最高级别的军官之一。

第四镇统制：阎鸿蔼，革命党人，起义时担任率队攻打军械局的重任，其后又率领北路军攻打抚署。

独立协协统：王隆中，原新军第四十九标教练官，起义当天升为标统并参加推举都督的会议，是新军中最早明确转向革命的中高级军官。

焦达峰主政时期，湖南军队得到了一定的民主化改造。《湘事记》记载道："民国初成，将骄兵肆，人人自诩有功。……兵辄曰：'中华民国之湖南，吾兵等所造成也，官长有何功焉？'凡各营皆有代表，直接都督。营中事故，皆由代表议决，交师旅长执行。中下级官不能令兵弁，上级官不能令所属，绝无所谓服从义务矣。"这种记载，意在指责光复后的湖南军队"军纪荡然"，却无意中透露，焦达峰任都督期间及稍后的一段时期内，湖南军队，特别是原第四十九标，沿用革命时期的传统，形成了一种士兵代表参与管理乃至进行领导的制度与风气。这种基于朴素的民主意识对旧军队进行民主化改造，是一种宝贵的探索，如果有革命政党的坚强领导，这种改造势必不断完善，成为建设革命军队、国民军队的有效方式。

焦达峰主政时期，还提高士兵待遇，降低军官待遇。普通士兵的月饷，由清末的 4 两 5 钱提高到 7 两。军官的薪水则大为减少，如镇统的月薪，清末为薪水银 400 两，公费银 600 两，合计 1000 两，此时为薪水银 72 两，公费银 50 两，合计 122 两。焦达峰自己所担任的都督一职，如按清末新军总统官（军长）的标准，每月为薪水银 600 两，公费银 1000 两，合计 1600 两，而他却规定，都督无薪俸。

革命战争年代，军队决定一切。焦达峰大抓军队建设，抓住了革命的要害问题，值得钦佩。由此集结的革命力量，对湖南后来的政局产生了深远影响。

三、"以援鄂为唯一重大事务"

自 1909 年初回国从事革命活动以来，焦达峰就始终以两湖革命为一个整体。掌握湖南政权后，焦达峰"第一件大事就是援鄂"，而且是"以援鄂为唯一重大事务"。

原巡防营管带、时任第四协协统的甘兴典首先向都督请愿，要求出兵援鄂。焦、陈认为甘兴典部绝大多数是新兵，没有同意。

第四十九标第二营的士兵代表在都督府听到湖南准备出兵援鄂和甘兴典已经率先请愿的消息后，紧急赶回部队，召集全体士兵代表开会。大家认为，在起义中充当先锋的第四十九标在援鄂中不能落后，一致决定出兵援鄂，并要求标统王隆中向都督请愿。这些士兵代表，起义成功后全部被提拔为连长、排长，个别人当上了营长，但为了援鄂，他们一致决定"官莫升了，打完仗回来再讲"。四十九标第二营为湖南起义部队主力，革命派势力最强，起义后负责维持长沙的秩序。有人建议将这个营留守长沙，以防不测，只派其时被黄忠浩调出长沙城的四十九标另外两个营援鄂。但四十九标的总兵力只有一千七八百人，面对数万如狼似虎的北洋军，力量本来就很薄弱，留下一部后，实力就更弱了。经过一番考虑后，焦达峰、陈作新决定让四十九标全军援鄂，并将四十九标升级为湖南第一协，标统王隆中升为协统，标统一职由原第三营管带卿衡（汉藩）升任，后来成为湖南省主席的鲁涤平在此时升为管带。四十九标全军援鄂，给居心叵测者提供了可乘之机，但以焦达峰为代表的湖南革命派这种大局意识和淳朴情怀，是革命派高尚风格最集中的体现，是辛亥革命及一切正义事业取得胜利的根本保障。

10 月 27 日下午，湖南举行援鄂誓师大会。焦达峰、陈作新、谭人凤等出席，谭人凤还专门作了一首军歌："湖南子弟善攻取，手执钢刀九十九。电扫中原定北京，杀尽胡人方罢手。"会毕，原四十九标第二营在长沙大西门上了民船，焦达峰、陈作新、谭人凤等送到码头。

10月28日早晨，已经改为湖南第一协的原四十九标司令部及所有在长部队正式出发。湖南各界派代表来到江边，燃放鞭炮，隆重欢送湖南首批援鄂部队。11月6日，湖南首批援鄂军到达武昌，成为全国第一支援鄂部队，而且是久经训练的正规军。11月8日，在武昌两湖书院举行湖南援鄂军阅兵式。仪式完毕后，湖南援鄂军两次进出武昌城，向全城军民展示革命军雄壮的军容。沿途观者如潮，纷纷称赞道："好队伍！好队伍！""这才是来打仗的队伍！""一时欢声雷动，围观的群众挤得水泄不通，把几天来的紧张空气一扫而空。"

首批援鄂湘军是阳夏战争中最得力的部队。在11月16日的汉口反击战中，他们"越尸百战，努力不懈"，激战4个多小时，将敌军从沿江阵地驱赶到水电公司附近。在11月22日的战斗中，该协第三营击退北洋军数百人的猛烈进攻，所部前队排长岳超、正目彭海泉英勇牺牲，全营伤亡四十余人。在11月24日的战斗中，该协第一营管带杨万桂率敢死队24人，冲上美娘山山顶，将占领山头的清军全部消灭。其后的援鄂湘军，由于新兵太多，总体素质远不如首批援鄂湘军，但也有一些英勇部队。11月26日，即汉阳失守前一天，黄兴司令部参谋甘绩熙和湘军协统刘玉堂率敢死队进攻磨子山、扁担山，经过苦战后在黄昏之际夺回二山。甘绩熙在力战中负伤，下山前嘱刘玉堂死守，"刘慨然以死自誓"。稍后，敌军大至，刘玉堂部坚持战斗到深夜，刘玉堂在26日夜至27日黎明间牺牲。磨子、扁担二山为汉阳屏障，"二山复失，汉阳遂不可保"。在整个阳夏战争期间，援鄂湘军已知阵亡292人，其中协统1人，队官7人，排长12人，正目25人，副目14人，正兵232人。

辛亥革命的胜利，与首义之区屹立不倒密切相关。湖南先后派出四批援鄂湘军共 8000 兵力参加汉阳保卫战，对辛亥革命作出了巨大贡献。焦达峰面对省内的政变阴谋，不顾个人安危，毅然将最可靠的部队派出援鄂，其品格和功绩不可磨灭！

四、组织全省各地光复

长沙起义成功后，焦达峰在此前部署的基础上，积极组织全省各地光复。

10 月 24 日，以阎鸿飞为总司令的湘鄂义军光复岳州。同一天，焦达峰两位重要战友潘鼎新、黄荣率义军光复了华容县。并选拔精壮丁勇 720 人，编为两营，乘坐 24 只大木帆船，分两路向岳州进发，计划前往长沙集中。途中，一举光复南州（今南县）。

10 月 24 日，以陈孝骞、梅影鸿为首的几十名以学生为主的革命党人宣布成立常德军政府（旧址在今常德市公安局），然后电告焦达峰，请求派员前来领导。其时，常德守军为黄忠浩死党、巡防营统领陈斌生率领的 5 个营，革命学生的处境非常危险。焦达峰立即任命杨任为西路招讨使，余昭常为参谋长，联络一批常德籍的人士，如曾任巡防营帮统并与陈斌生相识的凌汉秋，原第五十标标统余钦翼的弟弟余冰如，并从陆军小学、实业学堂调集一批在校学生，随同前往常德。计划除了充实常德军政府外，还在常德建军一个师。通过一番组织，杨任一行一百四五十人，乘坐"江天""祥龙"两艘小火轮，于 10 月 26 日从长沙出发，焦达峰前往送行，并反复叮嘱鼓励。10 月 30 日，杨任一行到达常德，绅商学界皆列队悬旗以示欢迎，并献牛肉、白酒犒劳之。陈斌生也亲来拜访，表示归顺。常德形势，一时看来大好。

10 月 30 日，谢介僧、邹永成等成功联络巡防营管带张贯夫，起兵光复宝庆，成立宝庆军政分府，由谢介僧任都督，邹永成为副都督，谭二式（谭人凤之子）为参都督。次日，邹永成、谭二式、张贯夫率军队二百余人，从宝庆进攻新化。清军驻城管带晏金生出城迎接，其时面积达上万平方公里的新化县顺利光复。

衡州是哥老会势力最盛的地区之一，焦达峰成为湖南都督，衡州会党人士欢欣鼓舞，奔走相告："焦大哥作都督，今日吾洪家天下矣！"焦达峰委任刘崧衡为南路招讨使，前去领导衡州一带的革命。刘尚未赶到，革命党人周果一和洪江会众已经采取革命行动，于10月31日宣告衡州光复。

通过各地革命党人的努力，在焦达峰任都督时期，湖南除了湘西地区的清朝官吏依靠原绿营武装进行顽抗外，其他地区都已经光复或即将光复。

这种迅猛发展的局势，与以焦达峰为代表的革命派执掌省政权密切相关。例如，后来残忍杀害杨任等革命派的陈斌生，此时并没有镇压陈孝骞、梅影鸿等手无寸铁的年轻学生，也没有阻挠杨任一行进入常德。这充分说明，革命派执掌湖南政权，对湖南革命形势的发展，起了重大的推进作用。这种形势虽然很快逆转，但薪尽火传，影响深远。

五、都督府是"梁山泊"吗？

焦达峰饱受攻击和诬蔑，一个最重要的依据就是说他把都督府搞得像"梁山泊""瓦岗寨"。

《湘事记》说"焦都督府羼杂异常……人众如蚁附膻，日给饭到四百余席，无昼夜，流水浮埃，殆同一大剧场。"这种现象当然不正常，但也不必如此恼怒。人家大老远走路赶到长沙，准备上前线杀敌报国，到都督府吃顿饭，有什么大惊小怪的呢？

焦达峰的办公室，也特别与众不同。

危道丰在其《平斋五十自述》中，这样描述他首次进入焦办时看到的情景：

> 我随即入室内，但见二三十人围坐一办公长桌，各人手拿纸笔，正在忙于缮写，焦、陈二督却皆身着军装，高坐堂皇，也在手不停挥地忙于颁发命令，见我仅仅点头，并未说话，我在一旁伫立片刻，即出室门，趋入对面的客厅，遇见的熟人不少，但皆面面相觑，呆若木鸡，即如督练公所军事参议官刘邦骥，亦复端坐厅中，默然若有所思，最可怪者，粟戡时手持钢刀一柄，巡行厅中，一语不发，有类癫痫！

起义士兵、四十九标二营左队四棚副目余韶回忆说，10月24日，他因进城，顺便走进都督府看看。余韶看到：

都督府在大堂上摆着两张大桌子，焦、陈分别在那里办公。焦的那张在里面一些，陈的在外面一些。他们身上都斜挂白布带子，上面写着"正都督""副都督"，还盖有大印。其余职员也是这样地写着自己的职衔。大堂上有一个高大个子，穿着军装，挂着指挥刀，头戴一顶军帽，上有四道金边。别人告诉他说，这就是赵春霆，新委任的第二师师长。陈作新看到余韶，就招手向他打招呼说："你来了，到这里来坐。"他走过去后，陈亲切地问："你想搞什么？""我不晓得搞什么。"余韶回答说。这时焦达峰那边有人找陈作新，陈就对余说："你坐一坐，不要走，我就来的。"等候之时，余韶看到，一个年轻人站在焦达峰面前，焦问："你会做什么？""我会写字。"焦往里面一指说："你到那里去当书记吧！"那个人走了去，主管人员让他自己挑一个职务，他就挑了一个三等书记官的职务。后来看到别人挑了一等书记官、二等书记官，他感到很后悔。余昭还看到，有一个叫吴连斌的湘乡人走来，对焦达峰、陈作新说："我这回是有大功呀！我要招一标人。"焦、陈就写了个"某标标统"的白带子给他，还让他领走了两万元钱。同时在场的，"还有几个在那里表功要官的，这些人大有拔剑击柱之势"。这种场面，让余昭"觉得太乱，颇不以为然"，就没有等陈作新回来，不辞而别。余昭后来听说，吴连斌第二天又去都督府要钱，军需向他要细账，他拍着桌子大喊："我大人做大事，有个什么细账嘞！"他交不出细账，自然也就没有领到钱。

这种让人大加批评、大为不满的情景，当然与人们熟悉的衙门大不一样，但实际上就是人们熟悉的那种前线指挥部的情景，指挥部内的人忙忙碌碌，出出进进的人很多，指挥官也在那里忙个不停，没有那么多的繁文缛节。

应当说明的是，这种现象并非像一般人所看到的那样简单。

刘邦骥、粟戡时、赵春霆与焦、陈同在都督府，很不寻常。因为刘是参谋部长，粟是外交司长，赵是镇统，这体现了某种形式的合署办公。此外，粟戡时曾就读日本法政大学，曾任湖南咨议局副议长，后为湖南群治大学校长。这样的人也被说成是"有类癫痫"，只能说明那人自己的心态不正常。

到都督府求职也不像余韶看到的那样简单。陶菊隐回忆说，求职者首先要有当时称之为"八行书"的介绍信，然后再去招贤馆。通常要有"来头"大的人推荐才能去都督府求职，一般的就留在招贤馆候差。

吴连斌当场被焦、陈任命为标统并领走了两万元钱的事情，也是有背景的。吴连斌后任援鄂湘军第七标标统、北伐湘军第一军第十二独立标标统，表明焦达峰对吴的任命及批给他两万元钱，是有依据的，并非"乱用人""乱花钱"。

这种事情很多，外人只看到焦达峰"日必委任十数人，至数十人"，根本就不了解那些被委任人的情况，给焦扣上"乱用人""乱花钱"等帽子，实在很冤枉。多考虑一下当时的实际情况，人们就会为这些年轻的革命党人如此劳碌、如此果断而感动，不会用攻击性的态度说焦达峰主持的都督府是"梁山泊""瓦岗寨"。实际上，"梁山泊""瓦岗寨"都是深受中国老百姓喜爱的英雄聚义之地，用这些名称来攻击焦达峰，只能说明攻击者的脑海中尽是效忠皇帝、服从朝廷之类观念，与普通老百姓的思想感情格格不入。

六、新的政风与民风

长期以来，焦达峰以"四正"（心正、身正、名正、旗正）的宗旨自勉和团结凝聚会党人员。当上都督后，仍继续坚持他的"四正"。

在经济方面，焦达峰一尘不染。有人造谣说，焦、陈私自提走公款几万两银子，还用棺材将这些银子秘密运送到了浏阳。焦、陈遇难后，谭延闿成立了一个委员会，专门追查这个所谓"贪污案"。结果发现，焦达峰任都督期间，没有从军政府支过一分钱，只有陈作新以家用名义领过由军需司呈报、焦达峰批准的 200 两银子。

焦达峰虽然只有 24 岁，但他气度恢宏，尊重他人意见，赢得了人们的尊重。阎鸿飞说："焦都督的特点是肯接受别人的意见，善于联系群众，为人直爽，对于名利二字非常淡泊。"粟戡时说："焦达峰度量宽宏，虽部属向之发怒，亦微笑应之；间或被偏见所蒙，一闻谠言，立即改正。"文斌说："焦着黄色呢质军服，蓄有八字胡须，态度端庄和蔼，笑容满面。"邓介松说："清吏诬他（焦达峰）为'土匪'，说他穷凶极恶，面目狰狞。我在曾杰家遇见，印象完全不同。他面目端庄，举止安详，说话细声细气，有条有理。""都督府堂皇壮丽，气魄不小，但焦本人一点架子也没有，起居行动都很随便，这样一个平民都督，上下之间关系搞得很好。"

在处理重大问题上，粟戡时回忆道：有一天，有人提议杀旗人，并通过没收旗人的财产来做军费。焦觉得这是一个好主意，粟戡时急忙劝阻说："昔日旗人，诚属有罪可杀，今日旗人，则属无罪，若杀之，于理论上殊欠文明；且于希望列国承认我们为交战团体上，恐有重大妨碍，非利益于革命前途之道。"焦听后，立即接受了粟的建议，不再讨论这件事。粟戡时还根据听闻说，10月25日那天，有人主张杀掉一批参议院人员，并拟了一份名单，有二三十人，粟戡时的名字也在其中。有人劝说道："我辈革命，必须网罗人才，共策进行，方可成就大事，今单上所列，皆为湖南知名之士，若被杀戮，何以收服人心，将来更有何人敢同我们革命？此事万不可做。"焦达峰接受了这一意见。

在对待亲友问题上，焦达峰的弟弟焦达人，1909年以来跟随他革命，起义成功后，焦达人担任都督府参谋兼监印官，虽属要职，但无实权。黎先诚、周海文、刘贤构、黄小山等是长期追随焦达峰革命的浏阳同乡，起义成功后也是担任参谋、副官之类职务，并没有当师长、旅长、司长之类大官。

焦达峰主政时期，湖南出现了一种史无前例的官民关系。都督"与民接洽频频"，民众"见达峰则欢声雷动"。大群青年学生跑到都督府去当志愿者，"吃自己的饭，办大众的事"。

焦达峰主政，在民事方面，"以剃发、放足、禁烟三事为首先推行之政治"。到1913年，"风声所树，烟种尽绝"。英国人检查湖南境内无人种鸦片后，同意禁止洋鸦片进入湖南。后因军阀混战，鸦片又卷土重来。

焦达峰主政期间，都督府内难免有一定的混乱，但社会秩序则一直井然。著名记者陶菊隐说，湖南起义时，"省城秩序没有受到影响。人民群众热烈欢迎革命，彼此互道'恭喜'，就像过新年和办喜事一样"。对焦达峰大加攻击的《湘事记》也承认："反正以来，如汉口之焚杀，南京之血战，秦晋之扰乱，北京保定之掳掠，皆悲惨已极，湘省固无恙也。"长沙"城市安然"，"人民秩序无紊"，商业更是空前繁荣，"洋货、绸缎，凡足供人消耗者，较清之季世殆过十百倍"。

各种史实证明，焦达峰及其所代表的革命志士，所从事的是一种前所未有的伟大事业，翻开了湖南历史崭新的一页，虽然来不及写上多少华章，但产生了不可估量的深远影响。因此，有人对焦达峰、陈作新作出了这样的评价："三湘二杰，十日千秋。"

第九章

"浏水坠泪"

有人不认焦、陈为督

谁来辅佐、保护少帅?

从容倒在义旗下

"两字'悲峰'","何辜于天"!

民国大将军

一、有人不认焦、陈为督

湖南光复之初，湖南陆军小学校长夏国桢率众前来咨议局，说焦达峰没有经过校方同意就调动陆军小学师生，要求更换都督。谭延闿劝说道："今非争都督时也，焦都督既举定，自以合力进行谋建国家为前提，某当与公等竭力维持秩序，保全治安而已。"

这件事看似焦达峰办事不妥，实际上则是夏国桢对革命和焦达峰的严重挑衅。

戴凤翔回忆说：长沙起义前夕，陆小学长李鸿钧，学生向忠勇、陈图南、包凯、李昌杰、王大桢等，与焦达峰、陈作新暗中有联络，因为李鸿钧、向忠勇等多是湘西人，与会党有渊源。陈作新在离开四十九标以后，住在李藩国家，经常秘密到陆小访问联系。

长沙起义前夕——八月三十日（农历，下同）晚间，陆小学生中的革命积极分子，暗中通知各同学，睡觉时莫脱鞋子，把枪支靠在枕头边，以便应付紧急事变。大多数同学都照此作了准备。九月初一是星期日，陆小学生例假休息，大部分人进入市区，后来看到新军起义，分路进城，于是陆续回校集合，各自荷枪进城，与新军配合巡查市区。

次日下午，市面陡起谣风，说黄忠浩的旧部黄东旭将举兵攻城，为黄报仇。陆小学生闻讯，就在学堂附近校场坪紧急集合，全体荷枪实弹，整队进城。大家跑到小吴门外一带，就地散开，准备抗击叛兵。这时，小吴门的守城新军，要他们率队进城，以免妨碍射击目标，乃进城暂驻曾文正祠（今长沙市第十四中学）待命。后经侦察，始知攻城之说全属谣言，遂于初三上午返回学堂。

这一过程表明，陆小学生参加革命和准备平叛，是由革命积极分子组织的，焦达峰并没有直接下令调动。更为重要的是，这种革命行动，怎么要由清政府任命的校长来批准呢？夏国桢振振有词地向咨议局告状，说明他根本就不知道革命是怎么回事，以为陆小师生仍要像过去那样服从他的指挥。谭延闿不加训斥，反而大加承诺，也是认为军人革命，只能由长官来指挥。这种事例很多，纷纷被人们用来作为推翻焦、陈的依据，其实质就是清政府统治时期的旧秩序与湖南光复后的新秩序的冲突。

陆小革命学生对夏国桢进行反击，向都督府检举夏国桢禁止《警世钟》等革命宣传品在校内传播、阻止陆小师生参加革命等各种反对革命的行为。几天后，夏国桢被撤职，改由刘鸿逵任校长，1912 年元月后由戴凤翔接任。

都督是要有权威的，如果都能像对待夏国桢那样对待那些挑衅者，湖南的革命形势将大不一样。但其后的对手大不一样，情形也大不一样。

10 月 25 日，原五十标二营管带梅馨回到长沙，前往都督府谒见焦达峰。两人先是谈援鄂，焦谈了大体设想，梅问经费如何落实，焦没有回答。谈完，焦提拔梅为标统，梅要求升为协统。焦达峰毫不迟疑地同意了，准备任命梅为第三镇的协统。梅说，第三镇统制易堂龄原来的职务比他低，他不愿意去。焦说，那你就去第四镇吧。第四镇的统制是革命党人阎鸿羲，梅说他与阎素昧平生，今后不好共事。焦又问他，那你愿意去哪个镇呢？梅馨说，他要当独立协协统。焦没有拒绝，只是说："独立协的名目，原议是没有的，等和大家商量后再说。"都督室内的人愤怒起来，梅只好赶快离开，临走时狠狠地说："湖南的事你焦达峰好自为之，如果有什么变故，我不会管的。"其后，他逢人就说："焦非元帅，陈酒疯也！"梅馨的言论，让社会上广为流行这样的传言："五十标不认焦、陈为都督。"

10 月 26 日，原五十标统带、时第一镇统制余钦翼，原湖北陆军测绘学堂总办、时湖南都督府参谋部长刘邦骥一同前往咨议局，要求另推谭延阎为都督。谭坚决不同意，余、刘两人只好作罢。

其后，谭延闿出城，渡江前往驻湘江西岸的五十标军营，对众人劝说道："现在鄂事危急，不论都督怎么样，大家都要服从，你们断不可过江。"湖南光复以来，谭延闿还有几名立宪派人士，到处对人们说这样的话。这种话，看起来是顾全大局、维护焦达峰，实际上是在煽风点火，等于是向人们宣告，焦达峰是个不合格的都督，只是迫于形势才暂时让他当着。这种言论，再加上那些对会党大加攻击的言论，对推翻焦、陈做了重要的舆论准备。

10月27日，阎鸿飞代表焦达峰到临时参议院，要求谭延闿取消试图让临时参议院总揽一切大权的《都督发令条例》，谭延闿同意"暂且搁置"。

10月28日，焦达峰提出辞职，被军务部长阎鸿飞强制留任。

10月29日，焦达峰在欢迎湖北军政府代表任震运送首批军械来湘的集会上，当众再次提出辞去都督职务，请求率军援鄂，受到"合座慰留"。

同一天下午5时许，余钦翼邀请一批军官到徐长兴饭馆吃饭。据参加这次宴会的戴凤翔说，到席的人有梅馨、危道丰（原湖南西路巡防营管带、督练公所粮饷科长，时任湖南军政府参谋次长）、李致梁（原五十标教练官，时任职务不详）、陈维城（原新军参谋，所在部队不详，当为第五十标，时任职务不详）、蒋国经（原五十标一营管带，后任湖南民军第四师师长，时任职务不详）、向瑞琮（原第二十五混成协炮兵营管带，后任都督府军务部长、湖南北伐军第一军总司令，时任职务不详），等等。这些人，都是毕业于日本军校的士官生，戴凤翔是原新军第九镇马标管带，不是留学日本的士官生，由于他是余钦翼的同学，又从外省归来，因而也破例应邀出席。在这个"饭局"上，李致梁首先提出话题，他说："焦、陈乱用人，乱用钱，湖南会糟蹋在他们手里，要想个办法才好。"梅馨脱口而出道："杀了这王八蛋不就得了？"戴凤翔说："初一反正，驱逐余抚，一时没有预计，仓促中推两个都督，这原是过渡的，也是个烂斗笠，可以叫他走，不必杀他。"梅馨桌上拍一巴掌说："你真是妇人之仁，若叫他走反倒留个后患，以后枝节横生！"李致梁说："杀了倒爽快。"戴凤翔不再吭声，也没有说其他人发表了什么意见。

戴凤翔是陈作新的学生，出于师生情谊，10月30日，他来到都督府想"报信给焦、陈，叫他们走算了"。结果，陈作新外出。他又走到焦的都督室门口，看见里面围着三四十人，喧闹不堪，他只好歉歉而返。戴凤翔的信没有报到，也许是个遗憾，但送到也没有用。因为他不可能明说，而且如果按他所说的"走算了"，焦、陈是擅离职守，反对派可以名正言顺地捉拿他们，并按军法将其处死。

10月30日，焦达峰召集军、政、商、学各界代表在咨议局开会，商议改革政治机构。谭人凤提议，取消临时参议院与民政部，民政部各司直属于都督府，谭延闿表示愿意辞去临时参议院议长和民政部长的职务。这一改革基本上是10月25日湖北军政府改组的翻版，其实质是削弱立宪派在军政府中的权力。

当天，一些人又秘密开会，"集议善后办法"。与会人员不详，当以留日士官生为主，可能还有"宪政派中的阴谋家廖某、陈某"（阎鸿飞听到的传闻）。危道丰在《平斋五十自述》中说："我辈留学同人睹此情形，莫不异常愤慨！继而各为爱国爱乡之心所激，遂有集议善后办法之举。当集议时，同人发言，无不声泪俱下，梅植根氏（梅馨）尤为激昂慷慨，其时梅君任新军管带，集议甫毕，彼即投袂回营。"危道丰这里所说的"集议善后办法"，就是《湘事记》所说的"开军事秘密会，议杀焦、陈"。达成协议后，一时无人愿意出面执行。最后，梅馨表态说，他愿意担负起杀焦、陈的责任。余钦翼说："这件事关系重大，请允许我既不赞成，也不反对。"（《湘事记》）议毕，梅馨回营，准备行动。

危道丰的言论很有影响，也可能有很多道理。但不能不指出的是，他们这些人，在清朝统治时期，安享高官厚禄，从来没有看到他们"集议善后办法"，此时却如此"激昂慷慨"，"声泪俱下"，这种"爱国爱乡之心"，非常令人怀疑！

二、谁来辅佐、保护少帅？

焦达峰，年仅 24 岁，非常需要有人帮助，但是，有谁能够辅佐他呢？

焦达峰是辛亥革命时期第一位革命派都督，他的安危去留，不但直接影响湖南政局，而且对全国有很大的政治影响，但是，又有谁能够保护他呢？

陈作新，时年 41 岁，正当英年，参加过自立军起义，是一个老革命，当过新军排长和教官，多才多艺，喜爱交游，又长期在长沙活动，与新军及士绅的关系都比焦达峰广泛和深厚。他身为副都督，是焦的法定副手。他没有什么野心，不与焦争权夺利，虽有人故意挑拨焦、陈关系，影响并不大。但他更像一个名士，人们常称他为"陈梦天"。对于这个绰号，阎鸿飞解释说，长沙当时有一句土话："浏阳梦天，一发三年。"凡是性情直爽、一往无前、幻想甚多、随便发言的人，便呼之为"梦天"。

按照湖北军政府的体制，军务部是一个最重要的部。焦达峰任都督时期，这个部的部长是阎鸿飞。阎鸿飞是支持焦达峰当都督最得力的人，但他的年龄比焦达峰还要小一两岁，对焦所能给的帮助相当有限。

焦达峰"内事委于曾杰，外事委于文斐"，曾、文两人都真心诚意地协助焦达峰，但两人都只是铁道学校的教师，政治斗争经验非常有限。

最有可能而且也最有责任给予焦达峰帮助的应该是谭人凤。谭人凤此时名声很大，地位很高。在 1911 年 10 月 15 日的黎元洪祭天大典上，他代表革命党人向黎授旗、授剑。10月25日，他随同湖北代表押送两千多支枪来长沙，事实上成为在湘革命党人的最高代表。到长沙后，谭人凤发现焦达峰没有掌握实权，有如"笼中鸟"，提出了一些加强都督权力的方案，同时还主张杀掉一批危险人物。蔡寄鸥的《鄂州血史》记载道，谭人凤在湖南时，主张用武力解决参议院，焦达峰说："这是做不得的。他们咨议局的人，不是翰林进士，就是举人秀才，在社会上的潜势力非常的大。"谭说："革命不彻底，总是没有办法的。为今之计，你要赶紧练兵，把革命的势力巩固起来再做道理。"焦说："练兵要械，购械要钱，练兵要饷，养兵要钱，咨议局通得过吗？"谭说："等我同克强（黄兴）、钝初（宋教仁）商量办法，这里的事，你好生应付便了。"

　　谭人凤的建议是激发兵变的导火线之一，但他似乎没有意识到这种危险，也没有为焦、陈的安全采取任何防范措施。看来，这位老革命的实际政治斗争经验非常有限，对焦达峰难以有实质性的帮助。让人感到困惑的是，焦达峰遇难时，这位脾气很大的老革命，安闲地坐在都督府内，一边抽着水烟，一边看着书。有人向他报告焦达峰被杀，他轻描淡写地说："何必杀他，把他关一下子是了。"

　　并不是没有人通知焦达峰有危险。有人谋划兵变的事情让都督府的秘书长刘仁静听到了风声，刘急忙报告焦达峰，与焦和曾杰共同商量对策。焦听了报告后问："秘书长，你说怎么办呢？"刘说："先发制人，我主张枪毙谭延闿，解散参议院，来一个彻底的改革。"曾杰反对这种做法，说："我们革命要王道，不要霸道。"刘争辩说："政治上的斗争，宁我负人，毋人负我；当断不断，反受其乱。"曾杰坚决不同意，焦达峰也没有采纳刘的意见。

　　还有人请焦达峰速杀梅馨等人，焦达峰不以为然地说："梅馨手下就那几百个兵，我如今有兵六万，可以依靠的有五千，何必怕他！"

焦达峰是非常机警的，先后多次逃避过来自清政府的危险。但此时身为都督，一不可能发现危险就一走了之，二不应该过多地为个人安危担忧，三也不能因为有人欲加害于自己就到处抓人、杀人。革命战争年代，任何新政权、新领导，都会遭遇很多威胁。这种威胁很多，来自各个方面，任何人都不可能把所有的隐患清除。当时，革命派的主要敌人是清政府，对于反清阵营内部的敌对分子，只能防范，只能采取"人不犯我，我不犯人"的自卫方针，而不能先下手为强。反清阵营内部互相残杀，只能对革命造成危害。所以，关键不在于焦达峰本人是否警惕性高，而在于要有人高度负责地承担起保卫都督的重任。

那么，湖南由谁负责都督府的安全保卫呢？

都督府最初成立了一个有 120 支枪的卫队，相当于一个警卫连，不久后又成立了卫队第二队。被陈作新分出一半后，警卫力量还是相当可观。但由谁负责，今天已经无法知道。

都督府的警卫，初期较为严密。一些人认为自己对革命有功，应该可以随意出入都督府，就纷纷对焦达峰说："现今清朝已被推翻，无人再敢于反抗革命。府门门禁太严，有点类似独夫的作风，而对宾客出入不太方便。最好训示卫队，凡佩有符号的人陪同出入的，免于盘诘。"焦达峰也认为，民国时代，不应有旧衙署的官气，便命令卫队长，以后只注意符号的有无，不要盘查过严，态度更应和气，以发扬自由平等的新作风。卫队得令后，就对警卫放松了。这样，焦达峰的都督府，有如今日的"便民政务大厅"，任人出入，基本上不设防。

三、从容倒在义旗下

1911 年 10 月 31 日上午，焦达峰召集军、政、商、学各界代表在咨议局开会，宣布先天同一大会通过的决议：取消参议院与民政部，民政部各司直属于都督府，谭延闿辞去参议院议长和民政部部长的职务。

大会结束后，焦达峰发现了一位让他惊讶不已的客人——龚春台。焦达峰看到昔日大哥，"倾谈甚欢"，小酒款待。两人畅谈别后各事，商议援鄂问题。13时许，两人用餐完毕，焦达峰边走边谈，一直将龚春台送出仪门。途中，龚春台看到一支数百人的队伍甚为整齐地向都督府开去。不久，都督府枪声大作，惨案发生。

虽然都督府基本上不设防，但长沙城内外有近两万龚春台这样的部队，梅馨及其同伙不能不精心策划、部署一番。

当时长沙，有一家特别著名的企业，名叫"善记和丰火柴股份公司"，厂址设于长沙北门外开福寺和迎恩寺之间，年产火柴一万箱左右，在同期中国的火柴企业中雄居第二位。时有工人七八百人，公司附近贫民赖承包零活为生者达数千人。为了便于交易，公司发行了价值数十万串钱的纸币。除了承销商外，工人的工资和贫民做零工所得到的报酬，都用纸币支付。这种纸币可以在市面上流通，因此，各大小商店也有不少。这种纸币至迟于 1909 年开始发行，一直发行到 1931 年 4 月才因政府禁止而结束，信用始终良好。

为了实现自己的阴谋，口口声声强调秩序的梅馨等人，不惜制造混乱，甚至不惜搞垮和丰公司这一与湖南民生、财政息息相关的重要企业。10 月31 日，他们组织一大批人前去和丰火柴公司将纸币兑换成银元、铜钱，同时利用流氓地痞到处散布流言。一时之间，"大起谣风，拥挤至数万人"。（郭孝成《湖南光复纪事》）

有人前来都督府报告。焦达峰说："要城防司令快派人去弹压，并派人开导一下，说有都督府负责，挤兑的人自然就会散去。"看到焦达峰不上当，又有人对陈作新说："事关省城治安，挤兑之风，平息越快越好，副都督如果亲去弹压，群众看到副座的威风，一定可以放心，不会扩大风潮。"

陈作新一听，立即率卫队二十余人前往。走到北门铁佛寺，被早已埋伏在这里的、由队官袁富荣率领的梅馨叛军包围。陈作新遇难，卫队被叛军包围缴械。

另一路梅馨叛军在队官吴家铨的率领下向都督府冲来。有人劝道："都督，快去躲避一下。"焦达峰毫无惧色，十分镇定地说："避得了吗？我为种族革命，凡我族之附义者，不问其曾为官僚，抑为绅士，余皆容之。且余信革命终当成功，若军反复，自有天道。"

焦达峰走向前去，亲向叛兵晓谕大义。叛军不予理睬，鸣枪示威，将焦挟持，缴了都督府卫队的枪，控制都督府及其附近地区。焦达峰从容不迫地问道："你们要怎么办？"叛兵说："要杀你。"焦达峰将四周巡视一遍，走到都督府前坪的旗杆前，大义凛然地说："要杀就在这里！"说完，向高悬在旗杆上的革命旗帜庄严地行了一个礼，昂首挺立在都督府的前坪，抬头仰望着那面迎风飘扬的汉字大旗，任凭叛军砍杀，身中刺刀三处，倒在了自己升起的旗帜下。

事后，梅馨升为第五师师长，是同期师长中唯一的原新军管带，其他四人为余钦翼、赵春霆、曾继梧、王隆中，都是原新军的标统、代标统和巡防营统领。另据阎鸿飞说，谭延闿还拨给梅馨银子1万两，让他去游历欧美，湖南财政司有案可稽。还有传说，梅馨事前得到某人赠送的5000两银子。帮助梅馨行凶的官长每人赏银元30元，士兵赏10元，领赏者共有一百多人。梅馨成为易督"英雄"，一时风光无限。后来，军界风波一浪又一浪，人们终于发现，梅馨是湖南乃至全国"军人杀长官"的始作俑者。人们闻其名而惧之，"有如电之触脑"（冯自由语）。梅馨郁闷不堪，于1928年病死在上海，年仅50岁。死前毒疮发作，痛苦异常，焦达峰好友邓玉麟看见后说，这是焦达峰变成厉鬼在惩罚你。梅哀叹说："当时直为人作猎狗耳。"

梅馨的破格提升、获得重赏和死前之语，让焦达峰、陈作新遇难成为百年未解之谜。

四、"两字'悲峰'"，"何辜于天"！

随着焦、陈的遇难，湖南政治形势，格局大变！

11月1日，新任都督谭延闿委任与焦达峰和谭人凤都有矛盾的老革命党人谭心休为宝靖招抚使，从长沙拨兵一营由其节制，并同意由省供应器械饷糈，允许其就地招募部队一二营，前往宝庆接管焦达峰的战友通过起义建立起来的宝庆军政分府。宝庆分府都督谢介僧、副都督邹永成被捕，幸亏为谭人凤所发现，才救了两人一命。

11月3日，原清军西路巡防营统领陈斌生将西路招讨使杨任、杨的参谋长余昭常开腹剖心，凶残地杀死，同时遇难的还有涂鉴衡、刘汉庭、钟杰等十余人。辛亥常德起义的主要领导人陈孝骞在被叛军追杀时身负重伤，当晚不治而亡，另一位主要领导人梅影鸿身负重伤。

焦达峰遇难时，南路招抚使刘崧衡尚在赴职的途中，被新都督紧急召回长沙，到长沙后看到局势大变，急忙逃亡。后于1913年9月在组织"中国国民除暴团"时被捕，壮烈牺牲。

岳阳为援鄂中心基地，变化较小，但焦达峰的两位重要战友潘鼎新、黄荣无法立足，率部前往武汉当运输兵，也就是阳夏战争中的兴汉营。

在都督府工作的青年学生志愿者大多散去，旧官吏弹冠相庆，纷纷走马上任，都督府重新成为普通老百姓望而生畏的衙门。

援鄂仍在继续，但所派的军队不再是精兵，而是新兵。特别是焦、陈死后匆匆派出的第二批援鄂军，10 月 25 日组建，11 月 12 日就到了武汉。除了部分巡防营老兵外，主要是新兵。10 月 24 日从焦达峰处领走两万银元的吴连斌，所部就是第二批援鄂湘军中的一个标。黎先诚等人从各地召集而来准备参加长沙起义的 4000 会众，都参加了援鄂。对于这样派兵，谭人凤怒斥为驱人"送死"，"不惟生命之可矜，亦恐于大局有碍"，"名为赴援，实则恐在省或有他变也"。援鄂还开始讨价还价，湖北来湘求援的代表汪思源写信给孙武等人说，11 月 30 日，他来到长沙，"痛陈武昌现象"。都督谭延闿说："老师无几，难于调遣。"军务部部长向瑞琮说："湘省枪械不敷，五次电鄂，不见回电。""语意怨怼，似分畛域。"

各路会众义愤填膺，纷纷准备为焦达峰报仇，但他们只有一些大刀、长矛、短剑，反抗只能造成无谓的牺牲，并给杀害焦、陈的凶手与背后谋划者机会为自己的罪行开脱。在谭人凤、文斐、成邦杰、黎先诚、龚春台等人的极力劝阻下，会党群众只好强压怒火，没有采取激烈行动。龚春台部后以义勇队名义调去援鄂，无名无分，无饷无械，受尽刁难，在岳阳、武汉、南京等地白跑了一圈后，龚春台这位劫后余生的英雄，1912 年在汉口疾病大发，呕血数升，不久去世。

黎先诚、黄小山、刘贤构等焦达峰的战友，"因政府有'剿灭'焦党之说"，纷纷逃走。黎先诚在 1913 年 3 月 30 日向湖北革命实录馆递交自述时愤怒地写道："想昔日不为饱暖之子孙，而今顿作饥寒之徒。不知何幸于天！"

焦达峰的家人听此噩耗，如五雷轰顶。

焦达人荷枪实弹，准备报仇。经谭人凤劝止，乃间道还乡，从师习武。后入日本东京同文学校陆军班、民治大学学习，参加护国、护法、北伐和抗日战争，曾自组护国军，出任北伐军湘军别动队（司令曾杰）第一路司令兼总队副官长，与柳聘农、文斐、谢介僧等老同盟会员成立抗日民间武装。

1942 年病逝。

焦达峰妻子沈菁莪，含泪更名为"悲峰"，并写诗如次：

> 两字"悲峰"恸改名，遗篇展读泪盈襟；
> 成仁起义兴邦事，忍死全孤继志心。

由于程潜、曾继梧、张孝准、赵恒惕、程子楷、仇鳌等大批同盟会军政要人回湘，湖南仍保持了同盟会与国民党占主导地位的政治格局。但都督大权掌握在谭延闿手中，很多事情变得不伦不类。最为根本的是，焦、陈被杀和谭、梅得势，彻底改变了光复以来湖南政坛、军界的基本规则，公开推举的结果不再有人尊重，对革命的忠诚、贡献变得没有什么意义，个人实力和权谋手段成为决定一切的法宝，没有人再能"大同期共进，团结作中坚"，辛亥革命在湖南军政界造就的新风正气荡然无存，民主共和精神被严重扭曲乃至不复存在。

一连串的事情，让焦达峰遇难时神闲气定的谭人凤又骂起人来："焦达峰有何罪愆？……杨晋康亦入九泉。四郊黑暗，两泪红溅，天翻地覆颠倒颠。二三宪党计周全，把达峰所招四方志士，送赴敌人歼。真个十分狠毒，专恃八面周旋。弥天罪案至今悬，邪魔尽出现。"

五、民国大将军

焦、陈遇难后，湖南各界为他们召开了隆重的追悼大会。在当时的复杂气氛下，这个大会只知道是 1911 年 11 月召开的，连具体的日期也没有留下来。但这次大会会场大门两侧悬挂着"三湘二杰，十日千秋"的挽联，让人久久难忘。

谭人凤写了一副内容有些奇怪的挽联：

生为革命，死为革命，旬日感沧桑，古今良史今何在？

成亦英雄，败亦英雄，垂老嗟麟凤，人皆欲杀我怜才。

"三湘二杰，十日千秋"的挽联为焦达峰的老友成邦杰所撰，在表面隆重，实际上在充满"人皆欲杀"恶劣气氛的背景下，成邦杰写出"三湘二杰，十日千秋"这样气势磅礴的挽联，坚信焦、陈的业绩功垂千古，表现出了英勇无畏的精神和惊人的见识。成邦杰还单独为焦达峰写了一副挽联：

抱关亭侯扶汉襟期，一鼓定长沙，过古吊桥应有感；

同岳少保吞胡气概，三字成冤狱，读南宋史能无伤！

此联上联借用了关羽（关亭侯）在长沙城内古吊桥战败长沙守军、为蜀汉夺取长沙城的典故，赞扬焦达峰挂帅光复湖南的功绩。下联借用岳飞（岳少保）的故事，感叹焦达峰壮志未酬，谴责杀害与诬蔑焦达峰的人是秦桧式的奸人，并用南宋史来警告革命党人，意即不要偏安南京，而要完成北伐大业。

一位署名"浏阳宿儒"的人，也为焦达峰写了一副类似的挽联：

与周郎同年，昔日都督，今日都督；

继关公扶汉，前破长沙，后破长沙。

1912年3月18日，以孙中山为临时大总统的南京临时政府追赠焦达峰、陈作新为陆军大将军。大将军是南京临时政府的最高军衔，在职人员被授予这一军衔的仅陆军总长黄兴、海军总长黄钟瑛两人，被追赠为大将军的辛亥革命烈士也只有 11 人。焦、陈被追赠为大将军，是以孙中山为临时大总统的南京临时政府对两人历史功绩的充分肯定。谭人凤希望"古今良史"正确评价"人皆欲杀"的焦、陈，这种愿望至此得以实现。

1912 年 11 月，黄兴在湖南光复同志会欢迎会上发表演讲说："焦、陈革命，厥功甚伟，肉体虽去，精神常在。""为焦、陈铸铜象表彰功勋，使天下后世皆知焦、陈为国捐躯。"根据黄兴的提议，湖南经督署军医处处长黄昌浚之手以 15000 元委日本株式会社为焦达峰、陈作新、杨任三人合铸了一组铜像，于 1913 年运回长沙，安放在烈士祠（今湘春路小学），后不幸在"文革"中被毁。

南京临时政府在追赠焦达峰为大将军的同时，批示湖南都督府发给焦家恤银 2 万两，中央政府也发给恤银 3000 元，并规定每年恤银 800 元。发至其子满 20 岁止。除湖南都督府所发 2 万两交焦父焦舜卿领用外，其余恤银均由焦妻沈菁莪领用。

焦达峰遇难时，沈菁莪尚未生育。焦达人将其一子一女过继给大嫂，子名传统，寄意继承光荣革命传统；女名初华，寄意纪念开创中华民国之丰功伟绩。后来，焦传统毕业于武汉大学，曾任浏阳县政府教育科科长等职，参加湖南和平解放，1985 年去世。

沈菁莪为纪念达峰革命业绩，用抚恤金及其后的家庭收入将达峰故居南岭新屋逐年加以修缮并予扩大，落成一幢砖瓦结构的二层楼房，内设达峰烈士纪念堂，陈列着一些珍贵文物。

烈士遗像：多系在日本时所照，有全身、半身及团体照多种。

遗墨：烈士所写文章、诗歌、对联及讲演稿等手迹两本，手抄江湖隐语一本。

遗物：书案、宁波床、手杖、砚台、留学日本之皮箱、网篮；都督军帽、军服、指挥刀、都督府大灯笼，还有长沙光复时，市民庆祝游行队伍所送至都督府的各种匾额，上面书写"中华民国开国陆军大将军""光复湖南都督""事业维新""汤武革命"等，以表彰烈士之功勋。

重要文件：如孙中山的革命功臣"授勋令"和烈士遗族恤金"给予令"等。

此外，还有许多著名革命名流如黄兴、宋教仁、谭人凤等的墨迹、挽词、挽联等，挂满纪念堂四壁。

其后，岁月蹉跎，这些文物在沧桑巨变中流失殆尽，给今人较为详细地了解焦达峰带来了不可克服的困难。

1916 年 10 月，经历"二次革命"、护国运动等一系列大风浪后，焦达峰这位热情、质朴、勇敢、革命立场鲜明坚定的年轻都督更为令人怀念。时逢刘人熙出任湖南督军兼省长，湘人真心诚意地将焦达峰隆重安葬在岳麓山。

刘人熙（1844—1919），真正的"浏阳宿儒"，光绪进士，历任工部主事、纂修、总校官、会典馆纂修官、广西道员、江西大学堂总教习、广西课吏馆馆长兼营务处会办、湖南中路师范监督、湖南教育总会会长。老人与时俱进，戊戌维新时期支持学生谭嗣同维新变法，湖南光复后又甘当学生的助手，出任都督府民政司长，电促广西宣布独立。后参与反袁驱汤、反帝制等一系列革命与进步活动。在这样一位"浏阳宿儒"的主持下，焦达峰在遇难 5 年后终于可以安息了。

"陆军上将光复湖南大都督焦公达峰之墓"，位于岳麓山麓山寺东侧禹王碑下方，占地 400 平方米，墓冢及墓地均以花岗石铺砌，墓呈半圆形，立汉白玉碑三通。

正中是刘人熙所题"浏水坠泪之碑"。

"浏水坠泪之碑"是仿晋羊祜的"坠泪碑"起名，羊祜为荆州地方官，勤政亲民，死后，邑人在岘山建碑纪念，见者无不坠泪。刘人熙题出这样的字，不知他在焦达峰遇难时掉了多少老泪。也不知有多少中国人，当时的、后来的、现在的、将来的，为这位年轻的都督"坠泪"。

两旁刻焦达峰的自撰联：

达向九霄云路近，峰连五岳众山低。

外围石柱入口石栏刻联：

大翼垂天九万里，长松拔地五千年。

右入口刻撰联：

无大牺牲心，何能发难。
有少成败见，岂足论人。

永远年轻的"焦大哥"、焦都督、焦大将军，安息吧！

焦达峰年谱简编

1887年　（1岁）

1月16日（农历丙戌年十二月二十七日），出生于湖南浏阳龙伏镇南岭村焦家桥（今达峰村）。

1898年　（11岁）

入浏阳南台书院学习。

1902年　（15岁）

浏阳县立南台高等小学堂（原南台书院）毕业。撰联铭志："达向九霄云路近，峰连五岳众山低。"

被会党首领姜守旦吸收加入洪福会。

1903年　（16岁）

1月25日，在黄公桥黎家大屋举办生日宴会，宣告成立黄公桥经馆，开始联络同志与会党。

春，入湖南高等学堂游学预备科学习，校址为长沙潮宗街原时务学堂校址。

1904年　（17岁）

参加华兴会和华兴会外围组织同仇会，负责联络会党。

与马福益的码头官谢寿祺联络，不赞成华兴会在浏阳举行拜将仪式，认为"兵未动，而谋已泄，其事必败"。

加入长沙日知会，"与日知会先进禹之谟深结纳"。

1905 年 （18 岁）

春，自费留学日本，就读于东京东亚铁道学校，学习铁道管理和工程、爆破等技术。

加入同盟会。

在日本东京参与谋划萍浏醴起义。

1906 年 （19 岁）

春，在武昌与湖北同盟会负责人余诚和同盟会骨干许纬联络，参加武昌日知会。

5 月，在长沙协助禹之谟组织公葬陈天华、姚宏业的活动。

夏，在醴陵加入"六龙山洪江会"，在洪江会第三路码头官李金奇部任联络参谋。

10 月，李金奇部遭到清军袭击，李金奇牺牲。焦达峰流亡日本，入东斌军事学校学习。

11 月，在东京与宁调元、何弼虞、文公舒等人组织四正学会。

1907 年 （20 岁）

2 月，在同盟会讨论中华民国国旗时，提议以铁血十八星旗为国旗。

3 月，任同盟会联络部调查科科长。

8 月 18 日，共进会在东京清风亭成立，焦达峰当选为交通部部长，后改任参议部部长，并被推为湖南大都督。

参加先是由刘揆一继而由黄兴主持的大森体育会，直至次年 11 月。

1908 年 （21 岁）

7 月，黄兴就共进会事责问焦达峰："何故立异？"焦回答："同盟会举止舒缓，以是赴急，非敢异也。"

针对同盟会、共进会的"平均地权"与"平均人权"之争，写诗"人地两平权，乾坤一转旋"，希望二会及所有革命派，"大同期共进，团结作中坚"。

1909 年　（22 岁）

1 月至 8 月，与孙武等人在武汉成立共进会，另在上海、岳州、宜昌、京山等地设立联络机关，以"中华山"名义统一长江各地的会党，计划在湖北建军 5 镇，在湖南建军 1 镇，于 1909 年 9 月组织两湖暴动。后因一系列局部暴动发生，两湖暴动计划取消。

8 月，回到长沙，在太平街马家巷 17 号同福公栈建立湖南共进会总机关。

农历八月，在浏阳普迹市举行"开章"仪式，由湘赣哥老会三十余龙头推举为"大哥"。

年内，与杨任承包粤汉铁路长（沙）株（洲）段工程，安排大批会众。

1910 年　（23 岁）

4 月，欲借长沙抢米风潮发动起义。计划组织三千会众夺取长沙，同时，急电武汉共进会与群治学社，请求他们在湖北同时起事。因风潮很快平息，取消行动。

5 月，在醴陵与焦达人、黄荣等人将五百多退伍新军编成一镇，以黎世熙为左协协统，黎星裕为右协协统。

7 月，与焦达人、彭友生等人在太平街孚嘉巷 42 号成立"四正社"，作为洪江会的领导核心和骨干力量。

1911 年　（24 岁）

春，在武汉准备响应黄花岗起义。与孙武、邓玉麟等四处联络，"奔驰不倦，狂热勃发，若不知革命为危险事"。

4 月 27 日前后，与居正前往湖北蕲州洗马畈达城庙，欲盗庙里的金菩萨。

5 月 3 日，与杨任、孙武等聚集在武昌雄楚楼 10 号刘公寓所，提出："中国革命现在要以两湖为主。"并约定，如果一方首先发动，另一方要于 10

日内响应。

5月28日，与孙武等在汉口长清里91号机关"决定本年冬季起义"。

6月17日，与谭人凤等在汉口商议借铁路风潮起义。

7月10日，与邓玉麟等8人再到洗马畈达城庙盗金菩萨，再次失败。

7月，应约与湖南立宪派在贾太傅祠三楼铁路协赞会机关正式会晤。

9月，频频召集陈作新、安定超、刘安邦、熊光汉等军队同志及各地会党首领，加紧准备"两湖并举"。

9月28日，函告武昌起义指挥部，说中秋节起义湖南准备未足，请展期10天，获得同意。

10月13日，在浏阳得知武昌起义消息。

10月15日，与革命党人、立宪派及四十余名军队代表在长沙紫荆街福寿楼茶馆开会。

10月18日，召集各方人士百余人聚集在贾太傅祠内，全面动员和部署起义。

10月22日，成功领导长沙起义，当选为湖南都督。

10月27日，出席湖南援鄂誓师大会。誓师毕，由原新军第四十九标组成的首批援鄂湘军在长沙登船，焦达峰、陈作新、谭人凤等随行送到码头。

10月30日，召集军、政、商、学各界代表在咨议局开会，通过谭人凤的提议：取消临时参议院与民政部，民政部各司直属于都督府，谭延闿表示愿意辞去临时参议院议长和民政部长的职务。

10月31日，与陈作新同日被原五十标二营管带梅馨率军杀害。